Henscheid · *Kohl*

Eckhard Henscheid

HELMUT KOHL

BIOGRAPHIE
EINER JUGEND

Haffmans Verlag

Aus diversen Gründen
ist der Verlag zu folgendem Hinweis angehalten:
Der äußere Rahmen und die einschlägigen Zitate verdanken
sich Feld- und Quellenforschungen seitens des Autors.
Der biogrammatischen Struktur des Ganzen
gleichsam einverwoben sind frei erfundene Einzelheiten
aus dem Privatbereich.
Im Namen des Rechts sei also auch der
gerichtsnotorische »flüchtige Durchschnittsleser«
dazu angehalten, Dichtung und Wahrheit
zu scheiden.

Dem Lektorat wiederum
ist daran gelegen, darauf hinzuweisen,
daß Orthographie, Syntax, Interpunktion u. ä.
dem Gegenstand der in Rede stehenden Thematik vielfach
behutsam angepaßt worden
sind.

Inhalt

PRÄLUDIUM

»Biographien sind in ganz eigenartiger Weise an ihren Helden fixiert« (Sigmund Freud). Darin macht die hier vorliegende keine Ausnahme.

Im Gegenteil: Schwerlich würde derjenige Helmut Kohl gerecht, der ihn allzu unverbindlich aus der Distanz sähe und beurteilte, der nicht ein persönliches, ja geradezu passioniertes Verhältnis zur Person des gegenwärtigen deutschen Bundeskanzlers gewänne und innehätte; der nicht von ihm, so oder so, fasziniert, ja gefesselt wäre. Auf gänzlich eigentümliche Weise. Gewiß ist dieser Kanzler ein ebenso, schwieriger wie heikler geschichtlicher Forschungsgegenstand — und rätlich erscheint es deshalb sehr, sich allen apriorischen Beifall aus elementar-emotionaler Zustimmung heraus zu versagen. Sondern man wird vielmehr gut daran tun, Kohls staunenswerte Vita mit jener kritisch-rationalen Optik zu begleiten, die einerseits das Amt selber gebietet und die zum anderen die Prämisse jeder kompetenten biographischen Anstrengung ist. Und dennoch ginge der fehl, der, dies sei mit aller gebotenen Deutlichkeit hier schon vorweggenommen, ausschließlich jener objektivistischen Seh- und Darstellungsweise vertraute, die, man weiß es, ja ohnehin allezeit Gefahr läuft, zur pseudowissenschaftlichen Attitüde zu verkommen, zum seicht-scientistischen Chic zumal psychoanalytischer Studien der landläufigen Provenienz und Machart.

»Das Rätsel Kohl« (so die angesehene Wochenzeitung ›Die Zeit‹) sperrt sich dem ebenso, wie es sich einer letztendlichen Auflösung entgegenstemmt — dazu ist die Person dieses Mannes, ihre personelle und charakterologische Struktur, zu gebrochen, zu komplex. Nein, des Rätsels Auflösung kann, soll und wird auch das vorliegende biographische Unterfangen nicht oder doch allenfalls nur in Annäherungswerten leisten; jeder andere Erwartungshorizont wäre falsch. Wer Kohl in seiner ganzen Präsenz, Gestalt und Wucht heute schon zu rezipieren und begreifen meint, geht allemal das Risiko ein, die Augen zu verschließen vor eben dem Nichtauflöslichen, unterschwellig Wesenden, welches ohnehin nicht oder nur sehr selten das vielbesungene Licht jener Öffentlichkeit erreicht, in dem die erste Garnitur der politisch Verantwortlichen der *res publica* angeblich jederzeit steht und — ja, man muß es schelten — sozusagen gefälligst zu stehen hat. Dabei tut sie es, jedenfalls in einem Kernbereich ihrer Persönlichkeit, mitnichten. Man wird vielmehr Mühe haben, dasjenige, was der schiere Augenschein als Evidenz uns an Einsicht gestattet, sinnvoll (und hier im Sinne auch des »politischen Logos«) zu verklammern und zu verschwägern mit jenem im Unbekannten Verharrenden, vor dem auch noch die sorgfältigste historisch-biographische Bemühung den Hut zu ziehen, ja sich wahrhaft zu verbeugen hat; will sie nicht Gefahr laufen, als eine hybride in Falschmünzerei umzuschlagen.

Mit größtmöglicher Gewißheit kann allerdings hier schon, in diesem präludierenden Vorwort, ein im Falle Kohl scheint's unzerstörbares Gerücht zerstückelt, kann ihm der wissenschaftliche Garaus gemacht werden. »Hinter dem Schutzwall aus Gelassenheit, Gemütlichkeit und erdrückender Bonhomie«, welchen wiederum und oberflächlich genug ›Die Zeit‹ an Kohl auszumachen meinte, hinter diesem vermeintlichen Wall steckt in Wahrheit ein schwieriger, ein sensibler, ja ein überaus sensitiver Mensch. Dieser Einsicht hat authentische Biographistik, so sie denn ernst genommen werden will, sich immer noch zu beugen. Sie tut es, indem sie der Sache dient, die hier zur Erörterung und Disposition ansteht.

Diese Jugendbiographie, fraglos, füllt eine Lücke. Während die Zahl der Untersuchungen, die sich mit der Gesamtpersönlichkeit und dem politischen Werden Kohls beschäftigen, immerzu weiter wächst; während die Kohl-Literatur *in toto* mählich ins beängstigend Unüberschaubare eskaliert; während hinsichtlich des reifen Kohl heute schon nahezu jedes Eckchen und Winkelchen erfaßt, erforscht und erkenntnistheoretisch analysiert ist, derweil bildet Kohls Jugend ein bislang eher vernachlässigtes Kapitel, eine Art *terra incognita.* Dieses Buch füllt nicht nur die Lücke — absichtsvoll beschränkt es seine historischen Perspektiven auf die Zeit des frühen Kohl, lenkt mithin den Blick behutsam vor allem auf das Jugendpsychogramm des kommenden Politikers und Staatsmanns; selbstverständlich unter Einbeziehung neuerer jugendsoziologischer und -psychologischer Forschungsrichtungen und Forschungsergebnisse sowie unter Benutzung erster sowohl als neuester Quellenwerke; wobei der fast stete Rückgriff auf Helmut Schelskys Standardwerk ›Die skeptische Generation‹ — welcher Kohl nachdrücklich angehörte — hier *pars pro toto* schon dankbar vermerkt sei. Methodisch und methodologisch greift die Biographie im übrigen mehrfach auch zurück auf Kohls Dissertation über das Wesen sowie die Parteien der Pfälzer aus dem Jahr 1958 — als wissenschaftliches Paradigma wirkt diese frühe und heute noch gut lesbare Schrift quasi modellhaft und kontextiv immer wieder in unseren Textverlauf hinein; ohne Übertreibung ließe sich von einem nachgerade werkimmanent metaliterarischen Subkommentar sprechen; einer Korrespondenz über die Grenzen der je unterschiedlichen Forschungsdisziplinen hinaus und hinweg.

Die Arbeit am vorliegenden Buch wurde begleitet von wiederholten Exkursionen zu Kohls Jugendstätten (Friesenheim) sowie zur Bleibe der späteren Ministerpräsidenten- und Kanzlerjahre (Oggersheim). Ihnen verdanke ich viel. Mein besonderer Dank gelte hier dem jungen Bernd Fritz für seine unermüdlichen und ausgedehnten Führungen sowohl durch die von Kohl seinerzeit besonders frequentierten Straßen und Plätze Friesenheims als auch durch die verschiedenen Schulen und Bildungseinrichtungen, durch die der nachmalige Kanzler hindurch mußte. Dank schulde ich vor diesem bio-topographischen Hintergrund auch meinem alten Kameraden und langjährigen Weggefährten, Wilhelm Genazino, für seine behutsam-kenntnisreichen Einführungen ins spezifisch Mannheimisch-Ludwigshafenische, seine Sozialstruktur, seine Menschen- und Erscheinungsformationen. Mein Dank gilt schließlich und endlich jenen Biographen, die mir in der Würdigung der Persönlichkeit Kohl vorausgegangen sind. Ich nenne hier, stellvertretend für viele, diese drei: den Chefredakteur der ›Mainzer Allgemeinen Zeitung‹, Helmut Dexheimer, der unter dem wohlbedachten Pseudonym ›Frank Hermann‹ Kohls Werden im Rahmen des überaus sprechenden Titels ›Vom Kurfürst zum Kanzler‹ (Bonn Aktuell Verlag GmbH) beschrieb; sodann Wolfgang Wiedemeyer mit seiner imponierenden Studie ›Helmut Kohl, Portrait eines deutschen Politikers‹ von 1975 (Osang Verlag, Bad Honnef); und last but not least als vorerst jüngstes Werk die Arbeit des Bonner Redaktionsbüro-Leiters der ›Rheinpfalz‹, Klaus Hofmanns ›Helmut Kohl, Kanzler des Vertrauens. Eine politische Biographie‹ (Bonn Aktuell Verlag GmbH, Stuttgart 1984, 24.80 DM). Nicht unter den Tisch fallen lassen möchte ich hier auch die sehr lesenswerte Geschichten- und Anekdotensammlung, die Hansjürgen Jendral unter dem launigen Titel ›Kohlblätter‹ (Delphin-Verlag, 19.80 DM) vorgelegt hat und der ich, wie den anderen erwähnten Büchern auch, so manche Information und Anregung danke.

Welch ein Meisterwerk ist doch der Mensch! Der bewundernde Ausruf Schillers — jenes deutschen Dichters also, der, und das, dünkt mich, ist kein Zufall, Oggersheim durch seinen Aufenthalt gleichfalls verewigte —, er birgt in sich freilich einen Zwiespalt. Das Dilemma nämlich, sich entweder im Vielen zu verlieren oder aber, vice versa, sich's im

Einseitigen einzurichten und bequem zu machen. Beides indessen kann mitnichten Sinn und Ende einer politischen Personalbiographie sein — dieser Problematik gilt es zu begegnen und zu steuern. Gewiß doch: Wer Kohl heute, nach fast drei Jahren Kanzlerschaft, ernstlich attackierte, der verfehlte wahrhaft seinen Zweck und verlöre sich im Ungefähren kurzatmiger Sensationsspekulation. Zu gefestigt, zu erhaben ist mittlerweile die Stellung des Kanzlers, seine Dynamik in der Weltgeschichte; zu unrüttelbar seine Position nicht zuletzt innerhalb der eigenen Partei; und jenen deshalb unvermeidlich dem Gespött der Öffentlichkeit aussetzend, der sich dennoch unterstünde. Andererseits kann die Teleonomie einer kritisch sondierenden Individualbiographie schwerlich in purer Affirmation, in blankem Applaus gründen; so wenig wie etwa die neuere Bibelkritik nach Maßgabe des 19. Jahrhunderts in naiven Kinderglauben rückmünden möchte, in die gebetsmühlenartige Wiederholung dessen, was wir in der Schule gelernt haben oder doch gelernt zu haben glauben. *Tempora mutantur.* Kein »Wer nicht für Kohl ist, ist gegen ihn« kann darum Leitsatz und Richtschnur einer biographischen Unternehmung sein; keine kritiklos blinde Verherrlichung kann und soll deshalb die schon erwartungsvolle Feder führen. Noch weniger darf allerdings eine modisch aufgeputzte, im Neutralisieren sich nivellierende, im heute meist so genannten »Hinterfragen« sich ergehende und ihren Gegenstand früher oder später aus den Augen verlierende Darstellungsweise unterm Mäntelchen von Wissenschaft sich Gewinn erhoffen. Hie Nietzsche also und Ranke — hie Mommsen und Gregorovius; ein jeder sehe, wo er bleibe. Ein jeder, der heute die Bürde des Biographischen auf sich lädt, kennt und geht *nolens volens* diese schmale Gratwanderung zwischen der Skylla des materialistischen Objektivismus und der Charybdis der meist vollends subjektivistischen Heroenverherrlichung der odios obsolet obskurantistischen Richtung; auch Kohl selber, als er seine Dissertation schrieb, wußte um diese Gefahren des Ewiggestrigen — und mied sie klug und besonnen. Hüten auch wir uns, inmitten des dualistischen Dilemmas und seiner freilich stets eingedenk, vor den Sirenenlockungen einer ausschließlich nominalistischen Seh- und Denkweise, die ja doch nur auf jene verdrießliche, snobistische Unverbindlichkeit unterm Panier des Pluralismus hinausliefe, welche mit dem Namen Ambivalenz noch allzu euphemistisch bezeichnet wäre — Kohl selber hielt gerade von ihr nie viel. Ziel und Endzweck der Biographie bleibe vielmehr: über das scheint's separate, ja disparate und ephemere Einzelne hinweg das paradigmatisch große Ganze im Visier zu behalten — und so, durch den Rang und die Dignität der Gegenstände hindurch, die politische Kultur des Landes zu erhalten und zu mehren!

Ein beinahe privates Geständnis zum Ausklang dieser Präambel: Der Biograph hat es, nach intensiver Selbstbefragung, nicht über sich vermocht, jenes subtile, heikle, ja pikant-gewagte Kapitel auszuklammern, das sich mit Person und Funktion der langjährigen Kanzlergattin beschäftigt. Mögen die Pharisäer darob rechten, mag der eine oder andere Leser darüber den Kopf schütteln —: Leitstern bei der Darstellung noch dieser Facette im Leben des Kanzlers war auch hier jenes Axiom, das diese Biographie wie ein roter Faden durchzieht: Kommenden Geschlechtern werde die Wahrheit und nichts als die volle Wahrheit zuteil! Wir drücken uns heutzutage gern etwas vorsichtiger und bescheidener aus: Sinnzweck der Biographie sei, die Dinge getreulich und *ad usum Delphini* jener Nachwelt zu überliefern, die dem Biographen zwar üblicherweise keine Kränze flicht; deren Dank ihm aber als Zeugenschaft vom großen Atem der Geschichte Lohn, ja Glückes genug ist.

Frankfurt, Frühjahr-Sommer 1985

GEBORGENHEIT IM ELTERNHAUS

»Donnerstag, 3. April 1930. In der Hohenzollernstraße 89 des Ludwigshafener Stadtteils Friesenheim freuen sich der Finanzbeamte Hans Kohl und seine Frau Cäcilie über die Geburt ihres zweiten Sohnes. Er wird auf den Namen Helmut getauft. Vergessen ist für den Augenblick die unruhige Zeit, der sorgenvolle Blick in eine ungewisse Zukunft« (Hofmann, a. a. O., p. 10).

Eine unruhige Zeit — weiß Gott! 1929, noch vor Kohls Geburt, begann die Weltwirtschaftskrise in New York. Überproduktion infolge Wirtschaftsausweitung (besonders seit 1924!) und Rationalisierung des Arbeitsganges in Industrie und Landwirtschaft, Zurückbleiben der Aufnahmefähigkeit der Märkte, ökonomische Störungen durch die Politik, durch Kriegs- und Reparationszahlungen usw. usf. — das und vieles andere waren die Gründe für die Weltwirtschaftskrise, für die Krisenanfälligkeit der Wirtschaft überhaupt — und ausgerechnet in diese turbulente Zeit wird Kohl hineingeboren.

In Deutschland war fünf Tage vor Kohls Geburt (sie fand, hier dürfen wir Hofmann ergänzen, um 6.30 Uhr statt) kein anderer als Heinrich Brüning Reichskanzler geworden. Schon am 16. April mußte er seine erste Notverordnung zur Sicherung der Wirtschaft und Finanzen erlassen. Diese Notverordnungen waren notwendige Maßnahmen (Steuererhöhung, Herabsetzung der Reichsausgaben, Erhöhung der Arbeitslosenversicherungsbeiträge, nicht zuletzt Kürzung der Beamtengehälter), welche seine Politik bald unbeliebt machten, und dies nicht nur bei Hans Kohl. Schon am 14. September 1930 kam es deshalb wegen Mißbilligung dieser ersten Notverordnung nach Auflösung des Reichstages zu Reichstagsneuwahlen, die ein Anwachsen der NSDAP von 12 auf 107 (!) Sitze erbrachten, gleichzeitig Gewinne der Kommunisten — aber auch ein Anwachsen der Arbeitslosen auf 4,4 Millionen zum Ende des Jahres.

Daß von all diesen Entwicklungen Kohls Elternhaus nicht unberührt bleiben konnte, liegt wohl auf der Hand. Kohls Vater war Steuerobersekretär, nach der Pensionierung eröffnete er eine eigene Steuerhelferpraxis — erst von da an, erinnert sich ein halbes Jahrhundert später der Sohn in einem ausgreifenden Gespräch mit der ›Bunten Illustrierten‹ (Feb. 1985), ging im Elternhaus alles etwas besser.

Vorher freilich war oft Schmalhans Küchenmeister; karg und sparsam genug ging es zu in der Hohenzollernstraße. »Am Wochenende«, erzählt Kohl (loc. cit.), »drei große Seidel Bier und zwei Villiger Stumpen, das war sozusagen die Ausschweifung, die er (mein Vater) sich erlaubt hat.«

Dabei war freilich die Unbescholtenheit von Kohls Eltern über jeden Verdacht erhaben. Kohls Vorfahren väterlicherseits wirtschafteten als Bauern im Fränkischen, mütterlicherseits stammt man von Lehrerskreisen aus der Koblenzer Gegend ab. Der Vater war, unbeschadet seiner beruflichen Lasten, ein alter CDU-Mann schon von der Weimarer Republik her; die Mutter liebäugelte mehr mit dem Zentrum, las aber auch nebenher heimlich und gern die neuen und aufsehenerregenden Schriften von Wassermann, Spranger, Bernstein u. v. a. Außerdem waren auch schon zwei ältere Geschwister da, der Bruder Walter, mit dem Kohl sich gut verstand, und eine Schwester, genannt Hildegard. Von beiden zeugt auch das bekannte Foto, das den kleinen Kohl im Kreise der genannten Geschwister zeigt. Er, der später immer der Größte war, er, der deshalb »der Lange« oder »der Riese« genannt wurde — hier ist er noch eindeutig der Kleinste . . .

Inter faeces et urinam nascimur (Augustinus). Nun, diese Regel galt natürlich erst einmal auch für den neuen Erden-

bürger Kohl; indessen, es war dann der *genius loci* Ludwigs-
hafen-Friesenheims selber, der diesen Grundbefund über
unser aller Conditio humana wenn nicht gegenstandslos
machte, so doch bald entscheidend milderte, ja entschärfte.
Friesenheim — so wie das benachbarte und später von Kohl
als Domizil und Refugium bevorzugte Vorortstädtchen
Oggersheim (landsmännisch: »Oggäschäm«) — Friesenheim
bedeutete für den kleinen Kohl erst einmal nicht nur die
ganze Welt; der Stadtteil an der Peripherie Ludwigshafens
mit seinem BASF-Fluidum war für das Kind Kohl ein
richtiges Paradies. Und wenn heute ein Ulrich Held darauf
verweist, daß die Marbacher Straße in Oggersheim (Kohls
Wohnsitz im Rahmen eines modernen Bungalows seit 1971)
die schönste Ludwigshafens sei, dann dürfen wir hier mit
Fug ergänzen: Und die schönste von Friesenheim war und
ist ohne jede Frage die breite, ausladende und sogar von
einer Straßenbahn durchfahrene Hohenzollernstraße!

Was wunder, daß der Kleine unter der Obhut von Vater
und Mutter Kohl sich dort bald pudelwohl fühlte!

Friesenheim — Oggersheim: Einerseits war Friesenheim
um 1930 herum noch weitgehend Ödland — andererseits
verwundert nicht, daß gerade die erlauchtesten Geister der
Zeit sich immer wieder mal von diesem Doppel-Flecken
angezogen, ja sich ihm zugehörig fühlten. Friedrich Schiller
selber war es, der seinerzeit, auf der Flucht vor seinem
Stuttgarter Landesherrn, in Oggersheim verweilte und ener-
gisch an seinem ›Fiesco‹ arbeitete (wovon heute noch das
lokale Schillerhaus eindrucksvoll Zeugnis gibt). Ebenfalls
Hölderlin logierte dort zuzeiten und befand, der Ort sei
»heilig«. Verwundert es da noch, daß Achim von Arnim
wenig später eine Komödie ›Die Belagerung von Oggersheim‹ schrieb, hin und wieder auch genannt ›Die Capitulation von Oggersheim‹, deren Inhalt kein Geringerer als der
junge F. W. Bernstein im Rahmen eines Proseminars bei
Dr. Arntzen (SS 1962) so wiedergibt:

»1. Akt. Marktplatz von Oggersheim. Die Spanier sind im Anmarsch auf das Städtchen Oggersheim. Fast alle Bewohner sind schon geflohen. Der Altflicker weigert sich, dem Schäfer Hans Warsch zu helfen, dessen Schafherde vor den Feinden in Sicherheit zu bringen. Er tut sich viel auf seine Kriegserfahrung mit den Spaniern zugute. Die von der geflohenen Bürgerschaft zurückgelassenen Sachen will er an die Spanier verhökern. Warsch leiht sich von ihm gegen ein Schaffell die große Stadttrommel aus. Der Altflicker hofft, als unentbehrlicher Marketender gute Geschäfte zu machen. In seiner Vorfreude tanzt er mit seiner Frau. Durch diesen Lärm wacht der Advokat auf. Aus Wut über seine geflohene Pflegetochter Honesta fingiert er einen Raubüberfall, den Honesta und sein Schreiber auf ihn gemacht haben sollen. Doch in der Eile improvisiert er die Fesseln zu plump. Der Altflicker läßt sich nicht täuschen. Der Bürgermeister von Oggersheim, zu dick und zu träge um zu fliehen, läßt sich auf einem Sessel von den Flurschützen forttragen. Im Auftrag des spanischen Generals Corduba erscheint der Bürgermeister des Nachbardorfes, das bereits in spanischer Hand ist. Er weist sich als Trompeter in spanischen Diensten aus. Der Advokat will ihn, um die Spanier zu erschrecken, gleich abschießen lassen . . .«

Usw. Weitere Literatur: L. A. von Arnims ›Sämmtliche Werke‹, hrsg. von Wilhelm Grimm, Berlin 1840, Band 6, S. 225—348; Goethe, ›Tages- und Jahreshefte‹, 1814, Weimarer Ausgabe, Abt. III, Bd. 36, S. 88; daneben: Prutz, R. Steig, R. Kayser, Mund, G. G. Gervinus, Mallon, Kluckhohn, Gundolf u. v. a.

Ein träger Bürgermeister — ein emsiger Jurist — ein Raubüberfall (vgl. dazu den Fall Dr. Scholl weiter hinten): Es liegt gleichsam auf der historischen Linie, daß derselbe Arnim zusammen mit Clemens Brentano dann seine berühmte Sammlung ›Des Knaben Wunderhorn‹ keineswegs zufällig in jenem Heidelberg veröffentlicht, in dem nun wiederum ein Kohl später seinen Studien nachgehen sollte — die scheinbar kuriose Koinzidenz ist in Wahrheit Fragment, ja Segment eines bedeutenden Symbolrings und verwundert nur den, welcher auch hinsichtlich des folgenden Kohlschen Diktums aus dem Jahr 1984 (144 = 12 mal 12 Jahre nach dem Erstdruck von Arnims ›Capitulation‹!) nicht hellhörig zu werden vermag für die höheren Bezüglichkeiten alles Geschichtlichen: »Ich bin«, sagte Kohl seinerzeit bei gegebenem Anlaß, »gegen eine Politik mit der Apothekerwaage.« Apotheker — Marketender — Trompeter: Hier trifft es sich erneut . . .

Friesenheim und Oggersheim: Noch heute umfängt und empfängt den Besucher resp. Touristen die Spur jener Tage um 1930, die Kohls frühkindliche Erlebnisse so entscheidend prägten. Jene alte Apotheke in der Hohenzollernstraße, jene fast nostalgisch anhauchenden gepflegten Bunker aus dem Zweiten Weltkrieg mit Relieffrauen im Halbakt (!) über den Einstiegen, jene absolut pfeilgeraden Straßen — noch heute umwebt den Gast jenes Odeur von Lebenslust trotz aller politischen Bedrückungen draußen im Reich, sich manifestierend ebenso in der ansehnlichen Einheitlichkeit im Ganzen wie in einem bunt-kecken Stilgemisch im städtebaulich Einzelnen und Vereinzelten — Gotik, Romanik, Jugendstil, sogar ein paar *Art-Déco*-Elemente finden sich sowie die Stilgebärde der Neuen Heimat. Kurz, eine Stilsynthese aus allen Epochen und aus aller Herren Länder — die Botschaft aber lautet: Frohsinn durch schieren Überlebenswillen, ja gleichsam durch ein Inferno an architektonischer Korruptheit hindurch. Ja, mag sein, man hat heute zuweilen den »Eindruck, als läge ein riesiges Leichentuch aus Trübsal und Gram über den Menschen und Dingen« (Alphonse Allais) — gerade und nicht zuletzt den kleinen Kohl störte das wenig; nein, man geht kaum fehl, wenn man heute wähnt, gerade diese städtebauliche Katastrophik war es, die ihn später, sei's bewußt, sei's unbewußt, zu seiner Lust in die hohe Politik trieb — und umgekehrt auf seine politischen Energien, Ideen und Zielprojektionen abfärbte.

Im übrigen war Kohl u. W. ein gutartiges, zutrauliches, zuweilen fast herziges Kind inmitten seiner Geschwisterschar — und er war, so bezeugen alle, die ihn damals schon kannten, ein absolut fröhliches Kind. Mag sein, daß, wofür unter anderem Reich und Metz plädieren, hier schon, in dieser präpuberalen Phase, antizyklisch zum Ökologischen der Grundstein zu dem gelegt wurde, was später als des Kanzlers sprichwörtliche »lachende Fröhlichkeit« gerühmt oder, je nachdem, bekrittelt werden sollte, angesichts dessen bzw. deren sich noch am Aschermittwoch 1984 der SPD-Oppositionschef J. Vogel zu der neidgesättigten Tirade hinreißen ließ, der Kanzler leide unter einem »Lachmuskelschließkrampf« (Näheres dazu in den Schlußetappen dieser unserer Biographie). Doch, Kohl lachte schon damals gern und viel — dazu ein knallrunder Kopf, schöne Wimpern, ja, und wie gesagt, schon damals eine überaus bunte Gesinnung praktisch von Kindesbeinen an. Jawohl, die Eltern durften ihre Freude an dem neuen Sprößling haben, und sie hatten sie auch: Wie er hinterm Schurz der Mutter hertrippelte, wie er zuerst noch mucksmäuschenstill war, wenn ihn der Vater, den er eigenartigerweise irgendwie »Dudl« nannte, irgendwas lehrte und auf sein empfängliches Gemüt einwirkte — nein, sie brauchten ihren Entschluß nicht zu bereuen, die Eltern Kohl, und nicht ungern hörten sie, wenn der Feierabend gekommen war, dem possierlichen Geplapper des Kleinen zu, der ihnen, heißen Kopfs und drollig genug, die Köpfe mit seinen Berufsplänen ihrerseits heißredete. Mal wollte er ein Reiter, dann König, dann wieder Platzwart werden — und einmal sogar Rangierschaffner, mein Gott, wie halt Kinder so daherplappern. An den Bundeskanzler dachte damals freilich noch keiner . . .

Ja, doch, Kohl sah als Kind sehr gut aus. Mal saß er in einer feschen Lederhose auf einem Pferd, mal schaute er in einem gestreiften Pullover satt in die Kamera (vgl. dazu die reiche Foto-Bebilderung vor allem bei Hofmann, a. a. O., p. 12 und 14). Der wußte eben genau, daß er jetzt fotografiert wurde! Der kriegte haargenau mit, was auf der Welt gespielt wurde — und noch wird! »Wenn Sie jahrelang geglaubt haben«, korrigierte noch 1983 Kohl völlig zu Recht sein sog. Negativ-Image, »da ist einer, der ist ein Dorfdepp, der den Rhein raufgekommen ist, dann haben Sie jetzt ein Aha-Erlebnis« (cit. nach ›Die Zeit‹).

Denn vielmehr war Kohl den Rhein ja rabgekommen . . .

Gewiß, mit diesem Satz illuminiert Kohl nebenbei auch ein eigenwilliges Verständnis vom Begriff des ›Aha-Erlebnisses‹, das er hier in die Nähe des semantischen Feldes des ›Saulus-Paulus-Erlebnisses‹ oder etwas der Art rückt; nun, in Friesenheim ist es eben so, daß man schon mal vier gerade sein lassen kann.

Geborgenheit im Elternhaus: Daß es in der Hohenzollernstraße lag und Kohl später in die Marbacher Straße umsiedelte — daß vice versa Schiller aber schon in Marbach geboren wurde —: Ist es nicht abermals wie eine höhere Verschlungenheit, ein Wink mit dem Zaunpfahl der Geschichte? Zumindest ein Symptom, wo nicht ein Syndrom?

Genug, der kleine Kohl wuchs rasch aus den Babykleidern heraus, und bereits mit 3½ Jahren vermochte Kohl sein Hoserl alleine korrekt anzuziehen. Hint war hint, und vorn war vorn. Und Kohl säumte nicht, bei den damals schon beliebt werdenden Kindergeburtstagen diese seine Fähigkeit auf Aufforderung immer wieder zu zeigen und sich damit hervorzutun. »An meinen Geburtstagen hatten wir immer ein volles Haus«, erinnert sich deshalb Kohl später zu Recht (nach: Rudolf Pörtner, ›Mein Elternhaus‹, Econ, 38 DM) und auch daran, daß er zum 5. Geburtstag ein Fahrrad für 8 Mark geschenkt bekam. Ja, Kohl war ein recht lebhaftes und vitales Kind, war bald auch ein »passionierter Kaninchenzüchter« (Kohl) und versuchte sein Heil sogar hin und wieder in der Seidenraupenzucht (Pörtner, a. a. O.) zugunsten der BASF: Ein Kilo Kokons brachte nämlich 20 Mark, und die deutsche Wehrmacht konnte sowas brauchen.

Daneben entfaltete sich bald ein gesteigertes Interesse für Autos, Fußball, Geld und Leberknödelsuppe — und, natürlich, vor allem für die Musik! Musik: Am liebsten hätte Kohl eigentlich damals gleich Schifferklavier (Akkordeon) gelernt, aber wegen der Beschränktheit der häuslichen Verhältnisse langte es dann nur zur Mundharmonika (Fotzhobel). Freilich, auch da brachte es Kohl dann nicht recht weit. Denn viel lieber spielte er damals schon Indianer, Räuber, Gendarm, Hallihalloh sowie ein Knabenspiel, das im Pfälzischen »Upftera« hieß (und noch heißt!) — zu Deutsch etwa »Upfupf«: vereinfacht dargestellt eine Variante des Sackhüpfens, genauer, eine Symbiose aus Sackhüpfen, Wurstschnappen, 66 und Murmeln (Schusseln). Meist ging Kohl schon damals als Sieger daraus hervor, im allgemeinen knapp vor Egon Krebs, Ida Kolakowski, den Gebrüdern Karl und Kunz Korn sowie Kropfs Kurt, seinem Cousin.

Schon als Kind war Kohls Lieblingsessen das Lieblingsmahl aller Friesenheimer: die noch heute von Kohl bevorzugte »Ochsenbrust gutbürgerlich«, die es damals praktisch überall und jederzeit gab, zumal als mit dem Zurückdämmen der Wirtschaftskrise nach der Entlassung Brünings und im Zuge der Kanzlerschaft v. Papens die Verhältnisse langsam wieder normaler wurden. Unschwer sich vorzustellen, daß Kohl deshalb jetzt auch zügiger heranwuchs als manche anderen Kinder seiner Zeit, ja daß hierin andererseits schon der Keim dessen lag, was man im Falle Kohl als angeborene Menschenführerschaft interpretieren könnte — und die es tun, liegen nicht verkehrt damit. Allerdings, verwöhnt von diesem seinem diesbezüglich »guten Stern« (Hans Kohl), ließ Kohl sich dann auch immer wieder dazu hinreißen, es sogar mit Älteren und Größeren aufzunehmen und ihnen ein

Schnippchen zu schlagen — und nicht selten setzte es da natürlich für ihn Prügel und manch eine tüchtige »Abreibung«. Nichtsdestotrotz, Kohl ließ sich davon keine grauen Haare wachsen, schon jetzt bewies er innerhalb der kleinen Welt der Hohenzollernstraße, daß er sich außer auf seine Fäuste auch auf das verlassen konnte, was man später spaßhaft als seine »sprichwörtlichen Nehmerqualitäten« bezeichnen sollte. Und man tat gut daran, es so zu bezeichnen.

Müßig dünkt uns die Frage, nach welchem pädagogischen System der spätere Kanzler eigentlich erzogen wurde. Jene »gute Kinderstube« jedenfalls, welche Kohl später anläßlich einer seiner ersten Bundestagsreden insbesondere bei H. Wehner vermißte — Kohl selber genoß sie in vollen Zügen. War die Gesinnung der Eltern untadelig, so kaum minder ihre Gesittung. Selten griff der Vater Kohl die Mutter wohin (außer bei Kohls Zeugung; aber da war ja eben der Wunsch nach dem nachmaligen Kohl der Befehl des Vaters des Gedankens). Kaum je kam es vor den erstaunt aufgerissenen Augen des nun tüchtig heranwachsenden Kindes zu Ausfällen, Rempeleien, Randaliererein u. dgl. Sondern vielmehr: Aufrecht wurde gesessen! Geradeaus wurde geblickt! Und stramm lagen die Hände auf dem Tisch, wenn gegessen wurde und derart der Kohl(sic!)dampf des jungen »Hansdampf« (so nannte ihn bisweilen zärtlich die Mutter) wenigstens im Ansatz gemindert wurde. Jedes Wochenende wurde, wie anderswo auch, einmal gebadet, sodann wurde noch etwas Radio gehört, und gebetet wurde endlich kurz vor dem Zubettegehen.

Die mit Näglein besteckte Bettdecke des jungen, des noch sehr jungen Kohl: Gemahnte sie den nachmaligen Kanzler traumverloren, in Traumes Wirren, gleichsam traumatisch assoziativ-visionär an die noch sehr ferne, noch sehr unbekannte und doch schon mählich näherwogende Welt des Eros, schöner Frauen zumal? An die Etymversponnenheit gar des — Nagelns?! Genug, das innige, gleichsam präontische Eingedenken, welches Kohl heute noch, wenn er Zeit hat, jenen frühen Friesenheimer Frühlingstagen wahrt, um es so heilig zu halten, wie Hölderlin den Ort einst empfand: Dies zarte Warme, selig Sehnsüchtige, ja heimelig Unheimliche inmitten einer von Kohl noch weithin unverstandenen Welt — es rührte psycho- und organogenetisch exakt aus jener Gewißheit von Kohärenz und Behaustheit, die der Pfälzer, und nicht nur er, als »Wurzelgefühl« (Theo Magin) begreift, von der auch der schließlich ausgewachsene Kohl immer wieder, sei's im Fernsehen, sei's in seiner Doktorarbeit, sei's nicht zuletzt in der Partei einen Begriff zu vermitteln suchte und sucht — und die andersherum umgekehrt eine Voraussetzung für das war, was man mit aller gebotenen Behutsamkeit als Kohls spätere »Universalität« (ebd.) zu bezeichnen sich nicht scheuen sollte.

»Dies ist nicht irgendeine Partei«, erläuterte später der reife Kohl in einer berühmt gewordenen Rede das Wesen der CDU und der Heimat zugleich, »eine Partei, in der jeder jeden duzt, sondern dies ist eine Partei, die politische Heimat ist, das ist mehr als irgendein Begriff.« Nun mag man sicherlich darüber rechten, ob »Heimat« und »Partei« am Ende nicht doch auch »Begriffe« seien — den Grundbegriff von beidem vermittelte Kohl jedenfalls erst mal das Elternhaus; und den entsprechenden Humor dazu: Immer wenn der Kleine damals fragte, was es denn abends zu essen gebe, entgegnete postwendend Vater Kohl: »Böhnchen, mein Söhnchen«; worauf Kohl lachen mußte, und da war es dann, daß ihn der Vater auch das Lied lehrte:

Mannemer, Mannemer, wuppwuppwupp!
Alle Daach Kartoffelsupp!
Alle Daach Kartoffelbrei!
Sind die Mannemer glei dabei!

NB: »Mannemer« meint »Mannheimer«, die Nachbarstädter also, die zwar als Nicht-Kurpfälzer in Ludwigshafen nicht allzu gut angeschrieben waren; aber nicht zuletzt dem stets auf Ausgleich bedachten Vater dankt der spätere Kanzler seine Grundüberzeugung der Toleranz und des Ausgleichdenkens. Noch besser fast gefiel dem kleinen Kohl allerdings dies Liedchen aus dem nahen Schriesheim:

> *Ä alde Fraa aus Schriese*
> *Muß niese!*

Am allerbesten leuchtete ihm aber dieses Volkslied aus der Koblenzer Gegend ein, das ihm die Mutter beibrachte:

> *Saß 'n Äppgen onne Treppchen*
> *Vor da Großmutta ihrer Tür,*
> *Hat 'n Löchelchen inne Köppchen*
> *Und konnt' nix dafür!*

ERSTE AUSFAHRT

Der Lebenssinn, eine Kohlsche Kategorie *sui generis*, war für den frühen Kohl weitgehend identisch mit dem, was moderne Erziehungswissenschaft und Propädeutik heute »Erfahrungshunger« (M. Rutschky) nennen. Erfahrungshunger aber artikuliert sich immer wieder in jenem altneuen motorischen Phantasma, das als ›Lieder eines fahrenden Gesellen‹ ebenso in die europäische Geistesgeschichte eingeflossen ist wie, negativ gewendet, als ›Winterreise‹ *ad infinitum*; freilich auch in jener Dialektik, welche aus dem Spannungskontinuum des Prinzips Ausfahrt und des nicht minder substantiellen Prinzips Heimat zwingend ihre Resultante zu finden hat: »Heimat« in einem emphatisch Blochschen Sinne. So wie es ja wiederum gleichfalls alles andere als ein Zufall ist, daß jener Theoretiker des Begriffs ›Heimat‹ *par excellence*, Ernst Bloch, ebenfalls in Ludwigshafen geboren war und sich nach dieser seiner von König Ludwig I. von Bayern gegründeten Heimatstadt zeitlebens »in fast verzehrender Haßliebe« (Hofmann, a. a. O., p. 13) verzehrte. Bloch schreibt: »Ludwigshafen blieb der Fabrikschmutz, den man gezwungen hatte, Stadt zu werden: zufällig und hilflos, vom Bahndamm im Kreis entzweigeschnitten, ein Zwickau ohne Hemmungen, nach dem falschen Morgenrot von Biedermeier, das in seine Gründungszeit fiel, ein äußerst nasser Tag« (cit. nach Hofmann).

Verstehe es, wer es wolle — bzw.: So oder so ähnlich sah es natürlich später auch Kohl, hütete sich aber fast immer, es laut auszusprechen, bzw. im sehr signifikanten Unterschied zu Bloch versuchte er eben immer, das Beste draus zu machen, und ging deshalb später auch in die Politik usw. — und auch Bloch sah es dann ja zwei Jahre vor Kohls

Niederkunft schon wieder etwas positiver: Ludwigshafen, stellte sogar der marxistische Denker jetzt fest, sei »klar, gleichzeitig, sachlich zwischen sich und Künftigem«.

»Dieses Solidaritätsfundament«, kommentiert Biograph Hofmann zu Recht, »konnte auch von Kohl akzeptiert werden, ohne daß er sich auf die sozialistischen Definitionen des Autors hätte berufen wollen«. Nein, das nun denn doch nicht. Mit der klassenkämpferischen Pervertierung prinzipiell nicht unrichtiger Gedankengänge durch den Marxismus u. a. wollte Kohl, so sehr er z. B. Lassalle in diesem und jenem zeitweise fast recht gab, nichts zu tun haben; davon wollte er nichts wissen.

Eher schon wieder davon, daß Ludwigshafen, so abermals Bloch, ein »ehrlicher Hohlraum« sei, den es auszufüllen gelte. Dieser Integrations- und Ausfüllungsprozeß fand für Kohl später in der hohen Politik statt — vorerst allerdings wurde er erst einmal in den Kindergarten in der Rupprechtstraße gesteckt, von der Hohenzollernstraße nur durch die schnurgerade Schwalbenstraße getrennt. Glücklich an der Hand seiner Mutter stiefelte der kleine Kohl durch die Straße hindurch, mit bangem Herzklopfen, aber immer geradeaus schauend und linsend. Die erste wirkliche Ausfahrt — mit dem Einzug und mit der Integration in den Kindergarten war sie geglückt!

Welch eine neue Welt war es, die sich nun dem kleinen Kohl erschloß! Nicht mehr nur die starre steuerliche Welt des Vaters, nicht nur mehr der Mutter häusliches Treiben, nicht mehr den ganzen Tag der Geschwister nutzlose Versuche, den Schatz im Silbersee ausgerechnet im Vorgarten des Hauses Hohenzollernstraße 89 zu finden. Nein, mit dem Eintritt in den katholischen Kindergarten eröffnete sich für den nachmaligen Spitzenpolitiker gleichsam nebenher die Erstbegegnung mit der Welt des Katholizismus, die sich Kohl später, wie viele andere frühe *connections* auch, politisch nutzbar machen sollte. Und darüber hinaus kam es, gefördert durch das treffliche Naturell schon des sehr jungen Kohl (Lebenshunger, Lerngier!) auch zu einer ersten und — soviel kann man heute rundheraus sagen — rundum gelungenen Primärsozialisation dessen, der später einmal so viele in die neue demokratische Gemeinschaft einweisen sollte.

In Deutschland hatte freilich seit dem 30. Januar 1933 die Nationalsozialistische Deutsche Arbeiterpartei das schwanke Staatsschiff übernommen (»Nationalsozialistische Machtergreifung«), und sie lenkte es zunächst ja auch, dem äußeren Anschein nach, gar nicht übel durch die Fährnisse einer unruhig-unsteten Zeit. Es kam damals u. a. zum Berliner Reichstagsbrand, zu Hindenburgs Notverordnung zum Schutz von Staat und Volk, gleich darauf zu Reichstagswahlen und zum Ermächtigungsgesetz, welches den Nazis praktisch die Beseitigung der Demokratie und die Einrichtung eines Führerstaates gestattete, ja die sog. Gleichschaltung und Alleinherrschaft (Hüttler) — alles Dinge, die früher oder später nicht gutgehen konnten (siehe Röhm-Putsch, »Kristallnacht«, Spanischer Bürgerkrieg, Weltkrieg usw.) und ja auch tatsächlich nicht gut gingen . . .

Nicht daß Friesenheim so gar nicht vom scharfen neuen Wind der Zeit gestreift worden wäre, das nicht — dem Kinde Kohl immerhin blieb doch noch viel verborgen — gottseidank, wie man heute sagen darf. Der kleine Kohl ging weiter fleißig in den Kindergarten, tagein tagaus, meist schnurstracks durch die Schwalbenstraße mit ihren anmutigen, noch heute meist geschlossenen Fensterläden, im Lauf der Zeit erlaubte sich Kohl aber auch manchen Umweg über die anderen, um 1930 noch kotigen Straßen Friesenheims — sein schon damals hurtiges Gemüt neigte schon seinerzeit zu allerlei Experimenten und Kabinettstückchen. Im Kindergarten lernte Kohl beten, stricken und sogar einige Grundrechnungsarten, klug mied er das sog. »Sackgreiferle-Spielen« — und schon bald vermochte er in die nahe Grundschule, die Rupprechtschule, gleich rechter Hand vom Kindergarten zu wechseln.

Und abermals tat sich eine neue Welt auf! Es war die Welt der Lehrer und Pädagogen, die Welt des Wissens, die Welt der Mitschüler. Die Konkurrenz war scharf, doch Kohl hielt gut mit. Noch heute gibt Kohls Schulzeugnis anläßlich des Absolviums der 1. Klasse, unterschrieben von Lehrer August Scharff, Zeugnis und Rechenschaft von Kohls erster gelungener Leistungsbilanz. Erstes und zweites Halbjahr erbrachten nicht nur lauter 1er und 2er — die Noten sind sogar in allen Fächern vollkommen identisch! Wo Kohl Stärken hatte, behielt er sie — wo es haperte, item. Dies Schulzeugnis mahnt uns wie ein frühes Echo der Beharrlichkeit des reifen Kohl, der Treue zu sich selber: Was er hat, das gibt er nicht mehr her (JU-Vorsitz, Staatskanzlei, Bärbel, Kanzlerschaft). Natürlich, für den sensationsdurstigen Biographen und seine Leser wäre es ja zu schön gewesen, wäre Kohl mit einer »5« in Betragen gestartet! Indessen, es sollte nicht sein — nein, lauter 1er und 2er waren es, die auf den kleinen Kohl entfielen, eine nachgerade unheimliche Konstanz und Penetranz — und wie beharrlich gut bis sehr gut Kohl der Schule auch heute noch gegenübersteht, das beweist nichts nachdrücklicher als der Fakt, daß Kohl nicht allein unlängst zum 75. Geburtstag der Rupprechtschule die Festrede hielt; nein, der Kanzler ließ es sich, wie zahlreiche Pressefotos beweisen, auch nicht nehmen, zusammen mit dem griechischen Gastarbeitermädchen Kadyne noch einmal die Schulbank zu drücken und sich von Schulkindern aus 14 Nationen (ja, Friesenheim ist wirklich ein Schmelztiegel wie sonst nur noch die Bronx) in der jeweiligen Landessprache begrüßen zu lassen. Und, nicht zu vergessen: »Die Schule machte Kohl eine Schulbank zum Geschenk« (dpa).

Im übrigen wissen die heutigen Rupprechtschulschüler die vormalige Präsenz des heute Hochberühmten in ihrer Schule wohl zu schätzen und zu würdigen. Ein privater Test des Verfassers in Friesenheim hat ergeben, daß 3 von 5 befragten heutigen Schulkindern durchaus davon Kenntnis haben, daß hier mal »der Herr Kohl« zur Schule gegangen sei. Und das bedeutet: Nicht weniger als 60 Prozent! Mehr als Kohls späterer Intimfeind F. J. Strauß bei den letzten Landtagswahlen erzielen konnte!

War Kohl ein Musterschüler? Mitnichten. Kohl lernte zwar leicht und behende, bekam aber auch manche Tatzen und Maulschellen, hielt sich freilich damit schadlos, schlagfertig an die Mitschüler manch Gesalzene schon mal auszuteilen und sich mit Macht zur Wehr zu setzen. Ja, es setzte damals manch klägliches Wehgeschrei an der Rupprechtschule (z. B. bei Krauts Karlchen), wenn Kohl zulangte und auf seinem Recht bestand — allein, wenn seine früheren Mitschüler heutzutage darauf zu sprechen kommen, daß einer der Ihren Kanzler geworden ist, dann ist da keiner, da ist aber auch nicht einer, der da nachtragend wäre. Sondern vielmehr stolz.

Außer Lehrer Scharff war eines der frühesten Leitbilder Kohls sein dem Vater etwa gleichaltriger Onkel Kunz Kohl, Heppenheim. Ja, so wie Kafka einst sich fast mehr seinen beiden berühmten Onkeln zuwandte als dem eigenen leiblichen Vater, dessen emotionell auftrumpfendes Gewicht ihn ja ums Haar erdrückt hätte (vgl. Kafkas harsch abrechnenden ›Brief an den Vater‹, in dem Kafka ganz schön spitz werden kann) — ebenso wandte sich auch Kohl gemütsmäßig immer mehr Kunz Kohl zu, zuzeiten auch dessen Hund Hinz. Geradezu magnetisch angezogen fühlte er sich von diesem Onkel, und es war dann wie eine erste und vorentscheidende Fulguration Kohlschen Geistes, als Kunz Kohl den jungen Kohl am 1. September 1937 — exakt zwei Jahre vor Ausbruch des Krieges — nicht nur mit dem Laubholzsägen und dem Papierschiffchenbauen vertraut machte, sondern ihn auch ins Wesen des Politischen einführte.

Kohls erste politische Leitsterne waren demzufolge Caesar, Napoleon, Augustus, August der Starke, Philipp, Marquis Posa, Eboli, Washington und William the Conqueror.

Später, im Laufe der Pubertät, kamen dann auch vor allem Alexander, Scharnhorst, Dr. Struttmann und der Prinz von Homburg dazu (freilich noch nicht in der Kleistschen Fassung, sondern in der der Friesenheimer Nationalbibliothek). Mit einem Wort, lauter edelmütige Eroberernaturen — solche, denen schon der kleine Kohl dereinst nachschlagen wollte und sollte ...

Und während der Bub dann auch schon mal den Schwarzwald besuchte (»Ein Stück Irrationalität« nannte ihn Kohl am 29. 5. 85 kurz vor den großen Ausschreitungen anläßlich von Turin — Liverpool in Brüssel im Bayerischen Rundfunk im Zuge einer friedlichen Begehung) und so sein Weltbild erweiterte und verfeinerte, derweil ging in der Schule alles seinen gewohnten Gang, mehr schlecht als recht. Kohl freilich machte sich nicht gemein und war so gut wie immer der erste und mittlerweile auch schon (wichtig!) der größte im Kreise seiner Mitschüler. Und endlich der Frankreichfeldzug von 1940, von Kohls Eltern als »weiteres Verhängnis betrachtet« (Hofmann, p. 14), sah ihren Sohn dann auch schon in der Realschule, dem heutigen Max-Planck-Gymnasium, einen Steinwurf von der Volksschule entfernt. Ja, das Reale war es damals schon, worauf Kohl schon seinerzeit immer besonders freudig ansprach — und gut war er schon dortmals immer in Prozentzahlen bis hinters Komma. Schon jetzt träumte er natürlich auch hin und wieder von den großen späteren Staatsbesuchen im nahen Frankreich, in Paris, im Elyséepalast von Versailles usw. — nicht belastete den kleinen Kohl noch, daß Flaubert und Gombrowicz in fast gleichlautenden Passagen Paris zur europäischen Kapitale der Dummheit ernannt hatten (und recht hatten sie, siehe Sartre, Beauvoir u. a.), oder etwa gar die Tatsache, daß er, Kohl, kein Wort Französisch konnte noch je können würde — außer »arreviderci« vielleicht — noch auch nur wollte. Nein, derlei lag schon damals nicht und auch später nie in den Intentionen und Ambitionen von Kohls energiegeladener Gesamtlebensstrategie, nein, der Kohlschen Suche nach der Kategorie Lebenssinn war damals schon, seit ca. 1938, ehern und untrennbar beigeordnet und parallel beigelagert ein ganz Anderes: »Die Lebenslust der Oggersheimer ist kolossal«, teilt Hermann Blaul mit; und eben diese vitale Lebenslust, die oft ins nachgerade Libidinöse sich auswachsen kann, war es dann auch, die den jungen Kohl zunächst am heftigsten und unwiderstehlichsten ergriff — und endlich zu seinem 8. Geburtstag am 3. April 1938 (v. Blomberg und v. Fritsch waren gerade schmählich entlassen worden, in Österreich war schon der folgenschwere Rücktritt des Bundeskanzlers Schuschnigg knapp erfolgt) war es, daß Kohl zum ersten Male das prächtige, süffige, ja unübertreffliche ›Halali-Edelbock‹-Bier aus der nahen Privatbrauerei Maier probieren und kosten durfte — der Stolz ganz Friesenheims, ja Ludwigshafens! Kohl gab sein Bestes, saugte und saugte, schluckte und würgte. Hei, wie das mundete! Und wie schlecht Kohl davon bald wurde! Noch schlechter als von seiner ganzen Familie, der Realschule und von dem ganzen restlichen Friesenheimer Gesocks und Gemuffel zusammen! Und doch, am nächsten Tag schon (der Anschluß Österreichs an Deutschland war längst erfolgt) war Kohl wieder voll da, sauste die Hohenzollernstraße lang, erreichte die Realschule, untermauerte dort seine führende Stellung — und surrte kurz nach Schulschluß wie ein Wirbelwind, wie ein Torpedo, wie eine Turbopropellermaschine wieder heim. Getrieben von schierer Lebensenergie und Motorik; von jener, wie der Dichter sagt, »Sehnsucht, die nimmermehr ruht«.

PS: Für seine im vorigen Kapitel erwähnte Proseminararbeit über Arnims ›Capitulation von Oggersheim‹ erreichte F. W. Bernstein übrigens vom Prof. Arntzen ein sehr gerechtes »befriedigend plus«.

FRÜHE VORBILDER UND VISIONEN

»Um 3.15 Uhr am 22. Juni 1941 zerreißt ein tausendfacher Feuerschlag die Stille der Sommernacht.

Der Ostfeldzug hat begonnen!

Die 3. Panzerdivision unter General Model setzt südlich der sowjetischen Festung Brest-Litowsk über den Bug. Die ersten Schützen-, Panzer- und Kradschützenkompanien, die über den Fluß gegangen sind und die parallel zu ihm verlaufende Straße nach Osten hin überschritten haben, liegen bereits am frühen Nachmittag fest. Es ist nicht der Gegner, der die Soldaten aufhält; Schlamm, Sumpf und Moor sind die Ursache dafür.

Generalleutnant Model, der neue Divisionskommandeur, faßt selbständig den Entschluß, nicht weiter nach Osten vorzustoßen. Er dreht seine Division nach Norden um, damit die rollenden Verbände die Uferstraße benutzen können. Sie sollen direkt vom Süden her auf Brest-Litowsk vorgehen, die Festung aber nur dicht ostwärts passieren und dann nach Osten eindrehen.

Die schweren Panzer vom Typ P IV der 12. Kompanie setzen sich kurz vor 17 Uhr von dem kleinen Dörfchen Stradecz aus in Bewegung.

Oberfeldwebel Blaich steht im offenen Turm seines Kampfwagens und blickt auf das flache, von kleinen Buschreihen und vielen Sümpfen durchzogene Land.

Dann knallt es auch schon. Die ersten Schüsse, die der Kompanie im Ostfeldzug gelten.« (Aus: W. Haupt, ›Albert Blaich. Ein Ritterkreuzträger der Panzertruppe‹. Neuauflage ›Der Landser‹, Großband 610)

Der Ostlandfeldzug! Aus Altersgründen sieht er den jungen Kohl weiterhin in Friesenheim. Die traumatische Erfah-

31

rung des Großen Krieges blieb dem Jüngling ebenso erspart wie die furchtbare der Nazibarbarei und des Faschismus. Von den Konzentrationslagern, den Gettos und dem ganzen Holocaust erfuhr Kohl erst lang nach dem verlorenen Krieg. Während des Kriegs erfuhr Kohl lediglich das, was der spätere Kanzler einmal »die Gnade der späten Geburt« nennen sollte . . .

Dafür arbeitete sich der junge Pennäler immer mehr in die städtischen, sozialen und vor allem in die Bildungseinrichtungen ein, welche ein modernes Gemeinwesen aufstrebenden jungen Geschöpfen so nützlich macht und welche besonders Kohls emsiger Art und seinem empfänglichen Gemüt sehr entgegenkamen. Die Interieurs von Kohls damals noch zarter Seele — sie waren in jenem Quadrat von ca. 390 Meter Seitenlänge, welches die Komplexe Elternhaus, Kindergarten, Volksschule und Realschule bilden, bestens aufgehoben.

Was aber ein Häkchen werden will, krümmt sich beizeiten. Bald kommt es deshalb über das rein Schulische hinaus zu interessanten Weiterungen, auch wenn diese allesamt noch im Friesenheimer Stadtkern verharren. Kohl wurde Mitglied des Friesenheimer Chors und Mitglied des Schwimmvereins; im Fußballspiel aber, erinnerte sich Kohl später, besetzte er auf Anhieb die Position des Mittelläufers, dessen, den man seit Beckenbauer mit dem modernen Fachausdruck als den »Libero« bezeichnet. Aufgrund seines körperlich rasch zunehmenden Wachstums, das ihn immer mehr von seinen Kameraden abhob, war Kohl für diese Position des Mittelläufers naturgemäß geradezu prädestiniert, so wie ja seinerzeit fast immer der Größte der Mannschaft diesen Posten bekleidete (Keuerleber, Kennemann, Baumann, Meßmann u. a.), ein Posten, der wie kaum ein anderer (den Halblinken vielleicht ausgenommen, der damals schon — siehe Fritz Walter, siehe Pfaff, siehe Szepan — identisch war mit dem des »Spielmachers«) besondere Verantwortung,

Übersicht und Führungskraft erheischte. So wie man überhaupt sagen kann, daß Kohls seinerzeitige sofortige Übernahme des Mittelläuferpostens wie ein Signal, fast wie ein Symptom eines späteren Anspruchs war. Oder gar Omen. Weil nämlich (um es jedem Leser ganz genau einsichtig zu machen) in dieser Funktionsübernahme des Mittelläuferpostens sich zum erstenmal jener Führungsanspruch als Postulat anmeldete und vehement unterstrich, der dann später so reiche Früchte als Ernte tragen sollte. So wie umgekehrt proportional Kohls ragende Manier, mit der er diese Verantwortlichkeitsposition ausfüllte, erstmals seinen Führungsstil, den er später perfektionieren sollte, artikulierte und eingrenzte. Es war und ist — so wie in der Reihe Kitzinger-Goldbrunner (Kohls erstes Vorbild) -Kupfer — der Führungsstil des *primus inter pares;* und eben nicht der Primadonna, jenes sportlichen Gehabes, das später bei der Frankfurter Eintracht so einbrach — was wunder, daß Kohl seine Studentenzeit in Frankfurt als einen Mißgriff bald wieder abbrach. In Friesenheim war es damals vielmehr so, daß Kohl oft nur geschickt den Raum abdeckte und die (damals noch brillenlosen) Augen im Sinne des späteren Liberos scharf offen hielt, während er die Wasserträger Karl Korn und Kurt Klamm laufen und schuften ließ wie nachmals in Mainz etwa B. Vogel, Geißler und Biedenkopf u. a. mehr; indessen er, Kohl, nur praktisch ragte. Der Primus inter pares: Nicht nur auf dem Fußballfelde trug er damals schon dem heutigen Kanzler schönste Früchte ein. Mal haute Kohl etwa auch einem kleiner geratenen Kind auf den Kopf und schlug es kurz und klein — mal lieh er sich von ihm wieder 40 Pfennige. Doch, das Prinzip der inneren Führung kraft demokratischer Kooperation der »Individualgemeinschaft« (Lothar Späth, 1985) leuchtete Kohl früh und voll ein, mit dem fuhr er stets gut, ihm verdankt er nicht nur viel, sondern am Ende, werweiß, gar seine Kanzlerschaft.

Aber mal unabhängig davon: Dem Fußball hielt auch der spätere »Volkskanzler Kohl« (so Kohl laut ›Bild‹) immer und allzeit die Treue. Noch zu Beginn der Fußballeuropameisterschaft in Frankreich (1984) ließ Kohl sich flugs auf einem AP-Funkbild im Kreise von J. Derwall und K. H. Rummenigge fotografieren, anschließend besuchte er sogar, begleitet von Regierungssprecher P. Boenisch und dem FDP-Fraktionschef W. Mischnik, mit einem französischen Militärhubschrauber das deutsche Trainingslager, um der Mannschaft Mut zu- und das Vertrauen auszusprechen. »Ich hab als Jugendlicher Mittelläufer gespielt«, vertraute Kohl hier noch einmal dem Korrespondenten der angesehenen ›Süddeutschen Zeitung‹, Ludger Schulze, ein Geheimnis an, »sowohl im Fußball wie im Handball. Im Fußball hab ich bis zur A-Jugend gespielt. Bei uns sind im Krieg in der Stadt alle Mannschaften zusammengelegt worden, weil die einzelnen Vereine nicht genügend Spieler hatten. Ich hab zwei Heimatvereine gehabt, erst Friesenheim und später dann Phoenix Ludwigshafen.«

Als Sporterzieher, referierte Kohl sodann weiter, habe er den Turnlehrer Müller genossen, der sogar ein Nationalverteidiger gewesen sei. Mit dem Besuch bei den DFB-Fußballern, so Kohl, erfülle sich ihm so etwas wie ein Traum: »Die Vorstellung, einmal bei der Nationalmannschaft zu sein, wäre für mich als Bub phantastisch gewesen« (Kohl). Nun, so der Kanzler, könne er sich diesen langgehegten Wunsch erfüllen, sagte Kohl (cit. nach Schulze) weiter, und dafür »lohne es sich schon, Kanzler zu sein«.

Natürlich habe die Visite auch einen übergeordneten Sinn. Man bleibe, explizierte Kohl, schließlich nicht einfach einen halben Tag vom Regieren weg. Indes: »Es ist wichtig, daß man ein bißchen Solidarität erweist und mal für etwas demonstriert. Bei uns demonstrieren sie so oft gegen was, da kann man doch für die eigene Nationalmannschaft demonstrieren«, schloß Kohl.

Nach Aussage von L. Schulze freuten sich J. Derwall und seine Nationalspieler über den hohen Besuch sehr. »Eine

34

Motivation besonderer Art« erblickte der damalige Bundestrainer darin, und Kapitän K. H. Rummenigge bedankte sich gleichfalls für die »sehr nette Geste«. Selbst Torwart T. Schumacher äußerte sich sehr angetan von »unserem Staatsoberhaupt« — nun, genutzt hat es zwar nicht viel, im Gegenteil, Deutschland schied bald hochkantig aus, und J. Derwall mußte sogar in die Türkei — aber immerhin, noch heute kann man in den klassischen Standardbiographien Kohls, vor allem im reichen Werk Wiedemeyers, Bilder und Fotos vom arrivierten Politiker Kohl als Fußballspieler sehen, wie er den Ball führt, wie er zwar zu Boden geht (und dort brillenlos nach seiner Brille zu suchen scheint), wie er aber selbst am Boden liegend noch irgendwie weiterkämpft und fightet, ja, es ist abermals wie ein Symbol für das unermeßliche Überleben- und Weitermachenwollen des späteren Spitzenpolitikers Kohl usw. usf. — und jedenfalls: so oder so ähnlich und mühsam genug muß das auch schon 1940 ff. in Friesenheim ausgesehen haben.

Der Weltkrieg — er tobte inzwischen weiter. Kohl vernahm damals hin und wieder etwas von Stalingrad, von General Rommel und seinem deutschen Afrikakorps (natürlich verstand Kohl dauernd »Chor« und stellte sich darunter weißgottwas vor: einen Chor von Beduinen, Hottentotten und Tuaregs, so was Ähnliches also wie die späteren Fischer-Chöre — dem Verfasser ging das als Kind nicht anders; ein typisches infantiles Mißverständnis halt . . .). Mit dem Krieg kam Kohl später aber auch noch insofern in Berührung, als er sehr gern die Milchsuppe aus den amerikanischen Care-Paketen aß, wie er später der angesehenen ›Bunten Illustrierten‹ berichten sollte. Aber eigentlich, recht eigentlich Muffensausen hatte der junge Kohl vor dem Krieg kaum — Muffensausen hatte er immer nur vor der Schule, vor der »Penne«, wie man es damals in Ludwigshafen nannte — und dies, obwohl Kohl weiterhin gut die Ohren spitzte, sich insgesamt leidlich hielt und auch sonst immer nach seinem Vorteile sah.

»Ehre aber dem Andenken der Lehrer!« (Hans Carossa, ›Verwandlungen einer Jugend‹, p. 45), die sich nicht irremachen ließen und Kohl langsam vorwärtsbrachten. Denn unter ihrem Einfluß konnte es kaum ausbleiben, daß sich die frühen Bildungserlebnisse vor allem ab 1942 langsam mehrten. Kohl las damals viel Gustav Freytag, Schiller, ›Durch die weite Welt‹, Schopenhauer, Ganghofer und Döblin — erst relativ spät stieß er auf das *œuvre* Karl Mays — aber schon 1944 kam es pikanterweise zu einer flüchtigen, sehr flüchtigen Begegnung mit Werk und Welt Carl Zuckmayers: Kohl wollte sich in der Schulleihbibliothek einen Abenteuerroman von Knud Kolsen ausleihen, trug aber in der Folge eines Versehens Zuckmayer mit nach Hause, nicht ohne am nächsten Tag seinen Fehler wiedergutzumachen; Zuckmayer also, ein Autor, der für Kohl später ja noch die schönsten und lukrativsten Früchte aus dem Feuer holen sollte . . .

Den ›Stürmer‹ negierte Kohl konsequent, den deutschen Gruß lehnte er weitgehend ab; so wie er überhaupt von der neuen Zeit nicht gar zu viel hielt; sondern lieber abwartete.

Neue Vorbilder aber traten jetzt neben die alten. Es waren dies vor allem Zar Peter, Guderian, Rommel, Chr. Columbus, Churchill, Keitel, M. Schmeling, Beowulf, Grendel, Jodl, Papst Urban, Nick Knatterton, Feldprobst Müller von den ›Adlern‹, Richard Dehmel und Major Schmidt-Ott. Auch die Berufswünsche Kohls wechselten im Dritten Reich in bunter Folge: Bauingenieur, Filmschauspieler, General, Generalfeldmarschall — einmal sogar kurzfristig Pastor; aber das gab sich wieder. Denn Kohl konnte ja gar nicht Pastor werden — war ja total katholisch.

Und einmal hatte Kohl mit 13 einen sehr merkwürdigen Traum: Ihm träumte, er sei entweder Kammerpage bei Napoleon geworden oder aber er sei im Begriff, es morgen nach dem Schwimmbad zu werden, sobald der Vorhang des Tempels risse. Dann sei es soweit, dann müsse er, Kohl, gewärtig sein und der Fährte westwärts folgen, bis zum Nadelöhr

Pforzheim. Wie auch immer: Traumdeuter, sei's orthodox Freudscher, sei's Krückstockscher Couleur, hätten längst Grund, sich dieses Traums einmal gründlich anzunehmen. Und ein schönes Betätigungsfeld dazu . . .

Die Juden hielt der junge Kohl jedenfalls keineswegs für unser Unglück, noch ging er der Nazipropaganda sonst auf den Leim. Auch schwante Kohl nichts Gutes, als es dann 1942 gegen Stalingrad ging — allein im großen und ganzen dachte er sich wenig dabei, auch wenn er damals schon gegen Schlappheit und Halbheit jeder Art war und gegen Meckerer und Miesmacher eine angeborene Abneigung in sich trug.

Erhalten ist aus dieser frühen Zeit — genauer: aus dem strengen Winter 1939 — auch ein Brief ans Christkind, ausformuliert vom neunjährigen Kohl. Der Text lautet im vollen Wortlaut:

»Liebes Christkind, wenn es möglich ist, möchte ich diesmal folgendes haben. Einen Handball, einen karierten Fußball, einen Faustball, eine Tischtennisplatte Marke Pflock, eine Tanne, eine Pinzette zum Rasieren, einen Pferdehalter, einmal mittlere Reife, eine neue Frisuhr, einen neuen Quoggl, eine elektrische Aufziehbahn und einen Hammer. Außerdem möchte ich zum zweiten Weihnachtsfeiertag noch einen Kreisel, eine Kreissäge, ein Buch und einen Zirkus Krone. Darüber hinaus möchte ich zum frohen Feste Landrat, Forstanwärter oder mindestens Bundeskanzler werden. Damit meine Eltern auch Freude haben!« (cit. nach Friesenheimer Archiv, Stück Nr. 17).

Abgesehen von den drolligen kindlichen Schnitzern; abgesehen von den zwei, drei Denkfehlern: Ist dieser Brieffund, auch und gerade vor dem Panorama seiner Dramatik und fast visionären Hektik, nicht abermals wie eine ominöse Ahnung? Die Ahnung nicht nur eines ausladend-großformatigen, im breiten Strom sich hinwälzenden und vor sich hin gammelnden Lebens — sondern auch: die Ahnung buchstäblich der — späteren Kanzlerschaft?! Und dies bei einem

Neunjährigen, der normalerweise noch in der Anal-, wenn nicht Oralphase steckt! Und dies, obwohl es den chimärisch vorausgeträumten Beruf damals in Friesenheim noch gar nicht gab. Wenn ich (Jg. 1941) mein Brieflein ans Christkind aus dem Jahr 1947 dagegenhalte — ich glaube, dann wird der Abstand um so dringlicher:

»Liebes Christkind! Ich wünsche mir eine Straßenbahn, einen Kaufladen, einen Christbaum, Plätzchen, ein Spiel, Griffeln, eine Tafel mit 2.Klasser Zeilen, einen Zeichenblock, einen Bleistift, einen Spitzer, eine Hose und Gesundheit. Hans Eckhard.«

Merkt man den Unterschied? Spürt man die Kluft? Hie der infantile Flach- und Wirrkopf mit seinen kleinbürgerlichen Sehnsüchten — dort der gebildet-städtische Citoyen, der kommende und sich schon profiliert abzeichnende Weltbürger und geborene Diplomat mit seinen groß und weit ausholenden Perspektiven und Spannungsbögen (Lektor Bodmer fragen, ob dieses Kapitel nicht besser weg soll oder ob er's nicht wenigstens gnadenlos auf 2 Seiten zusammenstreichen kann.), seinem jetzt schon ziemlich klar umrissenen Berufsziel zumal!!

Gut, ich meine, ich bin 11 Jahre nach Kohl geboren und konnte 1947 also auch noch nicht das geistige Format aufbringen, über das der Friesenheimer, der damals auch sehr gern Brennsuppe, Mannheimer Kartoffelsuppe und Semmelbrösel aß, schon 1939 mit stupender Leichtigkeit gebot. Trotzdem meine ich: Der vergleichende Abdruck dieser beiden je so typischen Briefe spricht Bände. Und mehr als das. Er spricht mehr als Bände.

Wundert es noch, daß Kohl später Kanzler wurde, ich nur — sein Biograph?

HELLE UND SCHRECKI

Es zogen zwei rüstge Gesellen
Zum erstenmal von Haus,
So jubelnd recht in die hellen,
Klingenden, singenden Wellen
Des vollen Frühlings hinaus.

Die strebten nach hohen Dingen,
Die wollten, trotz Lust und Schmerz,
Was Recht's in der Welt vollbringen,
Und wem sie vorüber gingen,
Dem lachten Sinnen und Herz.

Der erste, der fand ein Liebchen,
Die Schwieger kauft' Hof und Haus;
Der wiegte gar bald ein Bübchen
Und sah aus heimlichem Stübchen
Behaglich ins Feld hinaus.

Dem zweiten sangen und logen
Die tausend Stimmen im Grund,
Verlockend' Sirenen, und zogen
Ihn in der buhlenden Wogen
Farbig klingenden Schlund.

Und wie er auftaucht' vom Schlunde,
Da war er müde und alt,
Sein Schifflein, das lag im Grunde,
So still war's rings in der Runde,
Und über die Wasser weht's kalt.

Es singen und klingen die Wellen
Des Frühlings wohl über mir;
Und seh ich so kecke Gesellen,
Die Tränen im Auge mir schwellen —
Ach Gott, führ uns liebreich zu Dir!

Die Freundschaft zwischen Kohl (»Helle«) und seinem späteren Kanzleramtschef und Ministeramtsanwärter Waldemar (»Schrecki«) Schreckenberger ist inzwischen legendär, sprichwörtlich, ja teilweise mythisch geworden. Sie datiert zurück auf den gemeinsamen Friesenheimer Realschulbesuch — und fordert Vergleiche heraus wie jene von Castor und Pollux, Karlos und Posa, Hyperion und Bellarmin — oder aber eben jenen zu den ›Zwei Gesellen‹ aus Joseph von Eichendorffs gleichnamigem Gedicht, das wir oben (aus guten Gründen in voller Länge) abgeschrieben haben. Denn die Analogie, die Parallelität, die synchrone Struktur leuchten sofort ein, und, andersherum, das Gedicht ist wie eine Vorahnung dessen, was viel später als das unzertrennliche Duo »Helle und Schrecki« Furore, ja Geschichte machen und in diese eingehen sollte. Denn wohlverstanden, beide waren sie rüstig, beide strebten nach hohen Dingen, beide wollten in der Welt was Recht's vollbringen — und wem sie vorübergingen, dem lachten Sinnen und Herz. Ja, genau so war es.

Waldemar Schreckenberger: Er war es, der damals »auf der Penne« in Friesenheim der einzig Kohl Ebenbürtige oder doch fast Ebenbürtige war. Unter ähnlich glücklichen Umständen geboren und halbwüchsig geworden wie Kohl, war der spätere Professor allzeit dessen Posa, Bellarmin, sein Pylades, ja buchstäblich sein Schreckenberger — so wie es ja auch in einem anderen Gedicht von Eichendorff, vertont von Hugo Wolf, vollkommen zu Recht heißt:

> *Wo ist der Schreckenberger?*
> *Das war ein andrer Kerl!*
> (Der Schreckenberger)

Jawohl, ein anderer, ein ganzer Kerl war er, der Schrecken-berger, der Kohl-Freund *sui generis* par excellence — ein echter Kerl, ein Freund durch dick und dünn, ein Kamerad von altem Schrott und Korn! *In Tyrannos!* so lautete schon bald beider Parole, Kampf den Pfälzer und Bonner Höflin-gen und Schranzen! Diesem feilen Lumpenpack! Kohl und Schreckenberger: Ein Strom wärmster Begeisterung, krie-gerisch entzündeter Mut und Sehnsucht zumal durchpulsten die beiden damals; Kohls Glut und Feuer verbündete sich aufs schönste mit Schreckis truglos-treuem Charakter; sie hüteten einander wechselseitig wie die Augäpfel, und nicht nur der Oma Bostel von der Hohenzollernstraße 95 lachten damals, wenn die zwei vorübergingen, Sinnen und Herz. Kohl und Schreckenberger: Mit Friedrich Schiller zu reden, wollten sie »ihr Jahrhundert in die Schranken weisen«!

»Helle strahlte damals schon eine unwahrscheinliche Ruhe aus«, erinnert sich Schrecki fast 35 Jahre später auf einem Bonner Presseball; und Helle ergänzt: »Schrecki war Spitze. Für mich der ideale Partner!«

Daß sie sich dereinst, nach längstvergessenen Friesenhei-mer Tagen, sogar auf Kanzleramtsebene wiederfinden soll-ten — ist es nicht abermals wie das Omen eines tiefsinnigen Symbols?

Ja, sie hielten zusammen damals nach '45 wie Pech und Schwefel, der »Helle« und der von Kohl so genannte »Schrecki«, ein Brüder- und Dioskurenpaar wie sonst nur noch Orest und Pylades, Iwan und Dimitri Karamasoff, Walt und Vult, Eusebius und Florestan, Siebenkäs und Leib-geber, wie Tristan und Kurwenal, Othello und Jago, Hero und Leander, Peter und Paul, Pilzer und Pelzer, Fink und Kodak. Zuweilen freilich war »Schrecki« auch »Helles« (Fausts) Mephisto, z. B. damals, als er Kohl beinahe in Versuchung geführt hätte wegen der Sache Anfft, aber im letzten Moment zuckte dann Kohl doch davor zurück. Und nach einer ergötzlichen humoristischen biographischen Erinnerung von »Helles« und »Schreckis« Mitschüler Hans Herbert Wüst sahen »die beiden Unzertrennlichen« damals hin und wieder »auch aus wie Pat und Patachon«.

Ja, eine schöne Zeit war das damals, und nebenher wurde damals schon, auf der »Penne«, und zwar eben durch die und wegen der innerlichen Ähnlichkeit des Freundesduos, der Grundstein zu dem gelegt, was später einmal in die berühmten und zentralen Statements Kohls münden sollte: 1. »Die Freiheit ist die Offenbarung für die Zukunft«; 2. »In Hölderlin war ich immer gut.« Jaja, der einmal, von fanatischer Vaterlandsliebe durchglüht, Schaden vom deutschen Volk wenden sollte, der war praktisch schon als 15jähriger speziell mit Hölderlin auf Du und Du. »Alles andere totschlagend«, erinnert sich später der Kanzler immer wieder, »war Hölderlin. Und es gehört zu meinen amüsantesten Erlebnissen der letzten Jahre, daß der rotchinesische Außenminister, der ja in Tübingen studiert hat, beim Essen aus dem ›Schicksalslied‹ zitierte. Der war ganz *high,* als ich dann mitten in der angefangenen Strophe fortgefahren bin!« (cit. nach der angesehenen Wochenzeitung ›Die Zeit‹).

Und das, obschon sich von allen bekannteren Völkern der Chineserer heute fraglos am härtesten tut, zu begreifen, was Hölderlin sei; geschweige denn Kohl. Doch *however,* im Tiefsten seines Gemüts ist Kohl in seinem *feeling* damals schon *full* Hölderlinianer — allenfalls Justinus Kerners »Wohlauf noch getrunken den funkelnden Wein« konnte da noch einigermaßen mithalten (in der Vertonung von Schumann) und dann — natürlich, natürlich! — Kohls Lieblingsgedicht überhaupt und *anyway:* Dietrich Eckarts »Es läuten die Glocken von Turm zu Turm Sturm . . .« usw.

Die Idee der »Wende« erscheint am Horizont . . .

Ja, und bei geselligen Anlässen dann natürlich auch die vier Strophen von »Drum, Brüder, wir trinken noch eins«, ein Kohlscher Top-Favorit, den der spätere Kanzler damals praktisch immer auf den Lippen hatte — neben dem Prometheus und Tyrannenherausforderer beginnt sich auch der Sybarit und Sokrates Kohl abzuzeichnen —, und das mit der »edlen Sparsamkeit« stimmte dann ja auch später praktisch doppelt. Denn im Alter, als Kanzler, kriegte »Helle« ja den Wein mehr oder weniger praktisch immer gratis . . .

Ach ja, »Helle« und »Schrecki«! Natürlich und naturgemäß, schon zeit beider Realschulbesuchs (später: genannt Gymnasium) im Ludwigshafenischen wurde Kohls späterer Führungsanspruch im Verein mit seiner aber dann erst später voll zur Reife entwickelten Führungspersönlichkeit (Führerpersönlichkeit sagte man jetzt schon nicht mehr) immer wieder vielfach wenn nicht offenbar, so doch mehr oder weniger ziemlich ahnbar oder wenigstens sich langsam für die Zukunft abzeichnend. Der — typische Iwan Karamasoff. »Schrecki« dagegen: eher Aljoscha denn Dimitri. »Hätte er doch«, seufzt noch 1984 die ›Zeit‹, »der wie Kohl Pfälzer ist, etwas von der deftigen Unbefangenheit, die der Bundeskanzler als landsmannschaftliches Erbteil spüren läßt! Nichts davon: Schreckenberger ist leise, zurückhaltend, ja schüchtern. Man darf wohl einfach nicht so verlegen und mausgrau in Bonn auftreten — ein guter Mann am falschen Platz. Dort hingebracht hat ihn freilich der Kanzler, ihm verbunden seit gemeinsamen Ludwigshafener Schulzeiten. Das läßt die Schwierigkeiten, die Waldemar Schreckenberger mit der Regierungszentrale hat, einen tiefen Schatten werfen. Sie sind jedenfalls auch eine Frage an den Regierungsstil Kohls.«

Schwierigkeiten, die eine Frage sind und dabei auch noch einen Schatten werfen — schon stilistisch werden die Mühen und Sorgen, die »Helle« heute mit »Schrecki« hat, evident. Was aber den Inhalt betrifft bzw. den Regierungsstil Kohls: Natürlich triezte und vermöbelte Kohl seinen »Schrecki« hin und wieder schon, narrte den gutlappigen Freund immer wieder nach Strich und Faden und ließ ihn kalt ins Leere laufen und den Schaden ausbaden. So z. B. damals, als

»Schrecki« eine englische Nacherzählung schrieb und Kohl, neben ihm sitzend, alles Wort für Wort abschrieb, was logo nicht gut gehen konnte, und so bekamen denn beide eine »6«, und dies, obwohl »Schreckis« Aufsatz eigentlich eine »1 — 2« gewesen wäre. Allein der Gute konnte eben nicht beweisen, daß er Kohls Abschreiben nicht bemerkt hatte, bzw. Studienrat Herbert (»Vockl«) Nopp vermutete ein Komplott der beiden usw. —

Darüber und über ähnliche Vorfälle findet sich freilich heute in den Friesenheimer Stadtarchiv-Akten nur mehr wenig. Zufall? Verschleierungspolitik der langen Hand? Wie auch immer, Kohl, der diese Zeit ja selber »meine wilde, aufsässige Jugend« nennt, knallte »Schrecki« zwar so manche vor den Latz, machte aber dann doch nach kurzem Zerwürfnis wieder gute Miene zum bösen Spiel, sah »Schrecki« seine Schwächen und Fehler nach und verprügelte lieber die anderen Mitschüler und hämmerte auf sie ein. »In (Kohls) Jugendzeit wagte sich keiner heran, ohne einen Niederwurf befürchten zu müssen« (Hofmann, a. a. O., p. 132). Und das bekamen die überwiegend vornehmen Pinsel und Herrensöhnchen an der Realschule denn wohl zu spüren. Während »Schrecki« eben doch immer wieder ein »echter Schreckenberger« (Kohl) war. Und »Schrecki«, obschon inzwischen Professor, rühmte sich dann später auch der alten Freundschaft mit »Helle« so lange, bis er schließlich tatsächlich Chef des Kanzleramts wurde und einmal im Regierungsbunker Dernau sogar Kanzler spielen durfte (›Der Spiegel‹, 24. 6. 85). Kohl aber, weltklug, verbot es seinerseits, die dummen alten Geschichten z. T. noch aus dem Dritten Reich genauer unter die Lupe nehmen zu lassen bzw. womöglich gar als vollkommen nichtige Fälschungen zu entlarven (denn ein Teil der Entlarvung wäre damit wohl auch auf Kohls eigene Kappe abgefallen und hätte ihn evtl. der lügenmauligen Spruchbeutelei überführt, und gerade das konnte Kohl damals im Wahlkampf '83 am wenigsten brauchen) —

— dochdoch, eine jean-paulsche Feuerseele vom langen Atem Kohls trägt einem alten Mitstreiter, mit dem er früher auch so manchen ehrlichen Krug getrunken, nicht gern was nach. »Das göttliche Ambrosia der gemeinsamen Ideale« (Karlheinz Metz) bewährte sich auch dann noch, als es später oft so hart auf hart ging wie früher beim Umtrunk *»ex: multae causae sunt«* (ebd.) — auch half »Schrecki« »Helle«, der damals schon sehr mit der Politik befaßt war, bei den Fremdsprachen auf die Sprünge bis hin zur Absolvia (ab da übernahm es Bärbel, die darin ein Superstar war). Jedenfalls zu den größten Denkwürdigkeiten in der Vita Kohls gehört dann jener Schabernack, den er noch kurz vor der Matura »Schrecki« spielte: Als er nämlich eines Tages diesem einfach die Schulhefte »klaute«, alles daraus »spickte« und abschrieb, erst dann wieder sie »Schrecki« in den Ranzen steckte und eine »2« kriegte — während sich »Schrecki« diesmal mit einer dicken »5« zufriedengeben mußte. Nicht unähnlich, nebenbei, der Strategie des Verfassers dieser Zeilen zu Pennalzeiten: Er nämlich, im Verein mit seinen »Kombattanten« Ludwig Lehner und Hermann Sittner, trank den begabteren und fleißigeren Schülern der Abiturklasse regelmäßig die Schulmilch weg — und — die Rechnung ging auf! Derart die Leistungen der Spitzenschüler durch ihre körperliche Schwäche drückend, ließen wir drei wie in einem hydraulischen System die eigenen automatisch ein bißchen nach oben klettern; so daß schließlich und endlich, mit Glück und Geschick, das Reifezeugnis mit äußerster Not geschafft werden konnte. Ja, die eigene Schulzeit . . .

Übrigens war andererseits Kohl schon auf der »Penne« auch einer der führenden Vertreter des damals sehr zeittypischen Anstalthumors. Er war es, der damals gern — und unter jenem fortwährenden Grinsen, das später so heiß diskutiert werden sollte (Bohrer u. a.) — Mitschülern jenen Witz erzählte, wo der Pfarrer von der NSU-Max fällt auf eine Nonne drauf — nun ja, allzu »klerikal gesinnt« war Kohl damals keineswegs und eigentlich auch später nie; obwohl ihn andererseits »seine kerngesunde Christlichkeit immer vor dem Gröbsten bewahrte« (H. Geißler) — und so wie ja damals überhaupt Gottesdienst und Frühschoppen praktisch eins waren und als »wesentliche Essentials« (Stoiber) ganz unverzichtbar zusammengehörten, ja buchstäblich ein Team bildeten (»Deam«, sagte Kohl immer; ein heimatlicher Reflex). Naja, Kohl nahm halt überall mit, was er brauchte und was ihm zu seinem Gewinn verhalf — ja, jedenfalls er und »Schrecki« Schreckenberger bildeten eben damals auch schon so ein echtes ausgepichtes »Deam« (oder war es der Einfluß der jetzt einsetzenden amerikanischen *reeducation?*) inmitten der ansonsten eher linkisch-arroganten Friesenheimer Stutzer und Tagediebe — um aber die Frage nicht ganz aus den Augen zu verlieren: Wer von den beiden eichendorffisch »rüstgen Gesellen« denn nun eigentlich derjenige sei, den die tausend Sirenenstimmen zu Grund zogen, und wer der, dem gar bald Haus und Hof gekauft ward, aus welchem heraus er dann behaglich ins Feld hinaus schauen konnte? Nun, in gewisser Weise war es natürlich »Schrecki«, der erst einmal einer ruhigen Beamtenlaufbahn den Vorzug gab — wogegen die buhlenden Wogen aus farbig klingendem Schlund die knallharten Abenteuer und Entbehrungen Kohls bis hin zur endlich erreichten Kanzlerschaft bedeuten könnten. Freilich, im eindeutigen Unterschied zu Eichendorffs Taugenichts ließ Kohl sich eben auch in dieser beinharten Abenteuer- und Werdensphase niemals unterkriegen, immer behielt er den Kopf oben, basta — das hätte noch gefehlt, daß er sich den Lockungen und Lügen gar zu intensiv hingeben und »sich hinreißen« (Cl. Brentano) hätte lassen — nein, dazu hatte er einfach seinen Hölderlin zu gut gelernt und intus! So wäre also doch »Schrecki« der betrogene und irrgeleitete der beiden romantisch »kecken Gesellen«? Nun, tatsächlich bekam ja »Schrecki« im Sommer 1984 wegen gar zu verschlafener Amtsführung erhebliche politische Troubles und konnte sich nur mit Hilfe von Kohls beharrlicher Huld einigermaßen behaupten. Und als »Helle« ihn dann 1985 zum Präsidenten des Bundesrechnungshofes machen und nochmals erhöhen wollte, auf daß das »Bermuda-Dreieck im Kanzleramt« (so damals die gesamte Presse) endlich gestopft sei, da war dann wieder Strauß voll dagegen. Aber immerhin war »Schrecki« da ja schon Professor und Beamter mit Pensionsberechtigung, und das ist er auch heute noch — sicher, so ein nachlassender Zerebralapparat kann einen auch schon ganz schön sirenenhaft in den Schlund ziehen —, aber am Ende wird es halt so sein: Was die antithetischen Polaritäten des Gedichts anlangt, so gaben sie am Ende beide, »Helle« und »Schrecki«, Eichendorff das Nachsehen, belehrten ihn eines Besseren und zeigten ihm seine Grenzen auf. »Helle« wiegte gar bald zwei Bübchen — und »Schrecki« kriegte den schönen Bonner Schnarchjob. Beide hatten sie aus Eichendorffs Warnung — gelernt.

Apropos lernen: Schon zuvor hatte Kohl gelernt und erkannt, daß Mannheim und Ludwigshafen eine nur vom Vater Rhein getrennte und allerdings auch landespolitisch auseinanderklaffende Doppelstadt bildeten. Hie Pfalz — dort Baden-Württemberg. Um der Sache bei Diskussionen usw. gewachsen sich zu zeigen und zugleich seinen später vielfach gerühmten Willen zum Miteinander zu unterstreichen, vertiefte sich Kohl jetzt auch stark in die sog. Mannheimer Komponistenschule (Stamitz, Richter, Cannabich usw.), jene verdienten Männer also, die keinem geringeren als Mozart (der ja ums Haar auch ganz in der Nähe des so artverwandten Kohl sein Glück gefunden hätte!) zu Vorbildern dienten — nun, genutzt hat es dann allerdings wenig; sondern als Kohls Lieblingskomponist kristallisierte sich bald Vivaldi heraus; so wie, Triumph der Internationalität, sein Lieblingsgericht später Spaghetti wurden.

Es dürfte im übrigen bekannt sein, daß Kohl die Vivaldischen ›Vier Jahreszeiten‹ fast auswendig mitpfeifen kann.

8. Mai 1945. Tag der Kapitulation. Die deutsche Wehrmacht liegt mit dem Reich zerstört am Boden. Keitel, v. Friedeburg und Stumpf unterzeichnen in Karlshorst die Urkunde. Der Krieg ist aus — aber Deutschland liegt waidwund und wird sich erst langsam wieder von den Wunden erholen. Kohl selbst hat, wie er im Januar 1985 der ›Bunten Illustrierten‹ anvertraut, die letzte und entscheidende Kriegsetappe auswärts erlebt, argwöhnend wohl damals schon, daß etwas Schlimmes passiert sein mußte. Gerade 15 Jahre alt, hat Kohl von 1944 bis zum Einmarsch der Amerikaner sich in Berchtesgaden aufgehalten, zur (wie es damals hieß) Wehrertüchtigung. Von dort »haut« er dann mit zwei Kameraden in HJ-Winteruniform buchstäblich »ab« und läuft, immer den Bahnschienen lang, zurück nach Ludwigshafen-Friesenheim (Wiedemeyer macht in einer feinen Beobachtung darauf aufmerksam, daß Kohl auf diesem Wege schon beinahe seiner späteren Frau, einem Flüchtling, begegnet wäre oder doch hätte begegnen können). Von der sog. »Kapitulation« erfährt Kohl, folgt man der ›Bunten‹, zwischen München und Augsburg in einem Bahnwärterhaus aus dem Volksempfänger. Daß er noch kurz zuvor, am 20. April 1945, als Luftwaffenhelfer der »Alpenfestung« Berchtesgaden vereidigt worden war (loc. cit.), habe ihn schon nicht mehr gejuckt.

Zieht man heute Bilanz, dann war insgesamt Kohls betrüblichste Erfahrung im Zweiten Krieg, noch jenseits von Dachau, Flossenbürg, Bergen-Belsen usw., seine Begegnung mit dem versehentlich hinter die deutsche Ostfront verirrten russischen General Iwolgin alias Knitter in Lampertheim gewesen. Aber das ist ein eigenes Kapitel; davon vielleicht ein andermal.

Juni 1945: In Ludwigshafen regen sich derweil schon wieder erste Lebens- und Regenerationskräfte, und der junge Kohl ist mit von der Partie. In Bälde wird er eine Partei mitbegründen helfen, der Begriff der »Nation« geht ihm schon zu dieser Zeit erstmals und nachhaltig durch den Kopf, und am Horizont ersteht noch blaß, aber schon neblig die nachmalige Vision einer »humanen Leistungsgesellschaft« (Kohl). Vorerst aber geht der Gymnasiast immer noch auf die »Penne«, ja bald hat ihn der Schulalltag wieder. Zu Englisch und Französisch gesellen sich jetzt auch noch Physik, Chemie und Elektrodynamik — sowie vor allem jetzt auch internationale Geografie. Kohl begeistert sich für mittelamerikanische Berge wie den Popocatepetl und den Citlaltepetl, er lernt Tananarive und den Quadalquivir kennen — seine politischen Lieblingsmetropolen in Europa aber werden jetzt in rascher Folge: Berlin, London, Moskau, Portugal, Rom, Athen und Akropolis (dieser letztere kleine *lapsus animae* war Kohl zeitlebens nicht auszutreiben, und bis Juni 1985 mußte P. Boenisch bei Besuchen in Hellas immer gut aufpassen). Und dann — natürlich! allen anderen voran! — Lappland. Lappland, ja, Lappland. Immer wieder sucht jetzt Kohls dicker Goldfinger auf der Landkarte Lappland, immer wieder fahren die emsigen Augen aufmerksam den alten guten Diercke-Schulatlas (den er heute noch hat) entlang, bis sie Lappland finden — kaum aber haben sie Lappland ausgemacht, schon legt Kohl, wie innerlich aufgewühlt, Hand an sich. Ist das erledigt, geht der junge Kohl Hausaufgaben machen. Oder seiner Mutter Holz hacken. Später holt er dem Vater Bier.

Und die Berufsperspektiven, denen es jetzt langsam näherzutreten gilt? Hat Kohl noch während des Kriegs mit dem Gedanken gespielt, Tambourmajor oder zumindest Major zu werden, so liebäugelt er jetzt, da der Frieden erreicht, mit dem Beruf des Gartenbauingenieurs oder aber mit dem des Amtmanns. Gleichzeitig beschließt Kohl, a) Pazifist und b) Atlantiker zu werden — er vertieft sich jetzt in die Schriften von Thomas Mann, Einstein, Rutherford, Rumford, Graf Luckner, Hemingway, Heisenberg (besonders die theoretischen Sachen über die Unschärferelation) —

ja, Kohl verschlingt jetzt praktisch alles, was ihm über die lerngierigen Finger läuft. Es ist die Zeit ebenso des Atem- wie des leidenschaftlichen Aufholens von Bildung. Bildung und nochmals Bildung, so erkennt Kohl jetzt immer klarer, lautet das Gebot der Stunde und des Augenblicks — also liest Kohl auch Alex Tolstoi, Jacob Burckhardt, Heinrich Munker, Kafka (allerdings nur die Tagebücher, die Romane muten ihn, wie er »Schrecki« anvertraut, »zu pessimistisch« an), Faulkner, Al Strong, ›Finnegans Wake‹, Frau Legations- rat Alma Krause-Vierchow, auch manches von Dostojewski, Brehms Tierleben, Karl Kraus, Hermann Singer und — mit Einschränkungen! — Robert Musil. Ja, allerlei Firlefanz zieht und grummelt Kohl damals durch den jetzt langsam immer kompakter und ausladender werdenden Kopf und ätzt ihn bis hin zur zuweilen schmählichen Selbstpreisgabe, ja Verwahrlosung — wir ertappen Kohl dabei, wie er sogar mal einen Blick in Curzio Malaparte und Bebel wirft, die damals noch streng verboten sind —

— dabei versäumt Kohl freilich über diesem angespann- ten Lektürepensum keineswegs die körperlichen Gebote, die bald zu seinen Lieblingsbeschäftigungen ausufern. Oder jedenfalls auswuchern. Kohl lernt: Reiten, Fechten, Voltigie- ren, Intrigieren inklusive Integrieren sowie Säbelrasseln — jawohl, Kohls Weltsicht, seine *vita intellectualis,* weitet sich praktisch Tag für Tag noch weiter aus und nimmt immer verschärftere Formen an. Um aber *causa prima* nicht gar zu einseitig und nichtwiedergutzumachend ins damals nicht allzu gut beleumdete, ja verpönte »Intellektuellenlager« ab- zugleiten, um *causa secunda* auch mal wieder was Nützliches für die neue demokratische Volksgemeinschaft zu tun, be- schließt Kohl, seinen Abituraufsatz dem letzten Lokalderby VfR Mannheim gegen Phoenix Ludwigshafen zu widmen, als einer Art Symbiose von Geist und Sport. Und — Kohl tat recht daran: Keine zwei Jahre später sollte derselbe VfR dann ja auch nach einem packenden Endspiel (3:2 nach Verl.

gegen Borussia Dortmund) erstmals die Deutsche Meister-
schaft an den Rhein holen ...

Neue politische Vorbilder hatte Kohl um 1947—48, obschon schon leidenschaftlicher Atlantiker, nicht oder kaum.
Die neuen demokratischen Führer, sie sollten sich erst einmal als solche bewähren ...

Auch in der Schule, wo Kohl sich stets ausnehmend be-
fähigter Pädagogen erfreute (vgl. dazu Walter Boehlichs Aufsatz in ›Pflasterstrand‹ Nr. 175/1984: »Kein linker Lehrer hat
ihm seinen Bildungshorizont verkürzt«), ließ es »Helle« erst
mal wieder langsamer angehen, sich nicht vorzeitig zu ver-
ausgaben. Aus Gründen von Lebensklugheit lehnte »der
junge Mann« (Botho Strauß) deshalb aufflackernde Mode-
torheiten wie Biochemie, Sozialkunde und Metaphysik
ziemlich ab — ein anderes nämlich sollte ihn in diesen
Wochen, Monaten und Jahren recht nachhaltig beschäftigen
und ernst stimmen — »der Abschluß der Pubertät«, so
nannte es der spätere Kanzler einmal selber. Und welcher
gewiefte Pädagoge wüßte nicht, wie schwer es einen jungen
Mann in dieser alles vorentscheidenden Phase ankommt,
wieder loszukommen von dem Übel, mit dem immer praller
werdenden »Däschl« (so nennt es der Pfälzer) zu spielen und
an ihm herumzuzwicken; und wie man weiß, stand man ja
damals, im jungen Nachkriegsdeutschland, dem Problem des
Woxelns noch viel gemischter gegenüber als z. B. heute.

Kohl selber? Nun, einerseits lehnt er es aus christlich-abend-
ländischen Gründen ab — andererseits kommt er, dessen Blut
jetzt fast ständig in Wallung, ja Gärung ist, um die Feststellung
nicht länger herum, wie schön und aberschön und ewigschön
das tut, wenn man dran rubbelt und schwaddelt und rum-
murxt, zu jeder Tageszeit, in der Straßenbahn, im Lateinunter-
richt, hin und wieder sogar beim Gottesdienst in der — —

Genug — was tun? Nun, Dämon gegen Dämon, das alte
äskulapische Prinzip des Schmerzausgleichs! Warum wohl
Kohl damals als Auspubertierter immer wieder Ausflüge

nach dem nahen Neustadt an der Weinstraße unternahm? Zum Teil mit »Schrecki« in der Hinterhand? Ausflüge, die offiziell unter »Exkursionen« liefen? Nun? Richtig! Klar! Was denn sonst! Zum Weinreinstoßen natürlich, zum »Saufen«, wie es damals in der Primanerdiktion hieß! Zum »Picheln«, wie die alten Pfälzer sagen — und warum wohl? Freilich! Natürlich! Um einerseits der anschwellenden Geschlechtsbarkeit ein Schnippchen zu schlagen bzw. schlafende Hunde nicht zu wecken — und andersherum: Wirft man heute vom Hauptbahnhof Ludwigshafen einen langen, beharrlichen, geduldigen Blick auf den Bahnhofsvorplatz, dann wird einem alles klar. Da wird 1. die ganze stille Pracht dieses Bahnhofsvorplatzes und 2. der Unterschied zum späteren Zielort Bonn evident, ja epiphanisch. Um nicht zu sagen epidermisch. Jaja, es ist grad wie eine Epidemie: Kaum wirst du in Ludwigshafen geboren, schon möchtest du irgendwie wieder raus. Und sei's nach Neustadt.

Es ist wie eine Epilepsie des Grauens . . .

Kurzum, der Durst jedenfalls plagte Kohl damals schon fast ebenso sehr wie die Gefahr des Woxelns bzw. die der verräterischen »Wauxeltröpfche« (so nannte es die Mutter) auf dem Kellerboden — ja doch, vom Wein-»Saufen« erhoffte sich Kohl Rettung und neue Freuden zugleich, und eine diesbezügliche Anekdote erzählt man sich noch heute in Friesenheim-Ost. Kaum hatte Kohl einmal eine seiner gefürchteten »Exkursionen« gestartet — in die Gegend von Reinheim, südlich von Darmstadt, nämlich —, da gelang ihm (und warum auch immer gerade hier) in den späten Abendstunden ein »Bubenstück«, das gut und gern in Jean Pauls ›Flegeljahre‹ (1804/05) gepaßt hätte. Es steht freilich nicht da drin, sondern erst in G. Grassens ›Hundejahre‹.

Ziemlich »verkatert« jedenfalls kam Kohl dann erst spät abends wieder zurück.

Seinen ersten richtigen »Männerrausch«, den »kaufte« sich Kohl allerdings erst das Jahr darauf beim sommerlichen

Waldsportfest der gerade neugegründeten CDU-Landesverbandsgruppe Flörsheim-Dalsheim hinterhalb von Worms. Meingott, wie da vor allem die gleichfalls angereisten Wurstbacher »zulangten«! Und die Zipfelsdörfer sagenhaft in sich »schütteten«! Nicht faul hielt Kohl »wacker« mit, »zechte«, was »hineinging« — und bei diesem hervorragend organisierten »Waldsportfest« war es dann auch, daß Kohl zwar noch nicht die Liebe selber kennenlernte, aber doch den Hauch einer Ahnung von ihr. Indem er sich einfach von ihr anwehen ließ. Kloß im Herz, Hand am Däschl. Und Liesl, die »Unglücksverursacherin«? Ahnte von alledem nicht mal was . . .

Später, in den kühler werdenden Abendstunden, wurde dann auch noch viel gesungen. »Warum ist es am Rhein so schön«, »Ein treuer Husar«, »Gern hab ich die Frau'n geküßt«, »In meiner Hose ist was los« usw. Hei, wie das Kohl gefiel! Sein — noch nicht einmal sicheres — Reifezeugnis hätte er für so ungebremste Lebenslust umgetauscht, hätte es nur jemand brauchen können! Nun, bald hatte Kohl zwar seine erste schneeglöckchenhafte Frühlingsahnung der Liebe (Liesl Mösenlechzer) wieder vergessen, versungen und vertan. Kohls warteten noch ganz andere und viel schönere Frauen — und Kohls harrten vor allem höhere politische Aufgaben und Einsätze. Denn: Einer muß den Scheiß ja auf sich nehmen. Erst Brandt, dann Schmidt, dann eben Kohl. Bzw. so weit war es damals natürlich noch nicht, aber sein wirblig-berauschtes Flörsheim-Dalsheimer-Aha-Erlebnis machte doch immerhin und wiederum in der Folge in Kohl einen Gedanken locker, der zu den eminentesten und vor allem rentabelsten seiner Laufbahn eskalieren sollte. Um einerseits Erlösung von den lockenden Stimmen der Liebe zu finden, um andererseits die Freuden der Geselligkeit mit einem höheren politischen Appell zu versöhnen, um drittterseits über »Schrecki« hinaus ein paar ergiebige Leute kennenzulernen: Aus diesen drei starken Gründen heraus gründete Kohl — wenn er es nicht tat, würde es früher oder später ein anderer tun, und dann war es zu spät — 1947 die Junge Union Ludwigshafen (JU), und der Eintritt in die auch gerade ortsansässig gewordene CDU war dann nur noch eine Frage der Zeit und eine Lappalie. Am 1. 8. 1948 war auch das soweit. Kohl war, amtlich und durch einen unumstößlichen Ausweis beglaubigt, Mitglied der neuen, seit kurzem in fast ganz Deutschland operierenden Christlich Demokratischen Union geworden!

Jawohl! So war das damals gewesen!

Und ich? Wäre natürlich auch gern dabeigewesen — aber ich wollte hier auch noch etwas anderes sagen. Seit es Schriftsteller gibt, jammern sie über zu wenig Platz. Ich — jammere mitnichten. Sondern habe hier 223 Seiten Platz. 223 Seiten Platz. Unwahrscheinlich . . .

Kurzum und jedenfalls: Es war geschafft. Gerade noch rechtzeitig, um den schon wieder schandbaren Machenschaften der Sozialisten entgegenzutreten und eine neue Entwicklung zu steuern, die mit dem Namen Adenauer untrennbar verbunden ist, sowie einer ganz anderen Entwicklung gleichzeitig beizuspringen bzw. beizukommen, die Kohl fast gleichlautend mit dem Parteieintritt tangieren, ja fast schicksalhaft beschäftigen sollte — davon mehr im nächsten Kapitel. Eine neue Partei war geboren — die CDU. Was wollte sie? Was würde sie bringen? Genug, hier hakte Kohl ein und nach. Und rasch und zügig entwickelte der Friesenheimer auch die rechte Strategie und Taktik. »In seinen Lehr- und Wanderjahren«, unterrichtet uns W. Wiedemeyer (a. a. O., p. 51), »noch als Schüler und Student galt Kohl als ausgesprochen vorlauter Zwischenrufer.« Und jetzt auch schon, 1947/48, wurde erstmals sicht- und erfahrbar »Kohls Talent, kluge Denker und Könner zu werben« (loc. cit., p. 74). Ihre Namen sind heute vergessen, aber dies Kohlsche »Menschenführungspotential« (Wiedemeyer) zahlte sich dann rasch aus, bald stand die Ortsgruppe wie eine Eins, heroisch und immer heroischer wehrte Kohl so gleichzeitig dem anbrausenden und immer anbrausenderen Geschlechtsbarkeitstrieb sowie den damit verbundenen Anfechtungen, Grillen und Rammdösigkeiten — und klug bereitete er beiden dennoch den Weg: Denn nichts leuchtet ja Frauen, dem Wesen Frau, mit jenen knisternd-berückend sinnverrückenden und -benebelnden Geräuschen und Gerüchen, welche es seit Menschengedenken auf Anhieb zu erzaubern versteht und weiß und welche auch der edel denkende Kohl sich nicht entgehen noch sich durch die Lappen gehen lassen wollte, ihrer Gewalt, ihrem Charme, ihrer Betörung — nichts leuchtet Frauen ja heller ein als eine strahlende Karriere des betreffenden erkiesten Mannes. Vorbei die grämlichen Tage der Pubertät — mit dem Eintritt in die Partei hatte Kohl sie definitiv geschafft: die Hinwendung auch zum anderen Geschlecht. Vorhang auf für Bärbel, nachmals Kohl! Gebe Gott, daß meine Hand nicht zittern möge angesichts des archaisch-mythisch Numinosen, das schon in wenigen Augenblicken ihrer harrt.

Werfen wir aber, ehe es soweit ist, hier einen letzten Blick zurück auf »Schrecki«; auf jenen Mann also, dessen Person und Freundschaft von der Ankunft des Ereignisses Frau zumindest vorübergehend überschattet wurde und, ihr derart den Tribut der Freundschaft zahlend, für eine Weile ins Abseits geriet, nachdem das geradezu klassische Freundespaar wie Nicolai und Pawel Petrowitsch, Pildo und Poldo, wie Gyges und Styx, wie Hamlet und Laertes, wie Schluck und Specht, wie Pech und Marmelstein, ja wie ein zweifaches *alter ego* so lange so ausgezeichnet zusammengehalten hatte. Fast reute es Kohl, daß »Schrecki« im Sinne F. Schillers im Bunde nicht der Dritte sein konnte (Bärbel war dagegen und wurde sogar kurz pampig) — und es betrübte den Kanzler noch 1984 von Herzen, daß für den späten »Schrecki« der schöne Kanzleramtsposten auf die Dauer nicht zu halten war. Gar zu ungeschickt und peinlich hatte sich »Schrecki« in den Parlamentsferien 1984 in Sachen Buschhaus angestellt und war dem Gespött anheimgefallen. »Schrecki läßt sich nicht mehr prügeln«, sprang zwar Mainhardt Graf Nayhauß in ›Bild‹ vom 24. 8. 84 nochmals bei und ließ verbreiten, »Schrecki« fühle sich verkannt, nicht zuletzt, so deutete der Graf an (von was sich Grafen heutzutage so alles ernähren !), von Kohl selbst. Dagegen freilich die angesehene Wochenzeitung ›Die Zeit‹ noch am 7. 6. 1985: »Der Himmel bewahre den Steuerzahler davor, daß Waldemar Schreckenberger Präsident des Rechnungshofes wird. Wer als Chef des Kanzleramts so kraß versagt, ist auch als Hüter von Milliarden Steuergeldern ungeeignet. Hoffentlich hat das Machtwort aus München gereicht, den Namen vom Tisch zu bringen.«

Hatten sich die zwei Unzertrennlichen, die zwei eichendorffschen Gesellen also nach 40 Jahren doch noch entfremdet? War »Schrecki« doch in den Schlund gefallen? Nichts weniger als das. Es spricht vielmehr abermals für »Helles« Kalkül und seine politische Klugheit und Weitsicht, daß er »Schrecki« zwar möglichst entmachtete, ihn aber doch nicht direkt hinausschmiß; sondern den Schussel irgendwie weiterwursteln und als vergeßlichen Professor derart für den Spaß der deutschen Akademiker sorgen, die der ›Spiegel‹ jederzeit auf dem laufenden zu halten sich seinerseits nicht lumpen läßt.

HORROR EROTICUS
ODER: DAS EWIG WEIBLICHE

Wohlan, die Zeit war kommen für Kohl, daß er sich rüsten
sollte, dem anderen Geschlechte zu begegnen und aufzuwar-
ten, dem Einbruch des Eros sich zu stellen, seiner zauberi-
schen Macht auch standzuhalten, dem ewig Weiblichen seinen Tribut zu zollen. Dies ewig Weibliche aber traf der
18jährige, der mittlerweile ein stattlicher Bursche geworden
war und hart vor dem Abitur stand, in niemand anderem als
in der Gestalt der seinerzeit 15jährigen Hannelore Renner,
einem Flüchtlingskind aus Leipzig, das Kohl im Friesenheimer Lokal ›Zum Weinberg‹ kennenlernte und das er fortan
aus nicht mehr ganz erfindlichen Gründen *Bärbel* nannte. Es
war, deuchte Kohl sofort, die Frau fürs Leben — und es war
dieselbe Frau, welche dann noch Jahrzehnte später von der
Illustrierten ›Quick‹ als eine der zehn schönsten Frauen
Deutschlands gefeiert werden sollte — und es war jene auch,
die nach Kohls frühesten Eindrücken sogar eine ziemliche
Ähnlichkeit mit Lilian Harvey bzw. jedenfalls Zarah Leander aufwies.

Ja, die Erstbegegnung fand also statt beim Tanzstunden-
training im ›Weinberg‹ sowie im angrenzenden Gäßchen ›Im
Gäßchen‹. Erstmals verließ Kohl damit nachdrücklich das
engere Heimatrechteck rund um die Hohenzollernstraße,
welches bis *dato* die Schlüsselstationen seines Lebens gebor-
gen hatte — und bald war die Schöne aus Leipzig, der, wie
wir schon im letzten Kapitel gehört haben, Kohl ja schon
beinahe auf der Flucht von Berchtesgaden begegnet wäre,
ihm so vollständig und derartig ans Herz gewachsen, daß
dann auf die Dauer sogar »Schrecki« den kürzeren ziehen
mußte. Bärbel war noch zur Gänze rein, als der Verführer

in der Gestalt Kohls nahte und ihr mit seinem Liebeswerben (vor allem im ›Gäßchen‹, dessen idyllischer Charakter dazu besonders geeignet war) zusetzte. Ja, »ein elegantes Mädchen von maßvollem Stolz« (Hofmann, a. a. O., p. 30) war Bärbel, und ihr Tanzkleid war, wie viel später die Mode der siebziger Jahre, von der Mutter aus Fahnenresten geschneidert worden — damals hieß es eben sparen —, und Kohls edelste Regungen, aus einem fühlenden Herzen kommend, wandten sich jetzt allesamt und ganz und gar der Partnerin zu, die auch größenmäßig exzellent zu ihm paßte. So wie Kohls zärtliche Regungen und Bezeugungen sich vordem seinem Bellarmin entgegengeschwungen hatten, so nun der rosenwangigen Bärbel, so jung und morgenschön sie war und vor ihm stand und das Köpfchen nickend neigte, holder Glanz! Ja, der Liebe süßes Ungemach in der Fülle seines überfließenden und wieder zurückbordenden Herzens lastete fortan bleischwer und doch so wunderlich liebsam auf Kohl, Kohl wähnte sich einen Spielball guter und böser Dämonen zugleich, Frühlingslüfte umwehten den späteren Kanzler zephirhaft und balsamisch, sein Busen hob und senkte sich — denn unstreitig: »Der Frauen Zier und Wohlgestalt« (König Jakob), in Bärbel fanden beide ihre fast einzigartige Verkörperung; Entzückung und Entrückung gingen mit ihr da tatsächlich vereint und gleichsam Hand in Hand durch Friesenheim; und später dann auch schon mal zu einem Sonntagspicknick auf die andere Rheinseite rüber.

Schneeige Blütenbäume, der Erde flücht'ge Sommerträume: Das muß die Liebe sein, dachte Kohl fast jeden Tag. Wie das? Ei nun, liebenswürdige junge Damen hatten Kohl auch vorher schon und in einiger Zahl umschwirrt und -girrt; etwas derartig Schönes aber hatte Kohl bis dahin noch nicht gesehen. Die schmeichelnden Falten ihres Kleides bei den Tanzübungen, Paradies nie geahnter Köstlichkeiten und Pretiosen der entzündend-hinschmelzendsten Art, tief versunkene Wunderreiche des Traums vom Süden —: Es war das hehre Bild der Hohen Frau weit jenseits jener Buhlerinnen, die Kohl sich bis dahin genähert oder die umgekehrt er aufgetan hatte (eine gewisse Bleicher Anni z. B. wollte kurz nach Bärbels Auftauchen trotzdem noch dauernd an Kohls Wäsche und gab und gab nicht nach . . .) — zusammengefaßt liebte Kohl, kurz gesagt, Bärbel so stark und ungemein, daß er von Stund an praktisch nie mehr schwankend oder gar wankelmütig wurde; ja, ich persönlich hege nicht den mindesten Zweifel, daß die Zuneigung beider füreinander *ab ovo* so zart und doch rauschend war, wie nur Chopins Klavieretüde op. 25,1 in As-Dur, ja, mutwillig fast und jedenfalls hingegossen tummelten sich damals in der ersten Zeit beide in den Wogen des Windes des Glückes und der Zuversicht auf eine gesicherte Zukunft hin — unleugbar, Kohl hatte Feuer gefangen und endlich seine ihm zugemessene »Anima« im C. G. Jungschen Sinne gefunden, auch wenn er diese Theorie damals kaum mehr als flüchtig kannte — o ja, eine rechte süße Blondmadonna aus Sachsen war es, die da in durchaus romanhafter, ja romanreifer Liebe dem dunkelhaarigen und (ältere Fotos aus der Zeit beweisen es) ziemlich filmstarliken künftigen Primaner aus Friesenheim zugewachsen und zugetragen worden war: die helläugige Bärbel in ihrer Schöne, in ihrer keuschen Virginalität, in ihrer güldenen Fülle! Sein guter Stern hatte sie ihm, Kohl, zugeführt — Bärbel, seinen scheu-rehartigen Schatz, den elfengleichen! Unbewandert noch in den Tiefen des stürmisch sich ausgießenden Erotischen wie des endlich allesverschlingenden Sexualen. Sondern noch ganz Duft und Labsal eines sanft süßen Augenblicks, jenseits des schnöd Sündlichen — und ihm doch minnelüstern schon so nah!

> *Schlaf ein, schlaf ein,*
> *Leiser rauscht der Hain,*
> *Ich will dein Wächter sein,*
> *Ewig bin ich dein —*

— so sang und seufzte Kohl wohl so manches Mal, als man damals sommers in der Gartenlaube oder im Haine saß —

> *Ruhe, Süßliebchen,*
> *Im Schatten der grünen,*
> *Dämmernden Nacht . . .*
> *Es säuselt das Gras auf den Matten . . .*
> *Und treue Liebe wacht!*

Ja, so flüsterte und säuselte da Kohl mit Tieck in der Vertonung von J. Brahms immer wieder der Geliebten zu, die eilende Luna brach durch Busch und Eiche, Zephir hauchte in seinem silbrigen Schein, mild sang die Nachtigall ihr Liedchen in die Nacht — doch, so etwas hörte sie gerne, die Geliebte, die da lautlos und nur keusch seufzend im Hain und in den Büschen lag — jawohl, die Süßigkeit des nächtigen Abends machte alle Leiden des Tages (Kohl war damals u. a. als Werkstudent im Gutscheinamt tätig) vergessen und verhallen und verrieseln — Zähren süßer Lust weinte da Kohls flammender Genius immer wieder bebend vor sich hin, und mit Klopstocken sang er wohl so manches Mal:

> *Das Glück bezahlt mir nicht*
> *Das Gold der ganzen Erde,*
> *Wenn sie mich's merken läßt,*
> *Daß ich geliebet werde.*

Dort Fanny, hie Bärbel. Der Himmel stand pechschwarz; manierlich tollte der Wildbach drein oder jedenfalls der Bammelbach; Kohl rückte Bärbel immer näher, suchte sie zu haschen und sann auf Wege, ihr in die pfirsichwangigen Apfelbäckchen zu beißen, daß es eine Art hätte; in des jungen Politikers Kopf Stimmen hin und wieder wanderten, wie ein fliederfarbenes Rosenwetter schwammen die beiden jungen Menschen auf dem Gipfel höchster Wonne — Kohls Kopf lag abwechselnd mit seinen Händen auf Bärbels verehrungswürdigem Mieder, und Goethen folgend dachten die beiden Liebenden dann wohl zuweilen:

O welch ein Glück, geliebt zu werden!
Und lieben, Götter, welch ein Glück!

Gut. Und doch, die Feder sträubt sich mir fast, es hinzuschreiben, Bärbel, der Sitte Spiegel und der Bildung Muster, deren artigster Gang stets aller Augen auf sich zog, die liebreizende Bärbel, Abgott von Kohls beschwingter Seele — unbewußt und ohnschuldig bereitete sie dem Liebsten damals auch so manche Pein und Herzensqual. Ich möchte den Leser hier nicht mit einer Analyse der damaligen Kohlschen Seelenstruktur ermüden; man muß auch wissen, daß Kohl damals ja doppelt zwischen Neigung und Pflicht hin- und hergerissen war und daß er deswegen Bärbel nur aufsuchte, wenn ihm die rasch anwachsende Parteiarbeit Zeit dazu ließ — andererseits drängt es doch gerade mein, des Autors, Herz, auch und gerade über diesen dunklen Gegenstand zu schreiben und zu referieren — mit einem Wort: Es hatte Kohl oft nicht mehr die Kraft zu widerstehen — ihn gierte schlimm schlingernd in Liebesbanden derart hemmungslos nach Bärbels schlankem und rankem Leib in seinem noch *virginalen* Zustand, daß er zuweilen fast seiner Gewissensstimme und sogar seines gleichzeitigen politischen Auftrags vergessen hätte — vor aufkeimender Traurigkeit und blühendem Herzeleid wollte Kohl das Herz schier überlaufen und schmachvoll vergehen, wenn der schöne Mohn wollte untergohn und er dann endlich, volle sieben Stunden nach Beendigung der Tanzkurs-Sperrstunde, Bärbel wohl oder übel heimbringen mußte. Ja, doch: »Der heilige Eros« (Georges Bataille, 1957) selber war es, der sich jetzt meldete — genauer: »Das Heilige *und* Wollüstige des Eros« (a. a. O.) war es, was jetzt, die Währungsreform schwebte über dem Land, immer dringlicher sich meldete und in Kohl fuhr und sich meist in der Milzgegend niederließ. Jaja, Kohls Sinne brausten gleich denen Kierkegaards im ›Tagebuch des Verführers‹ wie »ein aufgerührtes Meer im Sturm der Leiden-

schaft« (eigentlich ein eher platter Vergleich, oder?) —: Ein
elementares Appetenzverlangen war es, ein gewaltiger so-
matisch-psychosomatischer Appetit auch, eine dezidiert
Freudsche Libidofuhre jagte jetzt ein ums andere Mal torpe-
dogleich durch Kohl und zwang ihn fast zur Aufgabe:
Horror eroticus! Denn siehe, »Befruchtung ist keine Einbahnstraße« (Kohl viel später, ungefähr 1983) — nein, sondern
»wie der Septakkord sich der Auflösung entgegendrängt«
(Bettine an Goethe), so wollte Kohl jetzt ran an Bärbel, mit
der eingestandenen Absicht, wenigstens kurzzeitig im Bösen
zu versinken — o doch, am eigenen mächtigen Leib erfuhr
Kohl jetzt die »Konvulsionen von Sexualität und Tod«
(Bataille, a. a. O., p. 255) — bon, noch hielt sich Kohl eine
Zeitlang wacker und im Hintergrund seiner Neigung und
erwehrte sich der schändlichen Versuchung; den Blumen-
pfad der Lust mied noch im Juni gänzlich Kohl, mit eherner
Hand vertreibend auch die Grillen des immer heißer
kochenden Blutes, derart Bärbel schonend — wie schreibt
doch George Eliot? Sie schreibt: »Es gibt auf der Welt viele
merkwürdige Mischungen, die sich allesamt Liebe nennen
und das Vorrecht einer heiligen Wut in Anspruch nehmen«
(›Middlemarch‹, p. 413 in der Manesse-Ausgabe); und schon
wenige Seiten später jauchzt auch die Dichterin: »Junges
Verliebtsein — dieses hauchdünne Gespinst« (p. 473).
Genau, auch Kohl verspürte damals dieses unaussprechlich
wonnige Gefühl, einem Wesen nah zu sein, das allerhöchste
Liebe verdiente, auch er versuchte, beinahe absichtslos hin-
und hergerissen zwischen Schmerz und Lust, in dem hauch-
dünnen Gespinst von Bärbels Leibkleidern und Brust-
tüchern sich zu verfangen, Vergessen zu suchen vor der Welt,
vor dem Verdruß in der Partei und vor allem lokalen Unheil:
»O welche verjüngende Macht hat doch ein junges Mädchen, nicht die Frische der Morgenluft, nicht des Windes
Brausen, nicht des Meeres Kühle, nicht der Duft des Weines,
nicht dessen Lieblichkeit — nichts auf der Welt hat diese

verjüngende Macht« (Kierkegaard, a. a. O., p. 73). Glutrote
Küsse rauschte es damals im ›Gäßchen‹ und anderswo (in ein
paar Jahren sollte der Schuricke-Schlager ›Rote Rosen, rote
Lippen, roter Wein‹ Hit werden; Kohl erlebte es noch) —
einem Wesen war Kohl nah, das höchste Liebe nicht nur
verdiente, sondern auch forderte, wie Isolde, wie Beatrice
und Laura und Frau Moll und Heloise. Ach! Was sollen mir
Heloise und Laura und Beatrice! Bärbel, so lautete damals
das Gebot der Stunde in diesem unserem Lande! Bärbel,
seine Jubelmagd!

High ward Kohl da wieder wie später der Chineserer bei
Hölderlin, — und doch — und doch rüttelte dann wieder
Betrübnis stark an Kohl — und warum? Warum denn? Weil?

Richtig. Nun, Kohls bisherige Biographen mieden dies
heikel-subtile Thema. Ich — stelle mich ihm ungescheut,
bitte aber meine empfindlicheren und in Sonderheit die mino-
rennen Leser, den Rest des Kapitels supprimierend zu überschlagen. Denn Tatsache ist (und warum es länger vertu-
schen), daß Bärbel zwar einerseits immer wieder mal Balsam
in Kohls Wunden war — daß sie sich aber andererseits
(worüber man wie billig schweigt, jetzt spreche ich es aus)
so lang wie möglich rein halten wollte, und dies, obgleich
auch sie Kohls zunehmenden Druckes nicht ohne wollüstige
Seufzer gewahr ward, obschon auch ihr das Sexuale, ja
Sexuelle zu dieser Zeit schon nicht mehr ganz *terra incognita*
war. Denn schön war Kohl geworden wie Apoll — feurig
zudem wie Cherubino! Es war ein harter Kampf, jaja, der
beiden jungen Menschen zwischen Pflicht und Neigung,
zwischen Moral und Druck — »più non posso resistere«,
dachte und grübelte Kohl damals immer wieder und selt-
samerweise sogar auf italienisch und mit dem Alvaro aus
G. Verdis ›Forza del Destino‹ seiner Leidenschaft Trotz
bietend (solche genialen Fehlprojektionen hatte damals der
Jungpolitiker oft und oft) —, immer inniger und inniger
fühlte der junge Kohl im Wäldchen (»Wäldsche«) hinter

Friesenheim sich auf dem Bauche liegend, der Frauen Zierde vor ihm lagernd, indes noch immer ohne Makel, ohne Fehltritt. »Il primo palpito d'amor« verspürte Kohl da mit Verdis Ernani, »non volgere la faccia al mio dolore«, flehte Kohl im Widerstreit der Gefühle und der Sinne die Geliebte mit den herzzerreißenden Tönen von Tostis ›Passione‹ an und wunderte sich erneut, daß er plötzlich ganz passabel Italienisch konnte —

— ja, und dann erst die langen Juliabende im Laubengärtchen (Kohl hatte Bärbel inzwischen auch seinem Vater und seinen Eltern vorgestellt), bei Sonnenuntergang und vor einem funkelnd prallvollen Becher Wein! »Quando narravi l'esule tua vita«, sang Bärbel — wie einst Desdemona ihren Otello — ihren Kohl, der ja später auch »Der schwarze Riese«(!) heißen sollte, mit hinreißend glühender Emphase an und konnte auch auf einmal Italienisch, »e i fieri eventi e i lunghi tuoi dolor« (Kohl seufzte, vergaß aber schlagartig sein Leid) »ed io t'udia coll'anima rapita in quei spaventi e coll' estasi in cor!« Ach Gott! Ja, wahre Ekstasen des Gemüts waren es, die da oft über Kohl und Bärbel hinwegschwappten und hernniederrieselten und zwar das Hauptproblem nicht lösten, aber es doch wie unter Zauberschlägen wieder einmal beschwichtigten — ja, wie Desdemona liebte Bärbel damals ihren Otello Kohl wegen seiner Abenteuer (»per le tue sventure«) — er aber, nicht faul, liebte sie dann um ihres Mitleids willen (»per la tua pietà«) —

— ja, wie gesagt, damit war das Problem zwar noch immer nicht gelöst, ja nicht einmal recht angegangen — angegangen mit jener Wucht und Entschiedenheit, mit welcher der spätere Politiker und Staatenlenker Kohl Probleme erkennen, angehen und lösen sollte —, zuweilen suchte Kohl das Problem auch wie in stillem Gram zu vergessen und im Weine zu versenken; er wußte ja auch um Bärbels Ablehnung des gar zu »schrankenlosen Luststrebens« (so Bärbel später im ›Deutschland-Magazin‹ 1985) bei allem

»schalkhaften Mutwillen« (Kohl), der das Flüchtlingskind immer wieder auszeichnete — ah, Vergessen suchte Kohl da manches Mal im Weine und in der Parteiarbeit. »Lieb' doch heftete fleißig die Augen« (F. Hölderlin) Kohls dann wieder auf Bärbel, er, der klassische Schwärmer, warf manchen Blick voll Wehmut auf die Freundin, so daß sie fast errötete — und gerade dies Erröten, laut Kierkegaard das Lieblichste an unbescholtenen Mädchen, rührte Kohls »zermürbtes Herz« (Iwan Turgenjew) dann noch mehr und fast zu Tränen und zu neuem Lamentieren — ach, wie seufzte da Kohl steil auf und darbte und wimmerte; Kohl war damals, in diesen schwülen Sommertagen, oft glatt der Meinung, daß, würde ihn Bärbel nicht bald lassen, evtl. noch was passiere! Verblendet schier von rasend und immer rasender emporrasselnder Sexualität (»Sex«, wie es damals schon zuweilen hieß), sagte und winselte er ihr glühend verliebte und fast unschickliche Sachen, und in beklagenswerter Weise drängte er den riesigen Leib immer dichter und dichter und unwiderstehlicher und aufgemöbelter an den der Hohen Frau heran (obwohl der Gesetzgeber das bei Unverheirateten damals noch untersagte!) — Kohl war zumute, wie es der Dichter ausdrückt — und dann, endlich, endlich — gab (o Jammer! unerhört!) Bärbel tränenfeuchten Blickes langsam nach. Und dann ging es fast ruckzuck. »Con großem Vergnügen« (S. Pepys) berührte und betastete und bemauschelte Kohl endlichendlich ihre duftende *cosa*, später ging man dann sogar noch weiter — und dann, tja, endlichendlichendlich Mitte August wurde ein Schuh draus, da waren (Wind sprang auf; Schilf raschelte) Kohl und Bärbel (die Sonne ging eben prächtig auf) endlich eins. Zack!

Des freuete Kohl sich sehr.

Süß, wie gesagt, war dem jungen Ludwigshafener Politiker schon die Freundschaft mit »Schrecki« gewesen — süßer noch dünkte ihn jetzt die Hinneigung der Hohen Frau. Nun Kohl geliebt sich wußte, entdeckte er erst den Vollblut-Erotiker in sich. Der vordem, noch um 1946, im Zuge seiner regelmäßigen Readers-Digest-Lektüre die auch in Friesenheim meist so genannte Sexualität für etwas Verrücktes, ja fast Verruchtes erachtet hatte, derselbe Kohl erkannte, einsichtig geworden, nun rasch und rascher alle Zusammenhänge und gewann kolossalen Spaß an ihnen. Süß und süßer wurde Kohl das Leben, süß und süß und sondersüß. Ach, so süß, ach Gott, so süß. Zutraulich griff Kohl deshalb Bärbel mal hierhin, mal dorthin, tat sich gütlich inniglich und minniglicher, und immer traf er unbehelligt etwas Weiches und genoß jetzt Bärbels Leib ziemlich regelmäßig und in vollen Zügen — und nie wurde er's überdrüssig; oder doch selten genug.

Und außerdem rückte ja jetzt auch schon der Tanzkursabschlußball im ›Weinberg‹ näher, und Bärbel konnte es auch da zufrieden sein: Denn Kohl tanzte das Menuett gar prächtig und machte auch beim Step, Tango und bei den lateinamerikanischen Tänzen *bella figura* — und noch im November 1984 erinnert sich Bärbel, anläßlich der Diskussion über die Anschnallpflicht, in ›Bild‹: »Zum Abschlußfest hatte Kohl sich ein Auto geliehen. Damit holte er meine Mutter und mich und eine Käsetorte ab, aber es war ein Schneetreiben, und — bums, wir landeten an einem Baum! Kohl flog durch die Windschutzscheibe« und verblieb »plitschnaß und mit einer großen Beule auf der Stirn«.

Vgl. den Fall Stoiber; kurz: Es war jetzt alles ganz große Klasse und ein rechtes Lotterleben!

Der amerikanische Hochkommissar John McCloy hatte inzwischen ein wachsames Auge auf Deutschland, die DDR hieß noch Sowjetzone, und im Landesnorden tobte noch immer die Währungsreform (manche kapierten einfach nicht, daß sie jetzt nur noch 40 Mark hatten, und manche kapieren es noch heute nicht). In Friesenheim aber, meist schon im ›Gäßchen‹, machte sich Kohl jetzt Bärbel praktisch jeden Tag kurz gefügig. Erst ein paar Tänzchen, dann ein paar Schoppen Schorle nachgeschüttet, dann volle *power* rauf auf sie! Das wär's dann wohl gewesen.

Zwar wandte Kohl sich jetzt auch wieder energischer und erbitterter der Parteiarbeit zu — gleichzeitig aber und in der Folge gefiel ihm »die Erotik« (Bataille) noch immer so gut, daß er nicht und nicht mehr von ihr ablassen mochte und wegzukriegen war. Ja — es widert uns einigermaßen an, davon Mitteilung zu machen, aber es muß sein — fast noch besser gefiel ihm ab sofort die bald über alles heiß geliebte Sexualität (Liebe). Kohl, nicht nur derselbe Jahrgang wie James Dean, sondern ihm damals sogar ein bißchen ähnelnd (aber eigentlich mehr noch William Powell, dem alten Charmeur) — Kohl, der Hahn im Korb seiner jungen Geliebten, kennt jetzt *partout* kein Pardon mehr. Bärbel ist ihm ab sofort Circe, Hetäre und Bajadere zugleich, Madonna, Carmen, Aida und Blancheflur — »die Liebe ist eine Himmelsmacht« (Maurus Jokai/Ignaz Schnitzer), weiß Kohl längst — aber auch unheiliges, ja heilloses Feuer jagt jetzt monatelang durch Kohl — in seinem jungen Herzen, in seiner adoleszierenden Brust gärt und gärt es *à tout prix* weiter — schwüles Gedünst, bedenkliches Grollen, fast widernatürliches Graupeln — mit einem *mot juste:* Der *horror vacui eroticus tremendae majestatis* hat ihn jetzt vulgo am Wickel und am Gängelband (den interessierteren meiner Leser sei empfohlen, parallel zu dieser Passage unserer Biographie die Memoiren Goethes zum Vergleich heranzuziehen: Hier wie dort das Motiv der Werbung, der Erfüllung und dann des nach der Erfüllung Nichtundnichtmehrnachgebens). Einmal, bei einem Freund (und späteren Parteifreund!) auf der Bude war's, da vergaß Kohl, »sei's aus Schwäche, sei's aus Wildheit« (M. Gölling, Nürnberg), den Vorhang zuzuziehen — es kam, wie es kommen mußte, nämlich zu teils katastrophalen, teils erheiternden Folgen, die aber einem späteren und vollständigen Kohl-Anekdotenbuch vorbehalten bleiben mögen. Doch, es war, wiewohl schon Herbst, ein richtiggehendes Frühlingslüftchen, was da noch immer durch Friesenheim schwirrte, so ganz nach dem Geschmack des alten Abenteurers Kohl mit seinem Sinn für Viechereien und Juxereien. Doch auch Bärbel schien bald immer mehr Spaß an derlei *highlife* zu gewinnen; in Aufruhr, ja in Aufstand geriet ihre flüchtlingskindhaft vorsichtige Natur bald nicht minder als die breite, in fröhlich-tätigem Behagen gereifte und nun sich wohlig wälzende Kohls. Das Leben deuchte Kohl oft wie das leibhaftige Paradies auf Erden — »alle Himmel öffneten sich« (F. Lehár) für den künftigen Ministerpräsidenten und Kanzler.

Wie? Was? Aber nein! Kohl versäumte mitnichten, Bärbel nach und nach in die wichtigsten Techniken und Bräuche der *ars amandi* einzuweihen — denn dessen, Leser, sei hier nachdrücklich versichert und gewiß: Kohl geht in der Folge immer ernsthafter und zügiger daran, sich der Korrektheit seiner Aktionen theoretisch zu versichern, sich auch auf diesem Felde ganz systematisch fortzubilden; nämlich:

Er abonniert die farbige Zeitschrift ›Harmonie — Ein Sammelwerk für das Leben zu zweit‹, und dort endlich erfährt Kohl alles Notwendige, was es so braucht: Das »Einander-Entdecken«, die »Positionen der Liebe«, den »Geschlechtstrieb«, die »Entwicklung der Libido«, die »Unterschiede beim männlichen und weiblichen Geschlechtstrieb«, »Einander lieben — ein Verhältnis haben«, »Liebe — Alleinsein mit Geschlechtsverkehr« (a. a. O.) — und schließlich und endlich steht da auch alles übers »Liebesspiel«, oho!

Und Kohl liest und liest (um diese Zeit scheint er sich auch seine heute weltbekannte Lesebrille zugelegt zu haben; jedenfalls, als er später in der Mainzer Staatskanzlei Einzug hält, da hat er sie schon auf; während sie auf den Tanzstundenfotos noch fehlt) und liest:

»Ein gelungenes Vorspiel kann die Befriedigung, die eine Frau bei der Liebe empfindet, wesentlich steigern. Ein guter Liebhaber weiß, wie wichtig es ist, seine Partnerin durch

sinnliches Küssen und Streicheln in Erregung zu bringen.«
Aha, denkt Kohl und liest weiter. Noch neuer für ihn als das
Verwöhnen des Körpers der Partnerin mit Zärtlichkeiten ist
freilich das Hinwenden zum Genitalbereich der Frau. »Zu
diesem Zeitpunkt«, liest Kohl mit Feuereifer und ächzt
sogar ein bißchen, »wird sie dafür bereit sein, daß Sie ihren
intimsten Körperteil erforschen, streicheln und küssen.« Pfui
Teufel, denkt Kohl verbittert; aber fasziniert und wie von
einem magischen Bann geschlagen, liest er dennoch wie ein
Getriebener weiter: »Es ist nicht verwunderlich, daß die
Vulva den Männern so geheimnisvoll erscheint, da doch so
viele Frauen selbst nur eine ungefähre Vorstellung davon
haben, wie sie ›da unten‹ gebaut sind.« Oha, denkt Kohl, das
muß ich heute abend noch Bärbel sagen, daß sie da wegen
ihrer Pfurdl keinen Bammel mehr haben muß, wenn ich mit
meinem Bumm . . . Aber hingerissen und kaum ermattet liest
Kohl schon weiter, nicht ohne hie und da ein verschämtes
Auge auf die zwecks wissenschaftlicher Illustration mit ab-
gebildeten nackerten Weiber (farbig!) zu werfen: »Die sensi-
belsten Bereiche des Körpers einer Frau werden als ihre
erogenen Zonen bezeichnet.« (Olala, denkt Kohl, und dann
abermals: Oha!) »Obwohl sie sich von Frau zu Frau unterscheiden, zählen dazu der Genitalbereich« (Oha, denkt
Kohl ein drittes Mal, denn das Wort glaubt er schon mal in
derselben Zeitschrift gelesen zu haben), »der Mund, die
Brüste, die Brustwarzen, der Nacken, das untere Ende der
Wirbelsäule, die Innenseite der Oberschenkel, das Gesäß,
die Kniekehlen und die Handflächen« (Kohl spürt jetzt, wie
ihm die Kniekehlen und die Handflächen feucht werden,
und wie er sich schon wieder auf den Abend freut, wenn die
Ausschußsitzung im ›Feldschlößchen‹ rum ist). »Die Freuden des Vorspiels«, so lautet das nächste Kapitel, Kohl
nimmt einen Schluck Limo und fährt, während es in seinem
Kopf immer würgender und hastiger zugeht, fort zu lesen:
»Die Brustquoddeln sanft streicheln und küssen. Den

Schlumpfbereich rubbeln und streicheln. Die Reizung der Klabolis löst ein intensives Kohlgefühl aus und erleichtert das Einbringen (sog. Einfoppen) des Bumm.«

Und dann, ja und dann wird's völlig unglaublich: »Die Stritzination der Klabolis selbst ist der direkteste Weg, eine Frau zu einem Siedepunkt zu bringen, und wie Sie« (Kohl schrickt auf, ja zusammen, als habe man ihn ertappt) »das geschickt tun können, das lernen Sie aus den Rappelreaktionen Ihrer Partnerin« (Jetzt auf einmal freut sich Kohl sogar der persönlichen Anrede und hält's, verzeihlich, für eine Bevorzugung) »und dadurch, daß sie Ihnen sagt, was sie gut und schmaddelnd findet. Ein woppendes Quengseln entlang den Flanken und an der Spitze der Klabolis (eher ein leichter, an- und abschwellender Tupf als eine Speisung) ist häufig am effizientesten. Mit dem Schmuddeln Ihrer Finger können Sie gleichzeitig Feuchtigkeit von der ofenrohrartigen Wammel hinauftransportieren, um die Klabolis würzig angefeuchtelt zu halten. Wenn sie dann richtig grolz und angefeuchtelt ist . . .«

Usw. Dies und Ähnliches las damals der junge Kohl mit Feuereifer und Feueratem alles weg und zusammen, o ja, das interessierte ihn sehr, das juckte ihn ziemlich. Speziell das mit den Zonen. Sie vor allem waren es, die der junge Kohl immer genauer kennenzulernen wünschte — und am Abend in der Speisegaststätte ›Zum blauen Bock‹ (eigene Schlachtung) machte er dann Bärbel davon getreulich Mitteilung, dieser »großmütigen, wollüstigen Frau« (K. Vonnegut, ›Breakfast of Champions‹), die den jungen Lokalmatador und Champion Kohl im Schein der Lampions auch irgendwie an eine schwedische Nachtigall erinnerte o. ä. und die ihm damals jedenfalls schon direkt ans Herz gewachsen war. Und da schmeckte es denn Kohl gar nicht, ja er lästerte fast Gott, als er sie einmal später (Kohl ging auf die Volljährigkeit zu und hatte sich schon in Heidelberg breitgemacht) mit einem anderen um die Ecke biegen sah. Wie sich später herausstellte, handelte es sich dabei aber nur um den etwa gleichaltrigen Nebenbuhler Jockel Dampf. Kohl verdrosch ihn ordentlich, und damit war die Sache wieder aus der Welt.

Auf der anderen Seite, wie gesagt, war Kohl damals schon zu einem stattlichen Burschen gediehen, und wenn er damals so durch Friesenheim stolzierte, die Augen immer gradeaus, dann waren es nicht nur alte Weiber und bigotte Betschwestern, die sich von dem begehrenswerten Jüngling regelrecht hinreißen ließen. Nein, ganz recht, auch allerlei freche lokale und auswärtige Buhlerinnen machten sich Hoffnung auf den hoffnungsvollen *newcomer* (der dann später ja tatsächlich Karriere machen sollte) — »die Frauen sind ungeheuer im Kommen«, konstatiert Kohl, in Erinnerung an jene Friesenheimer Tage, noch 1983 in einem Gespräch mit der Chefredakteurin der angesehenen Wochenschrift ›Bild der Frau‹; und noch im gleichen Jahr in einem Gespräch mit der ›Quick‹ bilanziert er: »Ich finde, daß es in der Bundesrepublik außerordentlich viele attraktive und schöne Frauen gibt. Und das gehört auch zum natürlichen Reichtum unseres Landes.«

Nun ja, der Kanzler erinnert sich zu Recht: Gefährdungen buhlerischer Art kamen damals fast tagtäglich auf ihn zu. Na, Kohl machte eben das Beste draus. Das vielberufene Inzestverbot (Lévi-Strauss u. a.) achtete der spätere Kanzler wohl — auch war ja damals keine Schwester mehr zum Foppen da — indessen: Nicht darf von einer objektivistisch-durchgreifenden modernen Biographie vertuscht werden, daß es damals auch wieder nicht so war, daß Kohl nur seine Bärbel ins Auge gestochen (*sic!*) hätte. Sondern (und nun kommt alles auf, aber raus muß es) gleichfalls andere schöne, sehr schöne und sehr attraktive Frauen aller Art waren es, die ihn seinerzeit gleichfalls bewegten und anmachten und zuweilen wohl auch echt hinrissen und dabei dem »zweifelsohne Jungstar Friesenheims« (Erwin Wehmeier) auf den Leib und den Pelz rückten — oh, doch, Braune und Schwarze

und Blonde, wow! — und vor allem eben süße Blond-
madonnen waren es, welche Kohl verehrte, liebte und
schmaddelte und in die der spätere Parteivorsitzende auch
immer wie begeistert foppend hineinfeuerte, virtuell blind-
lings zu zeugen die Verelendung des Menschengeschlechts,
blindwütig zu opfern seiner milchiggelben Wommelkraft
wonnigen Dings ... Dings ... Dings. Schlechterdings läßt
sich heute zusammenfassen: Es war ein ewiges Auf und
Nieder damals in Friesenheim, und partiell auch schon in
Oggersheim, ja eigentlich im ganzen Reich (oder »Bund«,
wie es neuerdings hieß), in Mainz später dann auch, dann
Bonn und einmal sogar (und jetzt verrate ich ein ganz großes
Geheimnis, von dem bis jetzt nicht einmal Bärbel weiß) in
Osaka, wo es so eine kleine und sogar pechschwarze Geisha
erwischte, so eine petite fleur und poor little Butterfly, und
das fast unter Bärbels Augen, ehrlich wahr, ah!! Jadoch!
Kohls Foppkraft (die er selber mit dem Codewort »Fritz-
chen« benannte) war immer schon weit über Mittelmaß (vgl.
dazu auch ›Bild‹ vom 3. 4. 84, wonach Kohl an seinem
54. Geburtstag dem Präsidenten der EG-Kommission, Ga-
ston Thorn, gegenüber »flüsternd ein Beispiel seiner Man-
neskraft erwähnte ...«) — und über jeden Tadel erhaben
war dann bald auch Kohls Schmirgeltechnik. Zugegeben, in
der Zeit der langen Kanzleranwartschaft stellten sich perio-
denweise kleinere Schwächen ein, die aber, siehe den erwähnten ›Bild‹-Bericht, mit der Übernahme des höchsten
politischen Amtes, welches dieser Staat zu vergeben hat,
wieder behoben waren. Nein, keine üblen Nachreden! Kohls
Kraft war ab 1982 wieder unversehrt, wie ja auch Pelzer
bestätigt (Pelzer, a. a. O.). Apropos, man muß sich das in
einer ruhigen Stunde ganz ruhig und »mit großer Gelassenheit« (Kohl) vorstellen, welche Knallköpfe und Zombies
sich andauernd in den Bäuchen unserer Frauen herumtrei-
ben (ich sage nur: Mogger, S. Knott usw.) und drauf rum-
hopsen — kurzum und jedenfalls: *In toto* hatte Kohl damals

ganz schön zu tun, diese Pfälzerinnen in ihrer rattenscharfen Schwengelgeilheit wenigstens teilweise abzuwehren und ihnen den Marsch zu blasen — und ebenso freilich seine eigenen Phantasmen (Kohl las damals gerade intensivst die *poètes maudits*) und Hirnschwabbeleien, welche ihm immerzu, nimmermüd und fast blitzartig solches vorflüsterten:

1. Auf dieser Welt gibt es ja kaum was Schöneres als nackerte Frauen. Sigrid nackt! Bärbel nackt! Cäcilie nackt! Carmen Kulms pudelnackt!

2. Die Frau Apotheker Kopp splitterfasernackt! Ohne Hemd und Häkelhöschen, oh!

3. Aller guten Dinge sind drei. Dreifach nackt sei Dübbers' Ortrud!

Aaahaah! seufzte der junge Politiker da wohl zuweilen seufzend auf, und wehkosend griff er an die Lende sein. Der Enkel Adenauers kam richtig ins Schwitzen und Schwimmen — und genau das half ihm denn auch dann immer wieder aus dem Gröbsten, denn längst war Kohl ja auch Mitglied der Friesenheimer Wassersportfreunde, welche sich regelmäßig unter dem Präsidium von J. Stoffel am lokalen Willersinn-Weiher zusammentaten; wunderbar geistlose Gestalten und wundersam vulgäre Visagen, die sich da sommers (und oft noch bis in den Spätherbst hinein) im Wasser tummelten — und Kohl immer mittendrin! Gischtig spritzte und zischte das Wasser hoch, »sobald Kohl hineinsprang« (Trainer Mechelhoff, geliehen von Waldhof Mannheim). Und Kohl ließ es sich nicht nehmen, zur »Mutprobe« (Kohl) auch lange Strecken mit gefesselten Füßen zurückzulegen (Hofmann, a. a. O., p. 29) — und wer von Torbergs Wasserballerroman ›Die Mannschaft‹ her weiß, welche Geistesgiganten Schwimmer und Wasserballer nun mal sind, der kann sich ja an einem Finger ausrechnen, daß Kohl damals auch diesen Roman begeistert »verschlang«.

Aber dann, am Abend, wenn die Aveglocken länger wurden und die Lindenschatten wie von leisen Klängen wispernd: Dann war es doch immer wieder Bärbel selber, welche Kohl von den Schwimmern abholte und ihn auf den rechten Weg zurückleitete und ihm auf die Sprünge half. Zusätzlich konfusionierend kam damals freilich dazu, daß Kohl kurz vor dem Abschluß auf der Realschule wenigstens eine schwache Ahnung von Differential- und Integralrechnung kriegen sollte, sie aber einfach nicht kriegte — und auch diesbezüglich tröstete ihn Bärbel über das Ärgste hinweg, griff ihm zärtlich unters Kinn und kratzte ihm spitzbübisch an den Ohren — und spätestens da erwuchs dann eben in Kohl jenes Bild der »Idealfrau« (Bärbel), jene Vision, die dann auch vorübergehend in Bärbel, später noch gültiger in Kohls Sekretärin Fleisch annehmen sollte.

Vorerst aber ging es noch immer um Bärbel. Wie mehrfach erwähnt, war sie mit 15 als Flüchtling auf Kohl gestoßen, bald war es zu der »schicksalhaften Begegnung« (Wiedemeyer) mit ihm im ›Weinberg‹ (heute ein exzellent geführtes Balkanlokal!) gekommen — und dann hatte es eben, wie sich Bärbel später ohne falsche Scham erinnert, »gefunkt«. Freilich, ehe Kohl sie dann »über die Schwelle des ersten Häuschens trug« (Wiedemeyer), mußte sie ihm noch seine Doktorarbeit abtippen — er aber schrieb ihr dafür elf (11!) Jahre lang drei bis vier Briefe wöchentlich (Aussage Bärbel) — im Verlauf von 11 Jahren also, wie man errechnet hat, ca. 2000 Briefe; die man natürlich auch zu gern mal lesen möchte. Bärbel selber lernte auf englischfranzösische Diplomdolmetscherin hin — besonders begeisterte Kohl sich aber immer wieder für ihren Hals, ihre Schumm und ihre frischen Flüchtlingswangen. Ja, Kohl liebte Bärbel damals zeitweise so intensiv, daß, hätte er den Kies gehabt, er auch jederzeit eine Vespa oder eine Zündapp-Bella gekauft hätte, mit Bärbel hintendrauf ununterbrochen durch die schöne Pfalz zu brummen — und so ihr ewig anzugehören. Gewiß gab es da immer wieder auch andere und harmlose Amouren am Rande des Willersinn-Weihers — aber genug, der Krieg war überstanden, und in Badehose nahm sich Kohl gar prächtig aus. Ihrerseits noch mehr gefiel Bärbel an Kohl freilich, daß er so gut wie keinen Hinterkopf hatte und daß er sie deshalb irgendwie an einen Bückling erinnerte — was sich ja später, im Amt dann, als die ersten Bücklinge vor den Großen der Welt (Mitterand, Reagan, H. Schmidt) fällig wurden, aufs, wie Fotos beweisen, schönste bestätigte. Verifizierte? Begnadigte. Ja, immer wieder kratzte Bärbel ihren Liebsten da kraulerisch hinter den Ohren — und er? Der kommende Kanzler? Ließ es sich gern mißfallen.

Und kratzte sogar zurück.

Wieviel? 18 Uhr? Danke.

Jaja, eine schöne Zeit war das damals auf der linken Rheinseite, eine Zeit der Blüte, der Reifung und des zunehmend vertrauteren Umgangs miteinander. Natürlich — von der Partei mal ganz abgesehen (davon später Genaueres) hatte Kohl neben Bärbel auch noch einige andere Interessen und Aufgabenbewältigungen, die ihm nicht wenig zu schaffen machen sollten. Auf dem Gymnasium (damals: Realschule) hatte er in der Zwischenzeit doch immerhin eine schwache Ahnung von Differential und Interregnum sowie von Chemie (für Formaldehyd interessierte er sich besonders — ein empfehlenswerter pädagogischer Clou des Chemiepaukers Dr. Röder: Mit der »Form alter Hüt(e)« sollten sich die Schüler die Sache merken; und bei Kohl schlug der Gag wie eine Bombe ein und voll zu Buche!) mitgekriegt; ja, in der Abiturklasse trat Kohl sogar seinem totalitär gesinnten Mathematiklehrer Otto Stamfort ideologisch mutig entgegen und belehrte ihn eines Besseren (Hofmann, a. a. O., p. 21).

Ansonsten und im übrigen wurde Kohl ab 1946 immer mehr vom damals noch so genannten »Europa-Feuer« erfaßt. So hatte er 1948 neben dem Kennenlernen Bärbels auch noch Zeit, mit nach Weißenburg zum »Grenzpfähleausreißen« zu fahren — der endgültige Eintritt in die CDU war in dieser Zeit dann nur noch eine Frage der Zeit. Zumal Kohl damals in den Ferien sich als Steinschleifer ein paar Groschen dazuverdienen konnte.

Daneben wird Kohl auch mit der Lyrik des Schwaben E. Mörike immer bekannter. Man höre nur:

> *Der Spiegel dieser treuen braunen Augen*
> *Ist wie von innerm Gold ein Widerschein.*

Wer dächte da nicht an Bärbel? Kohl jedenfalls, auch wenn die Augenfarbe nicht ganz hinhaute, tat es — ja, und immer wieder, auch längst noch nach Beendigung des Tanzkursballes, geriet sein Blut bei ihrem Anblick und anderswo in Rage, und kaum war er mehr Meister seiner Vernunft — sondern schon mitten auf den Gehsteigen war er immer wieder versucht, sich hinreißen zu lassen, seine praktisch schon Anverlobte plump anzugreifen und sich und seine *Karriere* so zum Gespött des ja allzeit auf *médisance* erpichten Pöbels zu machen. Aua, was war die junge Dame auch eine *Klassefrau!* Noch immer und tagelang gebärdete Kohl sich mitunter *wie toll* und näherte sich ihr immer wieder und nährte an seinem Busen Hoffnungen *der abwegigsten Art,* betört von Bärbels Zauberblick voll Himmelsbläue. »Schau einer schönen Frau nicht so tief in die Augen«, summte Kohl da wohl *zuweilen* vor sich hin und dann wieder »Deutschland, erwache« (das hatte er damals schon zu seiner Parole gemacht) — zwischendurch kam es dann auch mal in Mannheim anläßlich einer Sonderausstellung zu einer flüchtigen Begegnung mit dem nur etwas älteren Arno Schmidt aus dem nahen Darmstadt — aber man konnte keinen rechten gemeinsamen Nenner finden (und die Sache wäre auch keiner Erwähnung wert, wenn Kohl die Begegnung nicht gleich wieder vergessen hätte; auch wenn eine gewisse physiognomische Ähnlichkeit nachbleiben sollte) — na, Kohl hatte Wichtigeres zu erledigen: Die Parteigründung rückte damals immer näher — und da erstmals zeigte sich auch

Kohls später viel beschriebenes und analysiertes Ingenium im Erkennen, Erfassen und Ausanalysieren politischer Zusammenhänge (»Ausloten«, nennt es Franz Varelmann) — und wer bestritte ihm dieses rare Talent selbst in den Reihen der Sozialdemokratie?

Je nun, Kohl liebte damals seine Bärbel, seine frisch gepflückte Tulpe, sehr und immer mehr, war verliebt wie eine Ratte oder jedenfalls Haselmaus, hehe, und wer die beiden damals an den Ufern des Willersinn-Weihers spazierengehen sah. Der. Der. Was ein Quatschgeplätscher dieser Weiher veranstaltete, was ein Dumpfgeraune, selbst Kohl merkte mitunter etwas . . . und lauschte bang und bänger auf . . . und . . . Kurz: Vergessen war die harte Zeit der *Care*-Pakete und des Morgenthau-Plans. Freilich, die »Befreiung zur Freiheit« durch die Amerikaner verstand Kohl, gewitzt durch seine Erfahrungen mit dem Dritten Reich (Ludwigshafener Rheinbrücke kaputt), immer zügiger — folgt man Kohls Biographen Hofmann (a. a. O., p. 21), so blieb diese Befreiung Kohl, der ja auch gleichzeitig ein Mann »in der Tradition der politischen Vorkämpfer des ›Hambacher Festes‹ « (ebd.) war, praktisch unvergeßlich.

Auch wenn Kohls Leidenschaft damals schon gleichzeitig, simultan und synchron dem Kampf gegen »Ent-Deutschung« (E. J. Arndt, viel später) galt . . .

Weißgott, ein schmucker, schnittiger, fast smarter Bursche (oder Jüngling, wie man zuweilen noch sagte) war er zwischenzeitlich geworden, unser 18jähriger Kohl, dessen feuriger Begriff der Nation damals schon ebenso jenseits der Auschwitz-Lüge verweilte, wie er die falsche antipatriotische »Demutsgeste« (Diwald) ablehnte. Nicht kollektive Schuld plagt uns — so dachte Kohl — sondern, wenn schon, dann eher Scham. Aber auch die nicht sehr. Denn Mut zur eigenen Geschichte im Sinne der nationalen Erhebung hieß schon für den blutjungen Kohl immer: Zivilcourage à la Kennedy betreffs die deutsche Nationalhistorie! Ja, alte

Fotos des blutjungen Kohl zeigen ihn meist mit geknüddeltem Selbstbinder und schalkhaft-aufreißerischem Lächeln, dem aber auch etwas absolut kordal Altruistisches, fast Christliches eignet — ja, es ist schon jenes nachmals berühmt gewordene CDU-Lächeln der »freundlich grinsenden Bonhomie« (so erst neulich wieder der ›Guardian‹) unter der schnittig hingeklebten Schmalzfrisur nach dem Vorbild von Adrian Hoven (Bärbels Schwarm!) —, dazu ein langsam Kolorit annehmender »Baßbariton« (Hofmann, a. a. O., p. 29), wie er nicht nur unsere Flüchtlingskinder schon mal hinreißen kann.

»Helle«, rief man damals Kohl noch immer, manchmal auch »Der Lange« oder auch »Joker«, und niemand weiß mehr, warum. Und endlich, nach elf bangen, aber langen Jahren (Kohl hatte soeben Heidelberg und sein Studium hinter sich gelassen) kam es auch zum Heiratsantrag, d. h. Kohl schrieb Bärbel im Spaß, ob sie sich nach so vielen Jahren »Rennerei« nicht langsam »verkohlt« vorkomme — und Bärbel willigte sofort ein.

Noch einmal öffneten sich alle Himmel für Kohl, als ihm Bärbel das Jawort gegeben. Denn jetzt wurde der freien Liebe süßes Ungemach ja endlich mit einem, wie es im Pfälzischen heißt, gemachten Bett vertauscht. Es war auf eine erhabene, fast kafkaeske Weise »eine Vernunftheirat im hohen Sinne« (Franz Kafka, ›Briefe an Felice Bauer‹) — aber im Unterschied zu der Kafkas, zu der es ja dann nicht mal kam, hielt sie — und Kohls Jugend war damit, mit dieser Verehelichung, in gewisser Weise abgeschlossen. Es begann die Zeit des eher routinemäßigen Foppens und Wergelns und Rumgrumpelns, und die Kanzlerschaft war damit praktisch auch nur mehr eine Frage der Zeit.

Kohl nahm den Makel der Mischehe trotzig oder doch immerhin entschlossen auf sich. Der Makel unterstrich die Vorurteilslosigkeit, die Dynamik, den Mut der jungen Politikergeneration — ja, Kohl machte das Beste draus und gab sich sofort als Pionier jenes ökumenischen Toleranzgedankens aus, der ihm später politisch sehr vorteilhaft werden sollte und der ungefähr besagt: In einer Zeit der schlechthinnigen Wurschtigkeit von allem und jedem (Pluralismus) ist auch die genaue Religion mehr oder weniger wurscht (Postmoderne). Wichtig ist nur, daß alle irgendwie zusammenhalten und daß es nicht so auffällt.

Läutet, Glocken, daß alle Welt es lausche! Nicht schlecht staunten die Friesenheimer, als eines Tags der junge Direktionsassistent und Mitarbeiter im Chemieverband, Kohl, zusammen mit Bärbel in die Kirche schritt, um im Jahr 1960 endlich die Familiengründung zu besiegeln. Die Trauung fand statt in der St. Josefskirche (gegr. 1922) von Nordfriesenheim, einem hochmodernen Gotteshaus, das in seinem fortschrittlichen *design* und abstraktionsfreudigen *styling* abermals und ganz besonders Kohls progressistischer Religiosität ohne antiquierte Scheuklappen entsprach oder entgegenkam oder jedenfalls. Die damals schon hochschießenden neueren Jazz- und Pop-Trauungen ließ der Bräutigam freilich noch nicht zu. Er war eben auch immer ein Mann der Klassik und der Ausgewogenheit.

Der Trauungsakt wurde vollzogen von einem Geistlichen — und noch heute kann man sich anhand des schönen ›Pfarrführers St. Josef 1962‹ davon überzeugen, wie es zwei Jahre vorher, am Trautag, zugegangen sein muß. Reklameanzeigen der Ludwigshafener Firmen Schlindwein, Kunkel (Damenschirme, Herrenschirme), Löffler, Hils und Uhren-Fuchs komplettieren die ansprechend umbrochene Broschüre, in der auch der Besitzer Karl Werner für sein Friesenheimer ›Karlstüb'l‹ Propaganda macht, »die gemütliche Familiengaststätte und Haus der naturreinen Weine, Hohenzollernstraße 112, Ruf 69920«; was alles Kohl natürlich längst gut kannte.

Denn: Naturreine Weine — das war's. Mit ihnen hatte Kohl im ›Weinberg‹ sein Glück gestartet — mit Bärbel und der Chemieanstellung hatte er's definitiv gemacht. »Bei Kaiserwetter« (so Ernst Jünger an seinem 90. Geburtstage zu dem im März 1985 zur Gratulation anreisenden Kohl) marschierte das Brautpaar wieder aus der Kirche — eine »ungewöhnlich lange Zeit der Prüfung« (Wiedemeyer) war beendet. Finito. Bald kamen die Söhne Walter (1962) und Peter (1964), man zog nach Oggersheim, und direkter Nachbar wurde dort der FDP-Spitzenpolitiker und Pharmareferent Dr. Scholl. Kurz, Kohls Glück war praktisch perfekt.

Sicherlich, trotz und sogar wegen Bärbel war es bei Kohl in der langen Braut- und Wartezeit auch immer wieder mal zu bewölkten Stunden, zu Niedergeschlagenheit, ja zu »Melancholie« (Genazino) gekommen — jedem passiert das mal. Es gab die Zeit der ersten großen — und persönlichen! — Krise Kohls (Zusammenbruch des Wassersportvereins samt Weggang von Trainer Stoffel, Unfähigkeit zu trauern, gleichzeitig erstes Frechwerden Bärbels) — und es war akkurat in dieser Zeit, daß der »Friesenheimer Jungstar« (so damals die Oggersheimer) einmal zufällig seinen ersten großen Roman las, ausgerechnet (ausgerechnet!) Dickens' ›David Copperfield‹ (1849/50), und nichts gefiel Kohl in diesem dicken Roman, nichts, aber auch gar nichts gefiel ihm so wie diese Sequenz:

»Das Laub war schwer vom Regen; aber es hatte zu regnen aufgehört, wenn auch der Himmel noch voller dunkler Wolken war. Und die hoffnungsfreudigen Vögel sangen.«

Schwerlich mehr zu ermessen heute, welch ein gewaltiger Zuspruch, ja Trost für Kohl in diesen fast belanglosen Dichterworten lag und gründete. Man vergesse nicht, Kohl verfügte ja damals noch nicht über sehr viel Erfahrung im Bücherlesen, und gar zu weit sollte er es ja auf diesem Feld nie bringen; Aktenstudium, Aktenstudium hieß damals schon die Parole . . . Doch das, was Dickens da so unsterblich (so wähnte Kohl umwölkten Haupts) schrieb, das war ja, das war ja — genau wie seine, Kohls, Lage! Bzw. Stimmung. Oder: Atmosphäre. Atmosphäre? grübelte Kohl ziellos weiter, sah ein wenig zum Dachfenster hinaus, seufzte und glaubte direkt zu spüren, wie die Scherben seines Glücks vor seinen Augen hinwegschwammen — aber dann zwang er sich doch wieder zu Dickens' Text zurück. Also: Noch herrschten dunkle Wolken am Himmel — aber: Es hatte schon zu regnen aufgehört! »Und die hoffnungsfreudigen Vögel sangen!« Kohl fühlte sich noch moroser, todessehnsüchtiger gar, Gram und Groll brachen ihm beinahe das Herz — und doch stimmte ihn der Satz ja auch wieder hoffnungsfroh: »Und die hoffnungsfreudigen Vögel sangen.« Immer wieder las sich Kohl diese fünf Wörtchen vor. Kam es daher, daß der Satz ihm trotz aller Scham und Pein und Not so gefiel, weil mit dem Satz von den hoffnungsfreudigen Vögeln auch ihm irgendwie wieder Hoffnung zu werden schien — obwohl sein Körper schon bald, als habe ihm jemand gegens Bein getreten, vor Hoffnungsferne schwankte? »Und die hoffnungsfreudigen Vögel sangen«, las Kohl und sog zum wiederholten Male an seinen dicken Fingern. Ja, sterben wollte er, Kohl — oder wenigstens fast. Stimmen hin und wieder wanderten. Hah! Was war das? Welche bange Ahnung unverhoffter — Herzwehsüchtigkeit? Kopfhornhautsgebabbele? Wehtristangeschändetheit gar? Hm. Schwer bangte Kohl und schwerer, bang wurde ihm und bänger. Mücken sirrten um seinen Kopf, der sich anfühlte wie — Teig? Talg? Wie ein — Totenkopf? Leise ächzte Kohl, knurrte lautlos. Sollte er — Bärbel anrufen, auf daß sie ihm beispränge? Hmhm. Gab ja noch kein Telefon, damals. »Und die hoffnungsfreudigen Vögel sangen.« Die Worte wollten nicht und nicht mehr aus dem Schädel — in äußerster Not griff Kohl deshalb schnell zum geliebten und vertrauten Hölderlin, schlug auf und las sofort:

Auf falbem Laube ruhet —

Schon wieder »Laub«, schrie es schon verzweifelt aus Kohl;
doch tapfer las er voran:

Auf falbem Laube ruhet
Die Traube, des Weines Hoffnung,
Also ruhet auf der Wange
Der Schatten von dem goldenen
Schmuck, der hängt
Am Ohre der Jungfrau.

Hmhm, brummte es in Kohl. Hmhm.

Und ledig soll ich bleiben

Neinnein, jetzt wird geheiratet, brüllte es in Kohl auf; aber
wie unter einem Bann las er schon sofort weiter:

Leicht fanget aber sich
In der Kette, die
Es abgerissen, das Kälblein.
Fleißig

Menschmeier. Jetzt kannte sich Kohl gar nicht mehr aus.

Es liebet aber der Sämann
Zu sehen eine,
Des Tages schlafend über
dem Strickstrumpf.

Genau, jauchzte es kurzfristig in Kohl auf, und er zerdrückte
einen verirrten Schwabenkäfer — das ist es! That's it!

Nicht will wohllauten
Der deutsche Mund
Aber lieblich
Am stechenden Barte rauschen
Die Küsse.

»Und die hoffnungsfreudigen Vögel sangen«, fuhr es gleichwohl abermals in Kohls Kopf. Da war die Stimme wieder.

Hmhm. Teuflisch. Nicht mal Hölderlin mit seinen unsterblichen Versen vermochte gegen sie anzukommen. Waren es überhaupt Verse? Ach was, Quatsch. »Und die hoffnungsfreudigen Vögel sangen. Und die hoffnungsfreudigen Vögel sangen.« Wahnsinn. Es war nicht länger auszuhalten. »Und die hoffnungsfreudigen Vögel sangen. Und die hoffnungsfrohen — pardon: -freudigen Vögel sangen. Und die hoffnungsfreudigen Vögel sangen . . .«

Schlimm. Erst zweieinhalb Stunden später hatte Kohl sich wieder einigermaßen gefangen und von seinem Schreck erholt. Und hielt sich in der Folge, gar nicht dumm, an einigen der damals gerade *in statu nascendi* begriffenen sog. Wirtinnenverse schadlos:

> *Frau Wirtin hat 'n General,*
> *Der hat 'n Ding, 'n Kragenknopf*
> *Wie Stahl.*
> *Um dieses zu beweisen,*
> *Legt er ihn uff 'n Schienenstrang*
> *Und läßt den Zuch entgleisen!*

Uff! Das war doch gleich was anderes als Dickens und Hölderlin zusammen! Und wie Kohl lachte! Und das Liedchen gleich nochmals trällerte!

Na, das war ja gerade noch mal gutgegangen!

Nun, ja, solche »Melancholieanschwemmungen aus den Verzichtsforderungen und Schamzuweisungen heraus« (Genazino) gingen bei Kohl im allgemeinen rasch baden und vorüber. Kohl ging ein wenig in den Willersinn-Weiher baden und summte schmunzelnd »Es geht Dulles vorüber« — ach was, das Leben in Friesenheim und später Oggersheim lief ja doch soweit nicht schlecht. Kohl fühlte sich zwar oft ein bißchen lädiert, aber, mit Hemingway zu reden, »nie ganz umgeworfen«. Und dann war ja Bärbel auch weißgott keine schlechte Wirtschafterin, und eins muß man umgekehrt und ungelogen sagen: Kohl war der reine Göttergatte.

Im Oggersheimer Bungalow lagen bald auf dem Nacht-
tisch »Bücher hochgestapelt« (Wiedemeyer), und im Garten
der Familie wohnten ein Hase und zwei Eichhörnchen. Und
nebenan, wie gesagt, der Dr. Scholl.

Daß sie eines fernen Tages im fernen Palais Schaumburg-
Lippe Hausherrin sein würde, das ahnte Bärbel zwar noch
nicht; hätte sie es aber erahnt, sie wäre womöglich auch
nicht unzufrieden gewesen. Denn längst war die gelernte
Dolmetscherin eine gestandene Frauensperson, *une femme
absolument émancipée,* wie es damals hieß — ja, einmal hätte
sie Kohl sogar beinahe (aber wirklich nur beinahe) alle
Augen ausgekratzt, wegen irgend einer Sache (ja, eine kleine
Kratzbürste konnte die hochbrüstige Leipzigerin zuzeiten
schon auch sein!) — im allgemeinen jedoch macht sie keine
Zicken, und heute, sagt sie, würde sie Kohl jederzeit »wieder
heiraten« (Wiedemeyer, p. 149). Und auch dies sagte sie bei
Gelegenheit: »Wer ihn hat, der hat ihn lange.«

Und die gemeinsamen Söhne? Die reiften bald und stetig
und nach dem Willen und dem Bild der Eltern heran, sehr
sauber herausgeschniegelt nehmen sie sich immer auf den
berühmten Fotos vom Familienurlaub am Wolfgangsee aus,
die jahraus jahrein durch die Presse funkeln, als Resultat des
Eros quasi: Ja, wie der heute große Kohl als der frühere
kleine bzw. frühe gewesen sein muß, das enthüllen und
verraten eindeutig jene Söhnefotos, aus denen auch praktisch hervorgeht, daß Kohl mindestens zweimal gefoppt
haben muß (wahrscheinlich häufiger): Wie eine fleisch-
gewordene Inkarnation der bruchlosen Jugend der eine bart-
lose; wie eine zähnebleckend schnauzhaarige Personifikation
der sonnig juvenilen Geradsinnigkeit der anderweitige.

So weit dies. Doch, die Ehe der Kohls lief gut, ja blen-
dend — auch wenn im Juni 1985 ein anonymer Briefschrei-
ber Bärbel steckte, ihr Mann betrüge sie. »Der Brief ist das
Dümmste, was ich seit langem gelesen habe!« (›Bild‹ vom
25. 6.). Nun, hoffentlich sagt sie das nach dem Erscheinen

dieser Biographie auch noch. Sollte mir nun Kohl selber aber mißvergnügt entgegenschleudern: »Dummheit, dein Name ist Henscheid!« (G. Zwerenz, August 1983 in dem Journal ›Tip‹); dann kann ich nur zurückschmettern: Schönheit, dein Name ist Bärbel!

Schon am 19. Januar 1985 aber meldete ›Bild‹: »Kohls Sohn studiert Politik. Bundeskanzler Kohl (54) schickt seinen Sohn Walter (21) auf die amerikanische Elite-Universität Harvard: Er soll Politik, Wirtschaft und Jura studieren. Walter war nach dem Wehrdienst schon 4 Wochen drüben, um sich zu bewerben. Die Studiengebühren betragen 25 000 Mark im Jahr« — na bitte, wer sagt's denn. Wie? Nein, mehr Kinder als die zwei wollten Kohl und Bärbel nicht, denn es steht geschrieben: »Seine Größe, sein Splendor lagen nicht in der Quantität, sondern im Streben nach der familiären Totalität, das alle seine gesetzlich-geschlechtlichen Aktionen durchdrang« (H. v. Doderer, ›Die Merowinger oder Die totale Familie‹).

Was Kohl allerdings später oft wunderte: Daß Bärbel Kohl Margot Mende so ähnlich sah. So zum Verwechseln, ja zum Verzweifeln ähnlich. Da hätte er ja gleich die nehmen können.

Doch das nur nebenbei.

A PORTRAIT OF THE POLITICIAN
AS A YOUNG MAN

»Ach, wie so bald verhallet der Reigen!« Was einst schon für
Klingemann (in der wunderbaren Vertonung von Felix Men-
delssohn-Bartholdy) galt, das traf erst recht für einen Kohl zu,
jenen jungen Mann also, der, inzwischen 193 Zentimeter hoch
geworden, nicht nur als inskünftige Hoffnung Ludwigshafens, ja der gesamten Pfalz galt, sondern dessen beherztes
zupackerisches Wesen im Verein mit seiner unerschrockenen
Dynamik, mit der er Herausforderungen anzunehmen pflegte,
ihn geradezu dazu prädestinierte, zum idealtypischen Vertreter modernen Zuschnitts dessen zu werden, was uns der
exemplarische *homo politicus* ist. So hatte es denn überhaupt
nicht ausbleiben können, daß Kohl schon 1947 die Ludwigshafener Junge Union mitbegründen hatte helfen; so wie er
schon im Jahr darauf dann in die bereits bestehende CDU
Ludwigshafen eingetreten war; wie wir schon wissen.

Aufauf! rief der junge Kohl sich seinerzeit selber zu und
trat in die neue Partei ein, weil er dort »etwas ausrichten
wollte« (Kohl) — und er tat's. Denn siehe, bald »beherrschte
der junge Mann die Ludwigshafener Parteiszene« (›Süddeutsche Zeitung‹ 29. 10. 1983) und agierte dabei sogar in der
Sauna (ebd.) — sein »Tatendurst« (Hofmann) war in der
ersten Zeit überhaupt nicht mehr zu bremsen. Kohl machte
sich damals zwar auch praktisch jeden Abend mit Bärbel
lustig, aber der Tag war lang und wollte nach dem Grund-
satz »Carpe diem« genutzt werden. Kopfüber stürzte sich
schon der 17- und dann erst recht der 18jährige Kohl in die
politische Arena, manchmal auch wieder so besonnen wie
gelassen — und bald war der Hüne von der Hohenzollernstraße, wie er künftig auch heißen sollte, in aller Mund.

So unverdrossen Kohl einerseits politische Kärrnerarbeit verrichtete und in ihr aufging, so grimmig lehrte er die noch vom Krieg her fast brachliegende politische Arena jetzt gleichzeitig das Fürchten. Mann, war Kohl damals in Form! Ludwigshafen war ja noch SPD-Hochburg mit sicheren sozialdemokratischen Mehrheiten; um so mehr Grund für Kohl und die Seinen, die »Herausforderung anzunehmen« (Kohl) und sich bald darauf mit dem SPD-Mann Fries wegen Überklebens von Wahlplakaten buchstäblich zu raufen. Da zitterten die morschen Knochen! Der Kampf soll ziemlich unentschieden ausgegangen sein, erzählt Kohl oft und schmunzelt erinnerungsschwer. Sonst aber blieb Kohl fast immer der Triumphator, haute alles zusammen, verpaßte so manchen Denkzettel und versammelte deshalb immer mehr Lob auf sich. Ja, mit Kohl war damals gar nicht gut Kirschen essen. Fast stets verließ er als Sieger die Walstatt; alles im Dienst seiner neuen CDU — und dies, obwohl Kohls frühestes und erstes politisches Vorbild sogar ein Sozialdemokrat war, der Oberbürgermeister von Ludwigshafen, Valentin Bauer.

Seine Ziehmutter freilich war schon jene CDU-Mitbegründerin, die auf den Namen Betty Impertro hörte.

Kohl tat gut daran, von Anfang an für klare Verhältnisse zu sorgen und überall, wo nötig, aufzuräumen, seine Muskeln zu zeigen und dem politischen Gegner, wo es ging, Schlappen beizubringen, mochte dieser auch ob Kohls Kampfkraft Gift und Galle speien. Denn die Lunte der großen politischen Auseinandersetzungen glühte schon überall im Ludwigshafener und Wormser Großraum — und nicht entging dem jungen Kohl, daß gerade in dieser tradierten SPD-Höhle für ihn, den Bewohner der Stadt Blochs, die größte Chance und alle Hoffnung lag. Nun muß man freilich wissen, daß die ersten CDU-Aufläufe noch in einer Schlosserwerkstatt stattfanden, aber gerade in diesen bescheidenen Anfängen zeigte sich Kohls ganze Stärke. Wer es gut meinte mit sich, der ging »dem Langen« damals besser aus dem Weg und hütete sich wohl, denn Kohl verpaßte dem Gegner seinerzeit nicht nur eine »Abreibung« nach der anderen — er arbeitete auch sonst mit allen Mitteln. Nämlich einerseits (dies bezeugen alle bisherigen Biographen) war er damals schon einer, dessen unbezahlbarer Vorzug es war, im Gespräch anderen sein Ohr leihen zu vermögen oder zu leihen zu können oder ähnlich; andererseits wäre er der letzte gewesen, der es im politischen Tageskampf verschmäht hätte, z. B. Leimtöpfe über die Köpfe des Gegners zu stülpen (Hofmann, a. a. O., p. 22). Kohl brachte damals auch seinen gedrillten Hund dazu, daß er wütend knurrte, sobald sein Herrchen am Wirtshaustisch »Soz!« (meint: Sozi) zischelte u. dgl. mehr — jedenfalls: Ja, ein rechter »wilder Mann« (so der ›stern‹) war Kohl binnen kurzem geworden, ein Haudegen *katexochen* — und nachdem er erst einmal die Sozialdemokratie als Hauptfeind ausgemacht hatte, gab es für ihn überhaupt kein Halten mehr. Denn Kohl haßte alles Halbe, alles Dubiose und Odiose — sein Wort war ab sofort »jaja, neinnein« —, und entsprechend gut war er jetzt drauf und nietete vollrohr praktisch alles um, was sich ihm in den Weg stellte. Kohl lernte jetzt das politische Handwerk von der Pike auf, und also ging sein ganzes Sinnen und Trachten dahin, dem Feind zum offenen Schlagabtausch die Stirne zu bieten, auch wenn er dabei selber hin und wieder eine Schlappe einstecken mußte und es ihm mehrfach fast an den Kragen gegangen wäre und er seinen Kopf oft erst im letzten Moment aus der Schlinge ziehen und das Weite suchen konnte. Das hinderte Kohl nicht, bei nächster Gelegenheit den Spieß umzukehren und in bester Manier aus dem Gegner Hackfleisch zu machen und ihm ein paar Gehörige überzubraten und zu salzen.

Unter diesen Umständen nimmt es kaum mehr wunder, daß der künftige Kanzler der Bundesrepublik Deutschland — Ironie der Geschichte — nicht selten von den städtischen

Bütteln wegen Unbotmäßigkeit und politischen Gezänks bzw. wegen böslicher Absicht nebst grober Humbugmacherei verwarnt und in die Schranken gewiesen, ja vorübergehend aus dem Verkehr gezogen werden mußte, bis die Sache wieder einigermaßen abgewiegelt war.

Letzten Endes machten die Ordnungsrufe Kohl nur lachen, und vor allem nachdem er es auch noch zu einer Frau gebracht hatte, übte er dann schon am nächsten Tag kein Pardon mehr. Ganz in der Tradition seiner jetzigen Vorbilder Feldmarschall Montgomery und Frau Impertro stand unser 1.93-Mann wie ein erratischer Block auf den Barrikaden des damaligen politischen Getriebes, wiegelte hier auf, brütete und klügelte dort neue Finten aus und säumte nie, mit den politischen Feinden und anderen Bösewichtern und Malefikanten kurzen Prozeß zu machen. In der damals fast allseitigen politischen Sphäre von Zanksucht und Mißgunst stand Kohl als »Mann der ersten Wahl« (H. Rumpel) stets an der vordersten Front, »rasierte« dabei auch schon mal einen eigenen innerparteilichen Konkurrenten weg — und doch »kämpfte Kohl immer mit offenem Visier« (Wiedemeyer, a. a. O., p. 130) und untermauerte derart schon damals seine spätere Option auf den Kanzlerstuhl.

Hah! Die Friesenheimer erinnern sich heute noch gut und mit Grausen: Im Lauf der Zeit focht Kohl nicht nur mit dem Feind einen Strauß und ein Scharmützel nach dem anderen aus: Auch schelmische Gastwirte lehrte er Mores, Desperados und Hasardeuren zog er das Fell über die Ohren — und auch jene Frondeure, Verfemten, Defraudanten und sonstwie Gestrauchelten, die sich da dick taten, sahen im allgemeinen kein Land mehr. Tapfer kämpfte Kohl item wider Räuber, Banditen, schlechte Kerls, Schwengel und diverses Gelichter aus dem engeren Pfälzer Raum; Kohl schlug sie alle grün und blau und haute sie zusammen »auf 1 Meter 07« (wie es damals im Pfälzischen hieß) und semmelte ihnen links und rechts eine rein, daß es nur so krachte. Kaltblütigkeit hieß damals das Gebot der Stunde — und die bewahrte Kohl auch dann, wenn es immer wieder mal galt, sich schlechte Subjekte vom Leibe zu halten. Es focht Kohl auch mitnichten an, daß ihn Oppositionelle, Malcontente und revolutionäre Schurken und Anarchisten schmälten und von Herzen schmähten — und noch minder, daß ränkevolle, prätentiöse und sonstige unsittliche Leute ihm die Pest an den Hals wünschten. Nein, Kohl räumte auch mit ihnen gründlich auf; ohne daß es ihm freilich vollends erspart geblieben wäre, sich wiederholt am Schopf aus dem eigenen Sumpf zu ziehen (die Willersinn-Weiher-Erfahrungen machten sich jetzt als *know-how* bezahlt!) — und dann aber krachte es erst recht! Denn Kohl ließ sich kein X für ein U vormachen, sooft er auch selber in der Gosse lag. Wem das Fell damals in Friesenheim gar zu sehr juckte, dem konnte geholfen, dem konnte es gestriegelt werden, daß es nur so zischte! Der sich selbst eine »Ochsennatur« (Hofmann, a. a. O., p. 29) bescheinigte, der viel später gänzlich im kaltblütigen Handstreich Kanzler werden, zum Landesherren aufrücken und avancieren sollte, der erkannte eben schon damals, daß Wohlstand für alle das Gebot der Stunde war; daß die soziale Marktwirtschaft nicht zu Grabe getragen werden durfte, bevor sie aus der Taufe gehoben und das Netz der sozialen Sicherung aufgespannt war, ohne das Kind mit dem Bade auszuschütten; und daß drittens der wiederbelebten deutschen Wirtschaft nichts so gut tat wie der ständige Aufschwung dessen, was später, töricht genug, oft spöttisch, ja pamphletistisch, »das deutsche Wirtschaftswunder« (Kohl) heißen sollte; mit anderen Worten: *Navigare necesse est.* Dem Ausbau des Ludwigshafener Hafens wandte deshalb der junge *homo politicus,* wie ihn sein Ex-Lateinlehrer zuweilen nannte, seine ganze Aufmerksamkeit und Energie zu; von Max Weber übernahm Kohl gleichzeitig voll die Forderung nach straffer Parteidisziplin (allerdings hielt er damals schon wenig von kommunistischer

Kaderdisziplin samt ihrem Kadavergehorsam — so wie Kohl überhaupt früh argwöhnte, daß der Marxismus nichts Reelles sei und für ihn, Kohl, nur von geringem Nutzen); und Kohl wäre nicht Kohl gewesen, wenn er, der aus kleiner Leute Verhältnisse kam, nicht auch noch ganz andere Probleme (Stadthof, Stadtweiher-Erneuerung) kraftvoll angepackt und die Ärmel hochgekrempelt hätte. Mit einem Wort: Der, der sich, laut Hofmann (a. a. O.), nicht nur eine Ochsen-, sondern ein paar Seiten weiter sogar eine »Pferdenatur« bescheinigt, der durfte sich damals legitim auch schmeicheln, Ludwigshafen »erst so richtig auf Trab gebracht zu haben« (P. Natterer). Mit anderen Worten: ein Junktim zwischen Politik und Eros plaziert und statuiert zu haben. Ja, so könnte man es sagen; doch, so könnte man es getrost und ohne weiteres sagen.

Oder um es vielleicht noch besser mit Kurt Kulms zu formulieren: »Wie Kohl damals — kurz nach Deutschlands Beitritt zum Ruhrstatus, kurz nachdem Professor Heuß Bundespräsident geworden war und so die Errichtung der Bundesrepublik Deutschland am 23. Mai 1949 gleichsam besiegelte, auch wenn gleichzeitig Pieck und Grotewohl rechtswidrig die DDR gründeten — Friesenheim, ja ganz Ludwigshafen inklusive Rheinbrücke nach Mannheim in Schwung brachte, das hatte Stil, das hatte Chuzpe und Format, das zeigte schon ganz die souveräne Handschrift dessen, der 1984 mit Bravour das Amnestiegesetz durchziehen und die Freundschaft mit Amerika festigen sollte, zum Heil der Republik und zum Segen ihrer Leistungsträger!« (K. Kulms, ›Œuvres Complètes‹, Band I, p. 756).

Natura non fecit saltus. Neque salto mortale. Denn: *Homo mortalis est*. Natürlich, auch Kohl war bei all diesen Energieentladungen, Wirtschaftsankurbelungen und Rundumschlägen gegen kleine Krisen nicht gefeit, so mancher Niederlage hatte er sich zu beugen, und nicht selten geriet er, wenn das Unglück es wollte, in so allerlei Zwickmühlen.

Aber immer fiel dann eben auf diese Niederschläge und Frostwetter lindernd Bärbels taufördernder Blick — ja, Bärbel war um diese Zeit herum schon zu einem ganzen Charakter gereift, zu einer Frauensperson, wie man sie damals noch »juchhe« nannte — immer wieder neigte sie, die »Parteilady« (Kohl), ihr geneigtes Ohr Kohls Sorgen und Anliegen zum Dialog — und schon »nach einer kurzen Phase von Benommenheit rappelte sich Kohl wieder auf« (Wiedemeyer in einem anderen Zusammenhang, p. 127) und zeigte seinen Neidern und Hassern und Schmähern und sonstigen mißvergnügt Mißgünstigen entweder die Fersen oder ihre Grenzen auf.

Zuvor hatte er schon das Abitur geschafft. Denn wie gesagt, ein rechter Draufgänger und Demokrat war Kohl mittlerweile geworden, und alles Antidemokratische machte ihn schwerst ergrimmen. Händel über Händel der ersten Sorte setzte es in dieser frühen politischen Phase in Ludwigshafen; kampffertig stach Kohl allzeit der Haber; wer nicht hören wollte, mußte eben fühlen, dem wurde die Fresse poliert, daß er acht Tage kein Land mehr sah und seine Schwiegermutter nicht mehr kannte! Denn überall, wo etwas zu holen oder zu deichseln war, packte der kommende Bundeskanzler die Sache jetzt beim Schopf, gab der Sache Zunder, entfachte großes Wehgeschrei oder hatte den politischen Feind zum Narren. Mit Trommelwirbel und Gerumpel und Getöse und manchmal mit mächtigem Lärmen zog Kohl in seine ersten Wahlkämpfe und hielt Friesenheim in Schach und in Atem — endgültig vorbei und *passé* die früheren jugendlichen Scherze wie das Weitwoxeln und das Hochschiffen, nein, derlei lehnte Kohl inzwischen strikt ab: zumal als er dann schon 1953 Mitglied des geschäftsführenden Vorstands des Bezirksverbands Pfalz der CDU geworden war und ein Jahr später gar Stellvertretender Landesvorsitzender der Jungen Union. Wohl bereitete es Kohl damals mancherlei Kopfschmerzen, wie er seinen längst ausgeheckten Karriereplan, bestehend aus Parteiarbeit, Studium und Bärbel, möglichst perfekt unter einem Hut zur Einheit schmieden könnte — auch war ja seine junge Brust noch immer hin- und hergerissen zwischen derber Lebens- und Liebeslust einerseits und der Verbundenheit mit den Gefilden hoher Ahnen (neuerdings: Adenauer!) andererseits — ja, oft wäre sie von diesem antagonistischen Konflikt fast entzweigerissen worden. Weil einerseits: »Schon mit achtzehn galt der angehende Abiturient in Ludwigshafen als eine politische Lokalgröße und nahm kein Blatt vor den Mund« (Hofmann, a. a. O., p. 23) — zum anderen entdeckte der weltoffene Pfälzer jetzt aber auch noch die Kraft des »Dialogs« (p. 25), nämlich die »Sprache dient ihm als Katalysator« (ebd.) — und man darf Hofmann hier plausibel ergänzen — gleichzeitig aber auch als Ferment und sogar als *Enzym*. Entzückend die folgende Beobachtung Hofmanns: »Kohl gilt aber auch als aufmerksamer Zuhörer, der weiß — wie der von ihm geschätzte Carlo Schmid einmal sagte —, daß man« (und jetzt kommt's) »sich tief bücken muß, um Wirkung zu erzielen« (loc. cit.). Zum zweitenmal und abermals begegnen wir hier, pointiert genug, also jenem Kohlschen Bücklingsmotiv, das ja dann später vor allem von jenen ersten Fotos vom Kanzler Kohl ratifiziert und bestens bezeugt wird: wie er da sehr wirkungsvoll vor Reagan, Mitterand und vielen anderen zwar nicht in die Knie geht, aber doch sehr manierlich imposant den Kopf abneigt . . .

Faßt man bilanzierend zusammen, so war Kohl fast in Windeseile also damals schon ein rechter Homo politicus geworden. Und so kann es denn auch kaum ausbleiben, daß der Abiturient Kohl, wie alle bisherigen Biographen bezeugen, auch noch, indem er sogar die härtesten Mitbewerber aussticht, zum Schulsprecher am Max-Planck-Gymnasium gewählt und deklariert wird und auch in dieser Eigenschaft manchen politischen Strauß siegreich zu Ende ficht. Später wird Kohl dann ja auch tatsächlich Ministerpräsident in

Mainz (und wunderbar einfältig verschlagen, wie von sich selber und seinem gewaltigen Dusel überrascht, sieht man auf den einschlägigen Kabinettsfotos auch schon den jungen H. Geißler lachen und feixen). Noch später wird Kohl dann auch verdientermaßen Kanzler der Bundesrepublik Deutschland, nach einem langen Leidens- und Kreuzesweg (gar nicht wahr, ging alles wie geschmiert), und dies, obschon Kohl noch am 17. 5. 1969 irgendwo öffentlich bekennt: »Ich bin ein verhinderter Bauer.« Aber klar, das ist natürlich hochgradig geschwindelt, das ist nur irgend so ein politisch-marketingmäßiges Design und Geschwafel, wie es dieser geborene Homo politicus und Anwalt der Res publica inzwischen eben drauf und absolut intus hat.

Wie es zunächst weiterging? Nun, der blutjunge *usurpator* Ludwigshafens riß sich auch in der Folge immer mehr am Riemen und legte sich mächtig in die Kiemen. Er lief von Pontius zu Pilatus, machte sich immer wieder unermüdlich auf die Socken und bekam, nachdem er selber nichts auf dem Kerbholz hatte und sich nicht ins Bockshorn jagen ließ, immer mehr Oberwasser. Aus dem Stegreif, ja aus dem Effeff las er diesem die Leviten, gab er jenem eins hinter die Löffel, und auf wen er einen Pik hatte, wer was gegen ihn *in petto* hatte, der war weißgott auf dem Holzweg: Der bekam, wenn er Sperenzien machte, seinen Rüffel, daß er Zeter und Mordio schrie, wie nicht mehr ganz bei Trost, der konnte noch froh sein, wenn er nicht in Bausch und Bogen mit Kind und Kegel in die Binsen ging. Dem gab Kohl aber auch schon derart den Laufpaß, daß er sich schleunigst unter aller Kanone auf die Socken machte, heim unter die Haube! Sicher, hin und wieder, wenn Kohl *va banque* spielte, wenn ihm zwischendurch mal alles schnuppe war und er sich einen oder zwei hinter die Binde kippte, dann mochte er schon manchmal selber vom Regen in die Traufe kommen, und er mußte sehen, daß er seine Schäfchen wieder ins trockene kriegte — aber solche abgekarteten Spiele gingen meist aus wie das Hambacher Schießen — und schon am anderen Tag stand Kohl wieder Schmiere, trieb Schindluder mit dem politischen Feind, lief ihm in jeder Weise den Rang ab und freute sich am Ende wie ein Schneekönig. Stein und Bein schwören die Friesenheimer heute noch, wenn die Sache aufs Tapet kommt, niemand von den staubigen Brüdern, so spanisch es ihnen auch vorgekommen sei, habe Kohl damals das Wasser reichen können, weiß der Geier.

Lag es an dem, daß Kohl so groß war, eben alles überragte und sich deshalb so leicht tat? Nun, Gotthilf Fischer tat einst recht daran, daß er für seine Fischer-Chöre speziell zugunsten Kohls ein Lied »Mein Heimatland, mein Heimatland« ersann — schon in früheren Kapiteln haben wir ja ausreichend extrapoliert, wie wichtig für Kohl allzeit die Kategorie der Dimension ›Heimat‹ war — zu ihr gesellte sich jetzt immer zügiger als zweite führende Leitkomponente eine sehr innige Symbiose aus allgemeinem Hedonismus und — Humor. Humor allerdings vom allerbesten. Schon im Schwimm- und Wasserverein war Kohl ja bekanntlich eine große Nummer und die führende, ja geborene Unterhaltungsnudel gewesen — jetzt erst kam dem jungen Aufsteiger dies alles voll zugute. Politisch zugute kam ihm jetzt seine »Liebe zu Schlachtplatten« (so die angesehene ›Süddeutsche Zeitung‹), seine »Freude am guten Essen und an Geselligkeit, am Feste Feiern und an fröhlichen Menschen« (so die noch angesehenere ›Zeit‹). Und am allerzugutesten kam Kohl jetzt aber ein Trick, ein gleichsam synoptisch-eskamotistischer Trick, den man als seinen frühesten und gleichzeitig als seinen bis heute genialsten bezeichnen darf: die Suggestiv-Beschwörung nämlich, Kohl, Wein und Fröhlichkeit gehörten naturhaftermaßen zueinander; das gleichsam symbolisch überhöhte Verbindungsglied all dessen aber sei Carl Zuckmayer bzw. dessen Theaterstück ›Der fröhliche Weinberg‹ — ein Stück, das Kohl eben deshalb früh und gründlich las und studierte, auch wenn sein Inhalt gar nicht von Belang war. Wichtig und Kohl wie nichts anderes aus der Seele gesprochen war vielmehr — und das fiel auch bisherigen Biographen schon auf (vgl. Wiedemeyer, a. a. O., p. 20) — der Titel von Zuckmayers Stück. Denn schlagartig ging selbst einem Flachdenker wie Kohl auf, welch gewaltiger, weit über den puren Zufall hinausreichender Symbolismus in ihm waltete und nämlich gleichsam Kohls eigene zentrale Lebensstationen zum Kreis abrundete:

1. Hatte Kohl Bärbel im Lokal ›Zum Weinberg‹ aufgetan.

2. Hat Ludwigshafen zwar weder mit Wein noch mit Weinberg noch überhaupt mit Heimat irgendwas zu tun; sondern ist elendes Flachland fern jeder geringsten Welligkeit. Aber, die Behauptung und ununterbrochene Suggestion dessen konnte, so ahnte Kohl früh, ja nicht schaden; sondern nur nutzen. Sowohl nach draußen: In dem Sinne, daß bald ganz Deutschland glaubte, Kohls Heimat sei das reine weinberggestählte Seligkeitsparadies, nach welchem ansonsten Restdeutschland vergebens lechzt; als auch nach drinnen: Am Ende glaubten via Kohl die Friesenheimer noch selber, sie seien ein von Gott bevorzugtes Völkchen — und dies sogar gegen jeden Augenschein.

3. Erwiesen ist nicht nur, dies bezeugen alle Eingeweihten, daß Kohl ein strammer Weintrinker war und ist und im Zweifelsfall noch jeden politischen Feind und Freund unter den Tisch trinkt; zur Not kann man sogar Kohls Kopf selber mit einem Weinberg assoziieren.

4. Der Wein als solcher aber wiederum ist es, der von all dieser Politik, diesen saudummen Mythologien und überhaupt dem ganzen christdemokratischen und Friesenheimer Scheißdreck ausreichend Entlastung schafft.

5. Daß Zuckmayers Theaterstücktitel all den tautologischen Verlogenheitsquatsch und verquasten Verrottetheitsramsch auch noch dichterisch und quasisymbolisch einsegnet, das deutet nicht nur auf höhere göttliche Fügung hin; vielmehr bewiesen wird damit fast zweifelsfrei, daß Kohl damals

schon hin und wieder sogar ein Buch las. Und so kann es denn gar nicht ausbleiben, kann es gar nicht anders sein: Kohl lernt den berühmten Dichter Zuckmayer eines Tags dann auch noch kennen und läßt sich die Chance natürlich nicht entgehen, ihm begeistert die Hand zu schütteln.

Conclusio divina!

Noch heute zeigen Fernsehaufnahmen aus dem Haus des Kanzlers Kohl gar nicht wenige Bücher in einem Bücherschrank ordentlich nebeneinander aufgereiht — richtig sicht- und lesbar wird aber jeweils nur ein Buchrücken: »Zuckmayer — Werke«. Verblüfft es da noch, daß die traditionell törichten Pfälzer von Beginn an auf den Trick ebenso hereinfielen wie Kohls Biographen: »Kohls schwungvolle«, so Hofmann (a. a. O., p. 50), »und zuweilen pfälzisch polternde Art war ganz nach dem Geschmack seiner Landsleute, die ihn in der Literatur Carl Zuckmayers wiederzuentdecken glaubten. Die Titulierungen waren entsprechend: ›Gulliver im fröhlichen Weinberg‹, ›Des Herrgotts General‹, ›Der schwarze Riese‹, ›Der pfälzische Löwe‹.«

Zu was Dichter doch alles gut sind. Bzw. Gott, was muß das für ein unbedarftes Völkchen sein, das sich solche *highlights* an Volksmund ein- und gefallen läßt. Der Hellste ist freilich mit großer Sicherheit auch Klaus Hofmann nicht, denn eigentlich will er ja sagen: ». . . die Carl Zuckmayers ›Der fröhliche Weinberg‹ in Kohl wiederzuentdecken glaubten . . .«

Naja, aber ist ja eh wurscht; Hauptsache, es haut irgendwie nicht ganz hin; wird aber gedruckt.

Kurzum und wie auch immer, jedenfalls hatte es sich gefügt, daß Kohl jetzt JU-Vorsitzender war. Und aus war der Krieg, die Zukunft wieder offen. Jawohl, unleugbar lag damals »die faschistische Bestie« (Marschall Georgij Konstantinowitsch Schukow) besiegt am Boden; gut vorangingen derweil auch die amerikanische Entnazifizierung und Reeducation (ja, die war bei Kohl schon ziemlich nötig);

immer besser und zügiger lernte Kohl jetzt zwischen »Kollektivscham« und »Kollektivschuld« zu differenzieren — und heute hat er den Unterschied voll im Griff. In der Tat, Kohls Stern war inzwischen immer prangender aufgegangen, das schon kräftig knospende und pulsierende politische Ingenium Kohls erlaubte einen unvergleichlich zügigen Eintritt in eine Dekade persönlichen Ruhms und höchster Effektivität — ja, immer wenn Kohl damals links des Rheins zum Rednerpult schritt, schwebten über dem Raum die Aura und das Ambiente von Zukunft und Zuversicht sowie eine Alkoholglocke, die sich an Kraft und Saft und gleichfalls Zuversicht vor jener entfesselten nicht zu verstecken brauchte, welche Kohls Intimfeind F. J. Strauß damals schon regelmäßig zu Vilshofen und später Passau zu entfackeln jederzeit imstande war und ist. Mit einem Wort eine Klasseatmosphäre, die auch dann noch anhielt, wenn Kohl schon wieder weg und mit wehenden Schößen zur nächsten Parteiversammlung geschnellt war. Oder wie der Dichter sagt: »Eine gedankenlose Hemisphäre, deren Schaumkronenflimmern verdrossen auch ohne die Sonne fortbestand.«

Dialogbereitschaft hin und her — der Ausmerzung Anderslautender und Widerwilliger galt damals Kohls eminentester politischer Einsatz. Daß das Wort in der Nachkriegszeit nicht mehr so recht erlaubt und gern gesehen war, hatte Kohl in der »Hektigkeit« des Lebens nicht so ganz mitgekriegt.

Freilich, der »Januskopf Politik« (Herbert H. Kümmel) blieb Kohl gleichfalls nicht verborgen noch erspart, sondern packte ihn zuweilen derb am Schlafittchen und an den Hörnern. Gewiß, wer nicht nach Kohls Pfeife und Rute tanzte, wer unter den damaligen Friesenheimer Schlawinern ihm gar eine Falle zu stellen versuchte, der mußte mit seinen Finten und Fisimatenten früh aufstehn, der biß mit seinen Fiesheiten bei Kohl meist auf Granit und Glatteis. Ja freilich, ein Schlaraffenland war das damals nicht immer, allerlei feindliche Schlaumeier und Schlagetote suchten Kohl seinerzeit am Zaumzeug zu flicken und Säumnisse und Flecken auf der »weißen Weste« des »schwarzen Riesen« auszuspionieren — ränkereich machten sie ihm Danaergeschenke und ließen ihn dann so schnöd wie schnöselhaft auf seinen schwer errungenen Pyrrhussiegen sitzen wie eine Pythia, die nicht mehr recht wußte, ob sie nun den kaudinischen Knoten zerschlagen hatte oder sich ins gordische Joch fügen mußte. Hah! Stutzig wurde Kohl z. B. einmal gerade noch rechtzeitig, als feile Kohlfeinde (rund um die Sozialisten Holzinger, Ott und Weider Max) ihn in Sachen Weiherpolitik resp. Weihersanierung mit allerlei schwadenhaft obskurantistischem Resozialisierungsgerede hereinzulegen trachteten — und Kohl schwante zwar ein Verdacht, aber trotzdem wurde er dann von eilig requirierten und von Kommunisten geschmierten Berufsstänkerern (später: Terroristen) auf dem Marktplatz ausgepfiffen und fast kaltgestellt — o doch, auf dem staubigen Weg nach Mainz und später Bonn mußte der stolpernde und strauchelnde Kohl noch so manchen Pflasterstein hinter sich lassen ... äh: abweisen ... bzw.: überlisten (übertünchen?) ... oder am besten: aus dem Weg gehen und sich auf die Socken machen, um nicht am Ende über die eigenen Beine wie über diesen unseren Satzbau zu stolpern ... jedenfalls lügte, ja löge der gewaltig, der behaupten möchten täte, Kohl habe es immer nur »leicht gehabt« (B. A. Eilert) — neinnein bzw. sicher: So manche Verschwörung zettelte Kohl damals an, doch trotz allen Gezeters: Nichts wollte vorerst so recht gelingen, die Linke machte dagegen Stunk und Verdruß. Noch fern des Mainzer Stuhls stand Kohl, vom Thron des Kanzlers mal zu schweigen wie das Grab. Ach, wie arm und verlassen fühlte sich da manchmal Kohl, direkt desolat und fast dissolut, und selbst die eisernste Parteidisziplin half da nicht mehr weiter, und er wußt' nicht mehr, wie er's anstellen hätte soll'n. Bitterlich Tränlein weinte da Kohl oft in sein Schneuztuch hinein, andere nennen's Sacktuch — das fallende Weh fiel über ihn wie die fallende Sucht; zorn- und kleinmütig wollte Kohl da oft werden und rebellisch gegen Gott, den er nicht wenig lästerte und ausschalt, meiner Treu! Und selbst Bärbel bot kaum Trost mit liebsamen Zerstreuungen — ah, ein Hundsfott der, der da Kohl nicht dieses lesend nachzufühlen vermöchte, der da nicht verstünde, wie nah da Kohl in solchen Stunden Gustav Mahler ging und ihm auf die Seele preßte, daß es quietschte!

Ja, gerade in dieser Zeit der frühen politischen Prüfungen und Torturen war es jetzt Gustav Mahler, welcher zu Kohls erstem Leibkomponisten und Favoriten heranreifte und vorübergehend sogar Vivaldi auf die Plätze verwies; Gustav Mahler mit seinen neun Riesensymphonien, mit ihrem enormen, Kohl immer wieder in Staunen und Entzücken versetzenden gigantischen Orchesterapparat, mit ihrem balladesken Grundton des »Scheiterns und Mißlingens« (Schriml)! Noch viel mehr aber waren es die ›Wunderhorn-Lieder‹ nach der Sammlung von Arnim und Brentano, die Kohl so zusetzten, ja, sie waren es, die es ihm damals besonders angetan hatten, ihn immer wieder bis zur Furcht und bis zum Zittern verstörten — um ihn dann freilich um so wundersamlicher zu trösten:

> *Ich armer Tambourg'sell,*
> *Man führt mich aus dem G'wölb —*

— sang Kohl da immer wieder, wenn er down war, laut und leidenschaftlich vor sich hin, im Ohr die grausig-gespenstischen Klänge des Mahler-Orchesters, wie es misurato und cupo mit Tamburo militare, Gran Cassa coperta und Tamtam in d-moll die nach Mahlers Vorschrift naiv-unsentimentale Baritonstimme begleitet und Kohl, also den »Tambour von der Leibkompanie«, zum Galgen unwiderruflich geleitet — vor lauter Schreck und Graus wechselte dann Kohl meist über in das motiv- und gemütsverwandte Lied ›Revelge‹

aus dem Jahre 1899, auch es abgelauscht und nachemp-
funden Mahlers archetypischen Kindheitserinnerungen aus
der Garnisonsstadt Iglau. Und Kohl sang. Sang in die
Marschrhythmen und verwehenden Trompetensignale hinaus, daß er des morgens zwischen drei und vieren mit den
anderen Soldaten marschieren müsse, fortmarschieren wie
die unbarmherzig fortmarschierenden Streicher und schmet-
ternden Bläser.

> *Tralali, tralaley —*

— sang Kohl fort —

> *Ich muß, ich muß marschieren*
> *Bis in' Tod, tralali!*

Der Soldat als der spezifisch fahrende Geselle, blind gehor-
sam der Obrigkeit verpflichtet: Der frühe Mahlersche Topos
leuchtete Kohl ein wie ein Wetterleuchten. Gern wäre er
selber Trommler (oder wenigstens Trompeter!) geworden
— und laut und leidenschaftlich sang Kohl weiter:

> *Ihr tretet mir zu nah!*

Wer war gemeint? Die Sozialisten? Die Eiferer und Karrieri-
sten und Nebenbuhler in der eigenen Partei und Fraktion?
Und noch darüber nachgrübelnd sang Kohl freilich wacker
fort:

> *Ich muß wohl meine Trommel rühren,*
> *Sonst werd ich mich verlieren —*

Welch grausig schrille Flöten- und Klarinetten-Terztriller!
Dazu die sich schon etwas entfernenden rücksichtslosen
Trommelwirbel!

> *Die Brüder dick gesät,*
> *Sie liegen wie gemäht —*

— sang Kohl laut und inbrünstig und kuschelte sich wie
frierend in sich zusammen, um dann endlich moderandosi

sensibilmente und sehr sordiniert zum Schlußteil mit seinen immer schauerlicheren Trillerkolonnen überzuleiten:

> *Des Morgens stehen da die Gebeine,*
> *In Reih und Glied*
> *Sie steh'n wie Leichensteine!* —

Kaum hatte er zu Ende gesungen, wechselte Kohl doch zurück zu seinem (während es Bärbel, typisch Frau, mehr die weh-weltabgeschiedenen Bläsersequenzen und Sext-Terz-Melismen von ›Wo die schönen Trompeten blasen‹ angetan hatten, von denen sie sich so angegruselt wie angeheimelt zeigte) Top-Favoriten, seinem armen ›Tambourg'sell‹, diesem sechsminütigen unablässigen Trillerschauer:

> *O Galgen, du hohes Haus!* —

— sang Kohl und lauschte seiner inneren Begleitstimme, den sforzatoheftig ins vollends Unheimliche, Kosmosgeröll-hafte plumpsenden Kontrabaß-Horn-Figuren — Akkorde der allerbedrängendsten Düsternis vernahm Kohl da ein ums andere Mal —, und schon direkt ergriffen sang er in seinem Herzeleid sogleich weiter:

> *Du siehst so furchtbar aus!*
> *Ich schau dich nicht mehr an,*
> *Weil i weiß, daß i g'hör dran!*

Welch ungeheuerlichste Akkordblöcke und schreiendste Dissonanzenmassive bis hin zur Klimax:

> *Ich schrei mit heller Stimm:*
> *Von euch ich Urlaub nimm!*
> *Gute Nacht, ihr Korporal*
> *Und Musketier, ihr Offizier,*
> *Gute Nacht! Gute Nacht!*

Und hallend schauerlich und schaudervoll echoten die Blechbläser dem Fortissimo-Schrei Kohls, um dann mählich chromatisch-diminuendo im Reich des Wesenlosen zu verklingen, gleichsam sich selbst erlösend.

»Wahrer«, sagte Kohl damals jedem, der es hören wollte, »sind die schneidenden Dissonanzen des Seins, des sich in Drangsal und Ungerechtigkeit und Beleidigung gleichsam verengenden und paradox zugleich erweiternden irdischen Lebens nie in oberste Musik eingeufert« — und wer davon noch nicht genug hatte, dem erzählte Kohl stantepede und Knall auf Fall auch noch seine Ansicht, daß dies die »düsterste, schneidendste und eben deshalb ergo mitleiderzwingendste Musik ist, die je über das Thema Menschheit und Menschlichkeit komponiert wurde« (und abgesehen von den leisen sprachlichen Ausrutschern und ohnmächtigen Adornismen des Statements kann man das ja heute noch voll und ganz unterschreiben und konzedieren).

Ja, wie der Sopran im ›Urlicht‹ der zweiten Mahlerschen Symphonie spürte jetzt der junge Politiker Kohl, daß nicht nur manchmal er, sondern der Mensch insgesamt und in toto »in größter Not sei« und aus diesem logisch folgere: »Je lieber möcht' ich im Himmel sein« — gottja, auch Kohl, seinem Schein von Glanz und Highlife zum bösen Trotz, suchte ja nur zu oft, mahlerisch gesprochen, »Trost im Unglück« — und Interessenten, welche der Sache genauer nachgehen wollten, verwies Kohl damals im Zweifelsfall auf die Briefe Gustav Mahlers 1879—1911, hrsg. von Alma Mahler (die hätte Kohl auch gern mal kennengelernt, das mußte eine unglaubliche Wuchtbrumme gewesen sein, oje!), Wien 1924, wo es p. 229 heißt: »Wie ein Blitz traf mich dies, und alles stand ganz klar und deutlich vor meiner Seele! Auf diesen Blitz wartet der Schaffende, dies ist die ›heilige Empfängnis‹.« Aber Kohl wußte noch mehr und wurde auch nicht müde, gleichfalls auf den noch berühmteren Brief Mahlers an Anna von Mildenberg (a. a. O., p. 162) zu verweisen, in welchem Mahler vervollständigt: »Ich sage dir, mir ist manchmal selbst unheimlich zumute bei manchen

Stellen (ergänze: meiner Musik; Anm. d. Red.), und es kommt mir vor, als ob ich das nicht gemacht hätte.«

Nun freilich, unheimlich zumute vor sich selbst war damals auch oft dem Fulgor, dem schöpferischen Feuer des jungen Kohl, auch er glaubte oft selber gar nicht, was er da alles so machte und zusammenlebte. Und wer — *horrenda refero* — je von der Eisenbahn aus das knallrot-gelb angestrichene ›Rheinmöve-Zentrallager‹ auf der bedeutenden und sehr befahrenen Bahnstrecke Ludwigshafen—Worms gesehen und möglichst begriffen hat, der, ja der frägt sich befangen, ja beklommen und sogar ein bißchen benommen, ob dies nicht wie ein — *horribile dictu* — in die absolute Saulandschaft des Lebens projiziertes Abbild des damals schon und heute immer noch unverwechselbar knallig wuchernden und vor sich hindampfenden und im lebenssatten Hindampfen verwahrlosenden, verwesenden, ja zerwesenden Kohlschen Geistes ist. Nein? Doch.

So wie ja auch später Adorno die innere Affinität Kohls und Mahlers so deutete: »Tönt das Horn des Postillons herein, so ist als Hintergrund dazu die Stille des Gewusels mitkomponiert (Adorno, ›Mahler‹, p. 16). Und wie Mahler übt Kohl kaum »Zensur am Banalen« (a. a. O., p. 109), sondern seine undomestizierte Idiomatik des Flachsinns korreliert an ihren avanciertesten Stellen der Mahlers. Der Biograph aber tut gut daran, seinerseits desgleichen zu tun.

Doch wie auch immer, der ältere Kohl ließ es dann später wieder langsamer und cooler angehen, wandte sich weitgehend von Mahler ab und lieber wieder dem perennierenden Vivaldi-Gedudel zu, tüt tüt tüt tüt tüäh tüt! — ja, so klang und pfiff er vor sich hin, der pfälzischen Primavera des Lebens seinen Tribut zollend — und jedenfalls hatte Kohl wie immer seine Krise bald wieder gemeistert, wie zentnerschwer fiel es ihm vom Herzen, als er endlich wieder der Alte war und sich wieder topfit fühlte, dochdoch: »Kohl berief sich auf Pascal, wonach das Herz eine Vernunft be-

sitzt, die der Verstand nicht kennt« (so Hofmann, p. 36 —
nein, dieser Biograph ist im Deutschen wirklich nicht der
Stärkste). Gegen Mitscherlichs damals schon langsam hoch-
kommende und viele schwache Charaktere infizierende
Trauerarbeit setzte Kohl seine eigene mitreißende »Fröh-
lichkeitsarbeit« (Direktor Hauschke) — und ungeschminkt
redete Kohl vor Parteifeinden wie Parteifreunden bald wieder Tacheles. Bzw. Fraktur. Eben: Klartext.

Und genau den wollte man von Kohl in Ludwigshafen
auch hören.

Oderint, dum metuant (Caligula). Richtig, Kohl war in den
eigenen Parteireihen bald ebenso gefürchtet wie beim Feind,
und gerade das bestärkte Kohl in seiner schon führenden
Stellung und gefiel ihm sehr. Kohl war damals viel auf der
Walz und trotzte jetzt besonders den Brüdern Wasser vom
Bezirksausschuß und Pater Pipo, der ihm mit üblen Streichen oft ans Leder, nämlich selber »Chef im CDU-Ring«
(Pipo) werden wollte. Was er mit ein paar so saftigen Ohrfei-
gen büßen sollte, daß er die Engel singen hörte. Denn das
Ein-Mann-»Rollkommando Kohl« (Roßmann) quittierte
alle Attacken mit 1a-Revanchefouls, die jeder Beschreibung
spotten, nein, keiner konnte Kohl jetzt mehr an den Kragen,
und so hielt sich denn jeder, sofern er seine Tassen noch im
Schrank hatte und nicht elend den Marsch geblasen kriegen
wollte, lieber bedeckt und Kohl in Treue fest die Stange.

So weit das. Ehe wir nun auf die Charakterstruktur Kohls
in dieser Zeit und im engeren Sinne detaillierter eingehen,
sei hier ein Rückblick auf Kohls Wesen gestattet. Nun, was
das anbetrifft, Kohl war *ab ovo* in der Ethik genauso ausge-
fuchst wie in der Programmatik. Denn Kohl, das hieß ja
damals schon nichts anderes als Kommandogewalt, Koordi-
nationskunst und Kotholizität (Erklärung: »Katholizität«
schrieb Kohl bis zu seinem 27. Lebensjahr — Geburtsfehler?
Erziehungsschaden? — beharrlich und immer falsch; aber
seien wir nachsichtig und hüten wir uns vor elitärem Dün-

kel: derlei Lopsus kann auch uns schon mal passieren). Auch war Kohl damals schon, neben Seebohm und dem Evangelisten Leo Janz, einer der besten Redner seiner Zeit. Selten verplapperte, fast nie verhedderte er sich. Nie jedoch verhehlte noch verhohl sich Kohl, daß er trotzdem noch viel zu lernen und aufzuholen hatte, bis das geschafft wäre, was später »Kohls charismatischer Charakter« (Propst Wimmer, Gengenbach, a. a. O. 1962 ff.) oder gar sein »charakterologisches Charisma« (Rösselmann, ›Gesammelte Werke‹) genannt werden sollte. Caritasverbandsmitgliedschaft hier, cartesianische Studien dort, Charadespielen mit Bärbel zum dritten: Der Cherusker Hermann reifte damals auch schon zum Leitbild des jungen Champion Kohl heran, seine Kunst des Chamäleonhaften wie seine Changierfreudigkeit im Pragmatischen und Paramilitärischen. Was Kohl außerdem zu der Zeit noch sehr gefiel und einleuchtete, war Glucks Reigen seliger Geister, Phoenix Ludwigshafen unter der Ägide Dr. Piana, daneben schon Adenauer, Sport, Musik, Rock Around the Clock, van Beethoven, Tulpen, Pfingstrosen, Spitzwegerich, Spitzweg, Wegelagerich, Holbein der Ältere, Big Bang, Kloster Banz, Österreich und schließlich — vor allem, allem voran! — die Weinstraße bei Neustadt an der Weinstraße — ach Gott, stundenlang, tagelang könnte man aufzählen, aufzählen und aufzählen, nichts als aufzählen und immer nur aufzählen! Und das tun wir auch hiermit: Weißwein, Rotwein, Sekt, Champagner, Limo, Cola, *Colamix,* Schwippschwapp, Schorle, Spezi und dann immer wieder: Bärbel. Bärbel und Zuckmayer. Zuckmayer und Bärbel. Bärbel und Zuckmayer.

Ja, wie gesagt, jahrelang könnte man da aufzählen und käme aus dem Aufzählen gar nicht mehr raus. Freilich, eins ist daneben und unabhängig davon auch wieder wahr: Der *flatus mentalis,* den mein verehrter Vorbiograph Wolfgang Wiedemeyer aufs Papier setzt: »Kohl möchte Perspektiven und Visionen künftiger Entscheidungsprozesse mit kritischer Rationalität sichtbar machen« — dieser Scheißdreck ist auf seine Weise auch wieder wahr, diesen Scheißhaufen von einem Satz kann ich hier nur mit vollen Segeln mitunterschwafeln.

Ja, Kohl war zum Höchsten befähigt, sein Stern war aufgegangen, so viel wurde schon in Ludwigshafen klar. Immer besser fand er sich zurecht in der Welt und stand seinen Mann und erweiterte seine Kenntnisse und paßte höllisch auf, daß er nichts falsch machte. Wurde vertraut mit der Staatenlehre Platons, Thomas Morus' und Hobbes'; las die Kirchenväter, Spengler und die Gnostiker; er verwirft Freud und hält sich lieber an Spranger — nur das vorne mit Max Weber war natürlich eine Notlüge meinerseits; bei Max Weber steht, vermute ich, nichts dergleichen.

Wohl aber stimmt das Wiedemeyer-Zitat. Nein, so eine Wortobszönität kann man nicht erfinden.

Welch ein Wunderwerk ist doch der Mensch! Immer wieder einmal am Boden — und dann doch immer wieder obenauf! Um es so zusammenzufassen: Manche Mißgeschicke trafen Kohl damals beim Start seiner Politikerlaufbahn. Aber er ging nicht in die Knie noch gar daran zuschanden. Sondern wurde mit der Zeit davon nur immer stabiler. Hart wie Kruppstahl, flink wie ein Wiesel und zäh wie ein Lederstrumpf.

Nun Kohl einmal Blut geleckt, hatten seine Feinde die Wunden auszuschlecken, hol's der Kuckuck!

Und kurz und gut, das Leben in Ludwigshafen ging vorerst zügig weiter, Kohl brannte vor Neugier und Ungeduld auf die Universität — ums Verrecken wollte er kurz nach dem Abitur zuerst einmal Chemie studieren, aber das redete man ihm aus guten Gründen aus. Dann, gewitzt durch seine Erfahrungen mit dem Faschismus, beabsichtigte er, Demokrat zu werden, aber man sagte ihm, dazu brauche man nicht extra studieren. Ergo verlangte es Kohl nach der Laufbahn eines Konsistorialrats, aber den gab es damals schon nicht mehr oder doch kaum mehr (nur drei Planstellen im gesamten Bundesgebiet, und die überwachte Major Wurst d. Ä.). Freilich, noch während Kohl hin und her überlegte, ließen ihn die Ruchlosigkeiten seiner Parteifeinde nicht zur Ruhe und kaum zum Denken kommen, ja, abgefeimte Ränkeschmiede waren es, die jetzt wieder vermehrt für tolle politische Scharmützel sorgten, so daß es wieder einmal drunter und drüber ging in Friesenheim, *catch as catch can* hieß die Parole — ja Kohl avancierte damals zeitweise gleichsam zum erkiesten Hauptfeind, Prügelknaben und »Rammbock« (Kohl, 1984), an dem sich alles rieb, fast zur *persona non grata* — aber dank seinem strammen *esprit de corps* und seinem kühl wägenden Verstand glückte es Kohl abermals, alle Anschläge abzuschlagen. Wer nicht hören wollte, mußte eben fühlen und »kriegte einen Kopf kürzer« (Möllemann) — und so zerschlug Kohl denn endlich alle Neid- und Scheelsucht und behielt seinen Kopf trotzdem oben, denn: Pöbelhafter Erbitterung setzte Kohl sein weiches Herz, seinen jovialen Humor und seinen liebenswürdigen, stets ein wenig wie Wein oder doch immerhin Apfelwein funkelnden Witz entgegen, seine ruhelos-nimmermüde Kraft im Erfinden von Pointen, Schwänken und Eselsbrücken. Unzählige sind der Beispiele.

Ganz ohne Zweifel noch Frage: Lehrgeld hatte Kohl immer wieder und genug zu zahlen, mußte heftig dienern und Kotau machen, um endlich später auf den Kothurn zu gelangen und jene »internationale Reputation eines ›Dr. Zuverlässig‹ « (Hofmann, Buchklappentext) zu erlangen, die ihm von Rechts wegen zustand! Und gewiß fühlte sich da Kohl oft genug *parterre* und *groggy* und wollte ins Schmerzliche ausarten und ins Melancholische und Amokartige sich abermals verlieren. Indessen, Bärbels versittlichender Einfluß im Verein mit Vivaldi und Kohls eigenem nimmermüd heiter-konzilianten Sinn sowie das Faustisch-Byronsche, um nicht zu sagen Dostojewskihafte in Kohls Charakterstruktur bewahrten ihn doch immer wieder vor dem Gröbsten. Caramba, dachte Kohl da meist, es müßte doch zu machen sein, daß der Saftladen wieder läuft und auf zack kommt — Manometer, oft spielte Kohl buchstäblich mit dem Feuer seines eigenen politischen Genies, so wie er nach einem Bericht der recht angesehenen ›Neuen Westfälischen‹ noch am 7. 2. 1985 mit dem Feuer spielte, indem er versehentlich, ja, genau zu urteilen, reichlich unbedarft anläßlich einer Reklame-Grubenfahrt auf der Saarzeche Ensdorf in Saarlouis ausgerechnet Feuerzeuge an die Kumpel verteilte. Allein, bedenkt, daß ja Kohls Hirn während all dieser »Galeerenjahre« (H. Schrott, SJ) nur ein Hexillionstel des Hirns von A. Einstein im Vorschulalter wog! Es war bedauerlich, ja wie verhext, langte aber dennoch fett. Denn damit war er innert seiner geist- und farblosen Parteibrüder im Geiste ja keineswegs der geringste. Sondern noch immer der größte (Klasse). Und warum meint ihr wohl? Genau. Das molekulare Gedächtnis selber ist die Finalität der Genesis: Poststabilierte Harmonie des *ganzen* Stumpfsinns (Kohl u. a.), nämlich: DNS. Desoxyribonucleinsäure. Des-oxy-ribonucle-in-säure. Desoxyribonucleinsäure. Was ein Stiefel.

Doch wie auch immer, »der junge Mann aus gläubig katholischem Elternhaus« (Hofmann, a. a. O., p. 15) setzte sich, wie gesagt, langsam auch im »texanisch wilden« (ebd.) Ludwigshafen durch — Kohls »engagiertes Nachdenken« (loc. cit., p. 16) verhalf dem Blochianer Kohl (a. a. O., p. 16) unbeschadet seiner *opinion-leadership* in den wild wechselnden *pressure groups* und berühmtberüchtigten *gangs* zu jenem »Existenzwillen und Durchsetzungsvermögen« (Hofmann, p. 18), das oder die — *shit* — er (tja, da heißt's am Ball des Satzbaus bleiben, Lektor Bodmer!) schlauerdings, so eindringlich Hofmann, mit mehr oder weniger allen Ludwigshafenern teilt und teilte. Denn Kohl ist nicht nur ein »Freibeuter« (ebd., p. 18) par éminence, sondern »Kohl, der sich um den Verlust seiner Identität nie sorgen mußte« (a. a. O.), hielt stand und bot den Zeitläuften Paroli, so daß es eines Tages rechtens und legitim heißen konnte: »Aus dem jungen, stürmischen, zuweilen unbedenklichen ›homo politicus‹ war ein eher ernster, nachdenklicher, sensibler Parteiführer geworden, der Amt und Aufgaben als eine metaphysische Last spüre« (»spürte«, soll's wohl heißen. Anm. E. H.), »die er mit großen Aufwand an Selbstlosigkeit zu tragen hatte« (Hofmann, a. a. O., p. 88) — nein, dieser Hofmann steht seinem Vorgänger Wiedemeyer betreffs Deutsch und allgemeiner Arschgeigenhaftigkeit sowohl in Metaphysik als auch in nichts und wieder nichts nach.

Sondern Kohl war vielmehr auch dann noch Kohl und nichts als Kohl und sorglos identisch mit ihm und selber sich, als sein »heiter herablassendes, dünkellos beiläufiges Wesen« (Streibl) längst über Ludwigshafen »hinausragte, ja die Stadt in jedem Betrachte transzendierte« (E. Bloch). Nämlich hinein in das »Paradies von Deutschland, die schöne Pfalz« (Freiherr von Knigge, ›Über den Umgang mit Menschen‹). Ohne sein »politisches Kapital vorzeitig zu verjuxen« (Monsignore Hengst o. J.), wuchs Kohl so mählich wie rasch in die ihm angetragene, ja angestammte Funktionsrolle hinein, und wenn Kohl-Kritiker und Übelwollende hin und immer wieder ab und zu die feinen Nasen rümpfen über Kohls schon fast allzu profiliert ausgeprägte Urbanität und sein hoch angesiedeltes internationalistisches *flair*, dann kann man mit Kohl selber hier nur dreifach kontern und parieren:

1. »Wer heute von meiner pfälzischen Heimat hinüberfährt ins Elsaß, der kommt von Europa nach Europa. Das ist eine faszinierende Entwicklung« (Kohl, ›Europas Verantwortung für den Frieden‹, 1983).

2. »Es wäre doch absurd, wenn wir für den Frieden nicht sensibel wären« (nach: ›Der Spiegel‹, 11/1984).

3. »Mir geht es gut« (ebd).

Und wenn es ihm denn trotzdem wirklich mal schlecht ging,

wenn sogar Gustav Mahler und Vivaldi zusammen nichts mehr halfen, dann, ja dann ging Kohl eben wieder mal zu seinen geliebten alten »Schwimmtrotteln« (F. Torberg) vom Wassersportverein und hatte bald wieder einen Kreis von Anbetern um sich versammelt — so wie sich ja Kohl noch viel später als inskünftiger Ministerpräsident den Anliegen der frühen Wassersportfreunde nie versagte (Mainzer Bulletin 1567). Allen Ludwigshafenern, so sie sich heute an die erste Zeit des jungen *homme politique* zurückerinnern, bleibend noch im Gedächtnis aber ist Kohls allererste politische Großtat nach einem Sturmlauf ohnegleichen: Die Verlegung des oft als Schandfleck apostrophierten Ludwigshafener Durchgangsbahnhofs aus der Stadtmitte an die Peripherie.

Denn dort gehört er auch hin. Und das soll dem jungen, wie es damals hieß, »Politicus«, der inzwischen, wie gehört, ein Mann von 193, zuweilen sogar 195 Zentimetern geworden war, »erst mal jemand nachmachen« (P. Natterer).

ICH HAB MEIN HERZ IN
HEIDELBERG VERLOREN . . .

Heidelberg, nur einen starken Steinwurf von Ludwigshafen entfernt (Luftlinie: 17 km), Heidelberg also war Ziel der ersten wirklich großen Ausfahrt Kohls. Dort, an der 1386 gegründeten Universität, studierte der spätere Kanzler ab Wintersemester 1951/52 Geschichte und Jura: Für den kommenden Staatsmann die gegebene und adäquate Fächerkombination, die ihm endgültig den Weg zu den höchsten Weihen ebnen sollte.

Warum Heidelberg? Nun, Paris war zu weit, Freiburg zu heikel und Göttingen gar zu verpflichtend. Dort saßen seit Jahr und Tag die Ordinarien Schultheiß und Rattenschläger am Ruder, schwangen die Peitsche der Aufklärung und hielten die unbarmherzigsten Examina ab. Kohl aber, obzwar längst zum CDU-Bezirksspitzenfunktionär aufgestiegen, fehlte es ungeachtet seiner *supérieuren* intellektuellen Befähigungen letzten Endes noch hinten und vorne. Außerhalb der schützenden Obhut des Parteiapparats rang der Mann aus Friesenheim doch noch sehr nach Halt und trachtete deshalb naturgemäß, jedes Risiko zu vermeiden. Bevor ihm der wissenschaftliche Betrieb an der *alma mater* mitsamt seinen sattsam bekannten Fährnissen einen Streich spielte, suchte Kohls vorsichtiger Grundcharakter also erst einmal das rettende Ufer der Geborgenheit im Nahen und halbwegs Vertrauten — und da kam ihm dann natürlich die Heidelberger Rupprecht-Karls-Universität besonders entgegen: War schon Kohls Kindergarten in der Rupprechtstraße daheim gewesen, hatte die Volksschule schon Rupprechtschule geheißen — so kam nun also die sofort ein wenig wärmende Rundung zur Rupprecht-Bildungs-Trias zustande!

Ja und dann, wie schon erwähnt, lag Heidelberg ja nur einen Steinwurf entfernt — und war also auch insofern ein kluger Schachzug: Denn nicht nur konnte Kohl alle Naslang heimfahren und Bärbel beaufsichtigen (ohne umgekehrt doch gar zu unbarmherzig ihrer Observanz zu unterliegen, noch ehe es in den Hafen der Ehe einsteuerte); sondern zur Not, das war wichtig, hätte Kohl auch zu Fuß in seine Heimatstadt zurückgelangen können; und tat das auch nicht selten.

Nun also: Heidelberg. Heidelberg! Heidelberg!! Stadt am Neckarstrand! Stadt der Märchen und der Mythen! Hölderlin hatte sie schon gerühmt — Somerset Maugham hatte hier seinen Studien obgelegen — sogar Flann O'Brien hatte hier Viktor v. Scheffels weltberühmtes »Alt-Heidelberg, du feine, du Stadt an Ehren reich« (›Trost und Rat‹, Zürich 1985, p. 12) gesungen! Heidelberg! »Ich hab mein Herz in Heidelberg verloren«, so lautete das alte sentimentale Studentenlied, das, wie so viele andere, der Stadt ein Ständchen brachte! Nun, Kohl hatte seins ja zwar schon in Friesenheim verloren — aber wer weiß, wer weiß ... Um die Jahrhundertwende hatte hier auch ein famoses Singspiel ›Student in Heidelberg‹ Furore gemacht, in dem auch der bekannte Satz vorkommt: »Karlheinz, verlaß mi net!« — naja, wie gesagt, das klang alles recht vielversprechend in Kohls Ohren, die davon ja auch schon allerhand hatten läuten hören — na, man würde ja sehen, dachte Kohl und hatte sofort das Gefühl, wenn einer, dann, nun er endlich flügge geworden, er, Kohl, sei geradezu »der geborene Student von Heidelberg« — und abermals sollte Kohl recht behalten.

Ei was der Daus! War das ein Leben! Was da alles abging! Was eine tolle *aura academica!* Und dazu dieser *genius loci!* Hier wie sonst nirgends auf der Welt kann sich Kohls »enorme« (F. Rahm) Lebenslust sofort entfalten! Es kommt, wie es kommen muß: Schon nach vier Wochen ist Kohl Stammgast in sämtlichen »Bumskneipen« (Studentenjargon), wo er in

Ruhe auch mal einen heben kann, hier hört er zum erstenmal auch die fröhlichen Heidelberger Studentenlieder — und schon bald singt er fröhlich mit:

> *Keinen Tropfen im Becher mehr*
> *Und der Beutel schlaff und leer,*
> *Lindenwirtin, du junge!*
> *Hast du keinen Heller mehr,*
> *Gib zum Pfand dein Ränzel her,*
> *Aber trinke weiter!*
> *Aber trinke weiter!*

Kohl läßt sich es gesagt sein, trinkt weiter — und rasch erlernt er jetzt auch das Kartenspielen (Skat, Doppelkopf, 66 und Dreck) und verdient sich damit so manchen klingenden Batzen dazu, seine schmale Barschaft aufzubessern. Gewiß, Kohl hält bei allen Spielen gut mit, ohne freilich, seine langstrategisch angelegten Ziele aus dem Auge verlierend, je *va banque* zu spielen. Sondern seine große Stärke ist hier, symbolisch genug, der Null ouvert bzw. der Grand Hand ohne Hirn mit Contra.

Primum vivere — deinde philosophari. Rasch hat Kohl eine Bleibe gefunden, und schon bald hat nicht nur so mancher »Wirtin ihr Töchterlein« den Gewinn von Kohls anhaltendem Kartenglück. Flugs stellen sich jetzt auch größere und unverhoffte Avantagen ein. Nämlich in Gestalt noch ganz anderer Frauen und Mätressen, zärtlich verliebter und geistvoller Damen, die mit ihren Liebesschwüren Kohl ein ums andere Mal gefährlich zu werden drohen und seine Tugendhaftigkeit auf so manche nicht zu geringe Probe zu stellen sich anschicken. Voilà, aus Kohl war ja zwischenzeitlich ein überaus hochansehnlicher *jeune homme* geworden, ein richtiger Herr *comme il faut,* fast ein Salonlöwe, der bisweilen wie ein ausgemachter Stenz mit Samtfrack und roten Pluderhosen und glänzendem Gefieder quer durch die City von »Old-Heidelberg« zu flanieren und stolzieren pflegte und die

Damenwelt zu bewundernden, gar nicht spröden Pfiffen hinriß. Ja, Kohl war jetzt, was man in Deutschland damals einen »gewichsten jungen Mann« nannte — und: Er wußte es auch! Ihr hättet ihn sehen sollen, wie er da tagein tagaus über den Marktplatz ging und, ganz Gentiluomo, Cavaliere und Bonhomme, entweder »Alt-Heidelberg, du feine« summte oder aber sein Lieblingsliedchen aus Meyerbeers ›Robert der Teufel‹ vor sich hinträllerte:

> *Dem Wein, dem Spiel, den Schönen*
> *Sei unser Herz geweiht!*

Jawohl, so flott und frivol ging's zu die erste Zeit, und bald hatte Kohl auch die Universität und zwei ihm zusagende Sparten gefunden: Auf Geschichte und Jura wollte er hinstudieren; jawohl, die beiden sollten es in Zukunft sein.

In den Biographien bedeutender Männer heißt es für gewöhnlich: »Mit dem Eintritt in die Universität begann ein neues Kapitel.« Und bei Kohl? Genau so war es auch bei Kohl. Bald war Kohl ordentlich immatrikuliert, hatte das Nötigste kapiert, und dann lief alles wie geschmiert: Kohl ward der Universität admittieret, auf daß er endlich eine Profession erlernen möchte und den ersten großen Batzen selber verdiene. Die Professores aber waren zutraulich zu ihm, akkordierten und justierten ihn und wußten ihn wohl zu leiten. Sehr sorglich explicierten sie ihm alles und legten es ihm auseinander, auf daß er es verstehe und repetiere und also später die Geschäfte der Hohen Regierung zu leiten vermöchte.

Wunder über Wunder eröffneten sich bald für den »Youngster«! Die tollsten Koryphäen und Karyatiden saßen damals auf den div. Heidelberger Lehrstühlen, als Kohl endlich seine Studien aufnahm, um sich mal richtig ordentlich auf den Hosenboden zu setzen. Gebannt hört Kohl bei Hettner Wissenschaftsphilosophie, gefesselt bei Rahner Pastoraltheologie und Sakramentendisziplin, verblüfft bei

Döderlein Erkenntniskritik und Metakritik des Seienden. Prof. Bierschlegel führt das »Greenhorn« gründlich in die Fundamente der Heidelberger Manessischen Liederhandschrift ein; Privatdozent Herbert O. Eber macht das Erstsemester mit den Grundzügen der Wirtschaftsdidaktik vertraut; mit Lizenziat Brummer endlich lernt Kohl das Heidelberger Schloß von innen kennen, beschaut verdutzt das Heidelberger Faß und lacht herzlich über den Zwerg Perkeo.

Aber auch mit den »Eingeweiden der Universität selber« (Rektor Gans) ist er binnen Jahresfrist auf du und du, und schon beim großen Institutsausflug nach Igelheim ist Kohl mit von der Partie und hebt die Tassen. Sein intimster Vertrauter aber wird jetzt der Ex-Präsident Kaudel, ein Neuhegelianer und Marxist, der freilich vorerst ideologisch wenig bei Kohl ausrichtet. Nein, auf dieses Glatteis will sich der Friesenheimer noch nicht wagen, selbst da nicht, wie er bei einem guten Tropfen auch den »Nestor der Heidelberger Geschichtswissenschaft«, den alten Haudegen Klaps, kennenlernt. Ihm zuliebe und des guten Weines voll, verspricht Kohl gutmütig, nächstens mal in Hegels ›Phänomenologie des Geistes‹ reinzuschauen. Er schaut auch — zuckt aber dann davor zurück und läßt es lieber. Und tut gut daran.

Fahrender Schüler Stoßgebet
Heißt: Herr, gib uns zu trinken!

Zusammen mit V. v. Scheffels unsterblichem Lied lernt Kohl in Heidelberg jetzt auch nach dem Wein das goldbraun lachende Bier kennen und schätzen, und bald trinkt er es weg, daß es eine Art hat. Im Ex-Trinken macht ihm in den div. Studenten-Korporationen bald keiner mehr was vor. Gaß ein, Gaß aus eilt nun Kohl, mal dort den Kelch, mal hier sein Seidel zu heben und seinen Liter zu stemmen, *en passant* erlernt er das Hauen und Stechen — und (das schönste Fazit des Jahres 1952): Er beherrscht jetzt schon 37 Heidelberger Kommers- und Studentenlieder alle Strophen hoch auswendig. Am meisten haben es ihm angetan ›Burschen heraus!‹ (anonym), ›Keinen Tropfen im Becher mehr‹ (Franz Abt), ›Hier sind wir versammelt zu löblichem Tun, drum, Brüderchen, ergo bibamus‹ (Goethe); noch leidenschaftlicher singt er aber dies schmissige Lied von O. Lob:

> *Bierlein rinn, Bierlein raus!*
> *Bierlein rinn, Bierlein raus!*
> *Was nützen mir die Kreuzerlein,*
> *Wenn ich gestorben bin?*

Wie lebte sich's herrlich am Neckar! Sehr zusagten Kohl auch die Lieder ›Sitz ich in froher Zecher Kreise‹ (L. Waldmann), ›Wütend wälzte sich im Bette Kurfürst Friedrich von der Pfalz‹ (A. Schuster) sowie ›Ça ça geschmauset, laß uns nicht rappelköpfisch sein‹ (C. W. Kindleben). Freilich, bei solch üppiger Lebensart war dann oft schon am 10. des Monats Matthäi am letzten, da hieß es dann freilich den Gürtel enger schnallen, doch Kohl wußte sich auch da zu helfen: Er logierte um, zu einer alten Muhme, der Frau Fraß in der Hauptstraße, der er, wenn ihm der Kohldampf zusetzte, einfach heimlich den Honig und die eingemachten Pflaumen wegnaschte.

Dies getan, verfügte Kohl sich erneut zum Kneipen in die Kneipe:

> *Die Gläser, sie klingen,*
> *Gespräche, sie ruhn,*
> *Beherziget: Ergo bibamus!*
> *Ein herrliches: Ergo bibamus!*

Ja, ein richtiger *homo Heidelbergensis* war Kohl binnen kurzem geworden, studierend, zechend — und dann natürlich wieder die Welt der Frauen! Mit ihnen wurde Kohl jetzt immer vertrauter. Ach wie viele begehrliche Blicke fielen auf den jungen Kandidaten und Hoffnungsträger, aus glutvollen Augen entsandt von allerlei *femmes fatales* und koketten

Lolitas, dergleichen Kohl sich vordem nicht hatte träumen lassen. Nein, es gebrach ihm damals nicht an Avancen der aimabelsten Art, jede Menge Billettchen bekam Kohl nun von den Damen ab, Damen oft zart wie Soufflee oder gar Zabaione, deren Aufmerksamkeit sich Kohl dann wieder mit einem galanten Retour-Billettchen empfahl — Bärbel zu Hause brauchte ja nichts davon zu wissen, und daß Billettchen oft mehr ausrichten als ellenlange Briefe (und zugleich viel bequemer sind), dies Wissen dankte Kohl seinem Heidelberger Kierkegaard-Intensivstudium beim Brummer. Doch, immer wieder wurde Kohl jetzt zum ästhetischen Tee mit diesen venerablen Damen und Kokotten geladen, sehr süße Empfindungen bemächtigten sich da des jungen Stutzers, Wonnen der überschwenglichsten und zugleich traulichsten Art. O wie pochte da oft Kohls unverbrauchtes abenteuerliches Herz! Die »bestrickende Beredtheit des Busens« (Kierkegaard, a. a. O.) lernte Kohl jetzt endlich kennen, das Delikate der Mieder und das noch Deliziösere der Brusttücher und der bunten Bänder bis hin zum schmelzenden Vergehen! Wundermilde Damen und anmutige Amanten saßen Kohl da oft tagelang auf dem Schoß herum und zerrten an ihm — »die Liebe kennt viele Positionen«, wußte Kohl nur zu gut von Kierkegaard — und so konnte es gar nicht ausbleiben, daß es bald zu sehr plumpen amoureusen Handgreiflichkeiten und Grabschereien und Tuscheleien kam — der ganze Segen pfälzisch-württembergischer Fleischesnot und -lust halt: galante Aventüren noch und nöcher.

Nicht einmal die blutjunge Silvia Sommerlath, die er beim nächsten Logiswechsel auftat und die ja dann später sogar Schwedenkönigin werden sollte, kam Kohl aus; und begeistert sang er, sie zu ehren, am Abend in froher Brüder Zecherkreise:

Denn keine ist aequalis
Der Filia hospitalis!

Denn keine ist so hübsch und fein
Wie meiner Frau Wirtin ihr Töchterlein!

Heida! Ja, ehe Kohl Bärbel später definitiv freite, freute er sich nochmals zur Gänze seiner Jugend, ein rechter Faun, ein richtiggehend enthemmter Don Juan und Blaubart und Weiberhengst war er inzwischen geworden, mein lieber Scholli! Gleich nach Silvia stach ihm eine gewisse Frau Moll besonders heftig ins Auge und weißgottwohin, ach, und abermals ergriff Kohl eine gewisse Bangigkeit, ein heimliches Grauen ging ihm schwer auf den Geist, ein Grauen — so dürfen wir vermuten — vor der Gewalt der Macht der Gefühle und der Liebe, und es kribbelte ihn an allen Gliedern seines an sich stolzen Leibes. Doch wichtig: Kohl, clever, beichtete Bärbel nichts, auf daß sie ihm nicht am Ende gar ins Gehege käme . . . das hätte noch gefehlt!

»Nach Paris und Heidelberg.«
»Wieso Heidelberg?«
»Aber erlauben Sie, dort ist doch Bunsen.«

Nun, Bunsen lehrte inzwischen zwar nicht mehr — wie noch in diesem eindrucksvollen Dialog aus Turgenjews Roman ›Väter und Söhne‹ (Berlin 1983, p. 74) — in der Neckarstadt, welche ja gleichfalls in Gustav Mahlers ›Wunderhorn‹-Liedern vertont worden war. Indessen, ohne Not fand Kohls forschender Geist auch jetzt noch ausreichend viele Gegenstände, die der Hinwendung lohnten. Außer der Geschichte und der Juristerei wandte sich Kohl bald auch der Religionsgeschichte und Religionsphilosophie zu, ferner Machiavelli und den Haager Seerechtsverträgen. Er lernt die amerikanische ›Bill of Rights‹ flüchtig kennen und item die Wiener Konvention, und keineswegs spart er die große Atlantik-Charta aus. Die Unermüdlichkeit des Kohlschen Vorwärtsstrebens bringt es mit sich, daß Kohl sich auch mit dem Nötigsten an Zeitgeschichte beschäftigt, ferner mit Existentialismus und Strukturalismus bis hin zu Maupassant. Ja, Kohl ist vermessen genug, sogar ein bißchen in die Volkswirtschaftslehre und die Betriebswissenschaft hineinzuschnuppern; und ab 1955 steht der spätere »Generalist« dann auch nicht an, sich mit dem Gröbsten an Sportmedizin vertraut zu machen. Mit der Steuerrechtslehre und Feuerbach aber pflegt er vertrauten Umgang. Ja, der hohe Schwung des Kohlschen Geistes (welch eine Distanz und Kluft zum heutigen frivolen Zeitalter mit seiner Vorliebe für scientistische Windbeuteleien, niederträchtige Torheiten und luxuriöse Witzeleien!) gestattet es dem jungen Phantasten sogar, hin und wieder einen Blick auf die Nautik und die Elementarteilchenlehre zu werfen (Quarks). Sei es Chemie, sei es Algebra — Kohl schmachtete nach Wissen und nochmals Wissen. Mit verkniffenem Interesse las er jetzt gar ein wenig Nietzsche (das ging freilich schief bzw. brachte nichts) sowie Hupfer und Roland Barthes. Ein Spitzbube, der Kohls Zulerngier leugnete, ein Schuft, der ihn wider besseres Wissen je der »Trägheit des Herzens« (Wassermann; ja, den las er auch) ziehe! O pfui der Niedertracht, die, herrührend nicht zuletzt aus dem sattsam bekannten Hamburger Presselager, aus Kohl heute einen Faulpelz und Dummian machen möchte!

Sondern im Gegenteil: »Kohls Welt-Apperzeption« (Döderlein) gedieh jetzt immer besser, ja rasender. Bald wußte Kohl genau, was eine Anamnese, was eine Amnesie und schließlich im Unterschied dazu eine Amnestie sei. Rasch unterschied Kohl bestens die Kanarischen Inseln von Kanada — mitnichten verwechselte er dieses Land mit dem Kandaharrennen. Kannitverstan, welche Kanaille das obszöne Gerücht in die Welt gesetzt hat, nach Kohls heute noch geltender Ansicht sei es so, daß dort die Kanarienvögel wüchsen. Sondern im Gegenteil: Der Kandidat Kohl hatte sich derart kannibalisch an der wissenschaftlichen Kandare, daß er sogar schon die Kanaken und die Kanaaniter auseinanderzuhalten vermochte. Usw.

Denn, nehmt nur alles in allem: Wohlvertraut war Kohl schon früh der *nexus organicus* Goethes im Sinne Nicolai Hartmanns, der große und segensmächtige innere kausalnektische Kontext von allem und jedem. Die Selbstorganisation des epigenetischen Systems — hier macht Kohl heute keiner oder jedenfalls kaum einer was vor (höchstens Weizsäcker).

Und Kohl holt immer weiter aus. Jenes hohe Vermögen, das sein Kanzleramtschef Horst Teltschik dereinst als Kohls »Denkschärfe« (cit. nach ›Der Spiegel‹) würdigen sollte: Die Fairness gebietet den Hinweis, daß es hier in Heidelberg seine Wurzel, seine Quelle, seinen Ursprung hatte. Kohls früh sich offenbarende fremdsprachliche Begabung: in Heidelberg trägt sie jetzt schönste Früchte: Französisch, Russisch, Englisch — perfekt; Hebräisch, Armenisch — leidlich. Kohl befaßt sich intensiv mit Logistik, Logik, Ballistik, Semiologie, mit den katatonischen und hebephrenischen Syndromen sowie auch mit der Linguistik und Semantik — später dann auch schon mal mit Onomatopoetik, Ochlokinetik und Tychomatik (meingott, bin ich froh, daß ich kein Student mehr bin! Unfaßlich, wie strohdumm ich da wäre! Allein die vielen Wörter! — Nun, jetzt bin ich zwar auch dumm, aber wenigstens 44. Und saudumm. Anm. E. H.).

»Nach und nach« (Rahner) rückt Kohl auch der Biologie und Biochemie zuleibe, dazu ein bißchen Hydraulik, Trigonometrie und Höhlenkunde. In seiner knapp bemessenen Freizeit liest Kohl viel Grotius, Gervinus, Gregorovius und Hans Leip. Erfährt er von Leip die Tugend der Wichtigkeit des Durchhaltevermögens *(virtus vivendi),* so von Grotius vornehmlich die des *appetitus socialis,* des Triebs also zur geordneten Gemeinschaft, ja Gesundheit häm: Gesellschaft. Vor allem fasziniert Kohl Grotius' Satz: »Das Naturrecht ist so unveränderlich, daß selbst Gott es nicht verändern kann« (§ 5).

So war das also! Unerhört! Das hätte man früher wissen müssen!

Schauen wir uns Kohl für den Augenblick einer Moment-
aufnahme in seiner Studierkammer an. Er sitzt an seinem
Schreibtisch. Liest. Brille fest im Handgriff. Er liest. Liest.
Was liest er eigentlich? Kant? Fichte? Sieht nicht danach aus.
Hegel? Adenauers erste Regierungserklärung? Oder doch —
Hölderlin, den alten pfälzischen Hausfreund? Liest er sein
immer wieder mal herrliches Heidelberggedicht »Lange lieb
ich dich schon«, das Kohl immer noch als Baedeker durch
die Stadt dient? Kohl schnauft ruhig durch. Ächzt a bißi.
Gedenkt er Bärbels, die neulich wieder Stunk gemacht hat?
Schnauft heftiger. Räuspert sich dröhnend. Carl Schmitt? Sir
Popper, den neuen Star am Horizont, liest er den? Liest er
— wenigstens Zuckmayer? Ah! Jetzt prüft Kohl den Buch-
titel nach! Jetzt erkennen wir's: Fritz Roll, ›Studien zur
deutschen Einheit‹!

Ah! Das also war's gewesen! Ah, seht, jetzt legt Kohl
langsam den Kopf auf die Tischplatte. Und? Und? Klar.
Holt zu einem Nickerchen aus. Ah . . .

Der schon in einigen Jahren Peter Altmeier hart auf den
Pelz rücken sollte: Hier in Heidelberg besorgte sich Kohl
jetzt immer intensiver mit dem Werkzeug der Wissenschaft
das Rüstzeug für den kommenden Realpolitiker. Denn Kohl
las weiter und weiter, immer klarer und heller wurden ihm
die Rätsel und die prima vista kaum begreiflichen Konturen
des *miraculum mundi* — und so begann es damals schon in
Kohl, weit übers Brotstudium hinaus, auch ins Praktisch-
Politische hinein zu sinnen: Auf die Reform der Partei, auf
die Reform der Pfalz, auf die Reform des ganzen Landes.
Alles interessierte Kohl, allem wollte er Gerechtigkeit wi-
derfahren lassen. Nur vor dem Kommunismus, auch in der
Truggestalt des Sozialismus, ekelte Kohl weiterhin, ohne
daß er doch genau zu sagen gewußt hätte, warum ihm der
so gar nicht paßte bzw. was das überhaupt sei. Nein, obschon Kohls damaliger Kommilitone Wellner angeblich
beobachtet haben will, daß Kohl in den letzten Wochen des

Jahres 1954 kurz mit dem Sozialismus liebäugelte, ja (man höre!) daß »zuweilen ausgesprochen sozialistisches Blut in Kohl pochte und zuckte und klopfte« (Wellner) — ungeachtet dieser heute noch gelegentlich zu hörenden Legende, die natürlich von Übelwollenden gern weiterkolportiert wird, stellen wir hiermit *ex cathedra,* nämlich autorisiert durch den Kanzler selbst, ein für allemal und unverhohlen klar: Vom Sozialismus hielt Kohl nie viel. So wie er auch den damals an den Universitäten stark und stärker emporschießenden Sozialwissenschaften *ab ovo* schleunigst mißtraute. Ja, wie gut hatte doch er, Kohl, einst daran getan, sein Studium 1950/51 in Frankfurt raschest wieder abzubrechen und als ein gleichsam versehentliches *ad acta* zu legen! Weder hatte ihm der gar zu aufklärerische Dunstkreis der Frankfurter Uni unterm Bann der Max Horkheimerschen Kritischen Theorie behagt — nein, auch Frankfurt selbst war nichts für Kohl, nirgends hatte er sich da richtig wohlgefühlt, nein, Kohl war schon wirklich der »geborene Student von Heidelberg«.

Auch wenn zuweilen die vielen »jungen russischen Physiker und Chemiker, die Heidelberg überschwemmen« (Turgenjew, ›Väter und Söhne‹, p. 215) Kohl ein wenig verwirrten, ja verunsicherten und leicht verbitterten: Alles in allem war Heidelberg schon große Klasse!

Basta!

Deshalb konnte es gar nicht ausbleiben, daß Kohl, kaum hatte er die Absicht, Jurist zu werden, aufgegeben und im Hauptfach Geschichte belegt, schon ab Herbst 1956 in einer Forschungsgruppe des politischen Seminars arbeiten und als Stipendiat der Deutschen Forschungsgemeinschaft eine Studie über die Bundestagswahlen verfassen durfte. Und bald hatte er dann auch unter den Heidelberger Zauseln und Eminenzen einen passenden Doktorvater gefunden, den Prof. Dr. Walter Peter Fuchs. Unter seiner Obhut und unter der behutsamen Förderung von Prof. Dr. Dolf Sternberger, dem Verfasser des ›Wörterbuchs des Unmenschen‹, aber begann sich nun Kohl, der Korinthenkackerei ledig, behutsamst dem historischen Thema seiner Dissertation zu widmen, die bald den faszinierenden Titel ›Die politische Entwicklung in der Pfalz und das Wiedererstehen der Parteien nach 1945‹ tragen sollte.

So weit sind wir aber längst noch nicht. Sondern wie gesagt, vorerst ging es Kohl in Heidelberg vor allem darum, dem Sozialismus ebenso politisch wie auch theoretisch zu wehren, dazu wurde Kohl — der damals auch Angebote hatte, *Fuxmajor* zu werden — dann wissenschaftlicher Assistent des politischen Seminars im Heidelberger Alfred-Weber-Institut. Nicht gebrach es Kohl an Kampfesmut und Diskussionsfreudigkeit; aber erfolgreich hütete er sich im Seminar doch davor, zum Spielwerk jener sozialistischen Studentenbünde etc. zu werden, welche damals auch in Heidelberg langsam an Boden gewannen und lang nach Kohls Exmatrikulierung im Zuge der Bonner Koalition von 1969 an der *alma mater* eine richtiggehende Herrschaft pervertierter Minderheiten errichten sollten. Nein, solche Beeiferer und Neider und Bösewichter vom anderen Lager hielt der Reifende sich damals nach besten Kräften vom Leib — schwerlich focht es Kohl an, daß bald auch in Heidelberg der Sozialismus im Namen der Sozialwissenschaften unter der Obhut obskurantistischer Besserwisser zur Modewissenschaft zu explodieren begann. Sondern Kohl hielt auch da tapfer die Stellung. Stets stand er dem leichtfertigen Geschmack des politischen Pöbels abwartend, wenn nicht wehrhaft, gegenüber. Denn wohl wußte Kohl und erkannte er damals zu seinem Kummer klar, daß immer gerade die größten Gauner, schiefsten Köpfe, dünkelhaftesten Personen und pinselhaftesten Schikaneure sich zur Propaganda für den verdammten Sozialismus keineswegs zu schlecht sind. Kohl durchschaute das trübe Spiel rasch; und bewahrte so sein Herz vor Unreinheit und Seelentrübsal.

Und er hielt auch daran fest, daß von den modischen Sozialwissenschaften nichts Gutes zu erwarten sei. Bis er dann eines Tages von seinem »Kumpel« Herbert Hoppel doch eines Besseren belehrt wurde. Hoppel machte Kohl im ›Seppl‹ plötzlich darauf aufmerksam, daß er als künftiger Berufspolitiker ja doch auch und ohnedies mit den Sozialwissenschaften vertraut sein müsse. Daß das sogar praktisch das Gleiche sei! Kohl stutzte, dachte nach — und mußte dann auch lachen. Bauz! Da stimmte es ja tatsächlich wieder!

Trotzdem, statt soziologischer las Kohl damals viel lieber allerlei galante Literatur — ein Kapitel, über das wir hier zwar weitgehend den schicklichen Mantel des Schweigens decken wollen — allein, der Kandidat suchte und fand darin echt Zerstreuung während der schweren Arbeit an der Doktorarbeit. Kohl weidete sich zu der Zeit an Baudelaire, Rimbaud und Verlaine — in einem aber schien ihm vor allem G. Bataille wieder ganz richtig zu liegen: »Die Schönheit der begehrenswerten Frau weist auf ihre Schamteile hin: gerade die behaarten Partien, die animalischen Partien« (loc. cit., p. 141). Ja, hatte Kohl bis dahin eher zurückhaltend operiert, so hatte er inzwischen einige seiner Heidelberger *liaisons dangereuses* auf die pikante Spitze getrieben. Obschon er auch hie und da einen Korb kriegte: Kohl, spitz wie Nachbars Lumpi, war auch weiterhin Hahn im Korb und Hecht im Karpfenteich, auch wenn er als schlauer Fuchs natürlich keine schlafenden Hunde aus der Höhle locken wollte. Attachiert war er vor allem der Frau Moll (damals aber auch schon Frau Nuß!), ja es hagelte nur so Liebkosungen und Karessen und Petitessen, wenn die Moll in den diversen *chambres séparées* mit ihren *négligés* und Charmeusen auftauchte — eine (Bärbel schmollte gerade noch wegen der Sache mit Silvia) unheimlich schöne und wahnsinnig intensive Beziehungskiste hatte Kohl da inzwischen mit der Moll aufgebaut, *sugar!* — der Doktorand kam kaum mehr zum Studieren, und etappenweise war es gar nicht gut bestellt um ihn (denn jetzt zeigte auch Bärbel, das Biest, Krallen und wurde fast hysterisch!) — doch Kohl riß sich dann doch wieder zusammen und am Zaumzeug und vergaß die Moll sowie die Damen Kipp und konzentrierte sich wieder ganz auf sein Lebenswerk, die Doktorarbeit. Kohl brütete und extemporierte, was das Zeug hielt, und mühte sich, alles zu begreifen. Schwer ward ihm da bisweilen wieder ums Herz, und ein paar faustdicke Tränlein plumpsten aus Kohls Auge auf die noch immer brachliegende Doktorarbeit — aber jetzt zeigte sich freilich auch, wie Fortuna bei der Geburt des Themas abermals Pate gestanden hatte, resp. was Kohl selbst im wissenschaftlichen Genre für ein gerissener Hund war, der seine Sache aufs beste bestellt hatte:

Denn der Trick dieser Doktorarbeit lag ganz evident nicht nur in der totalen Unbedarftheit ihres thematischen Ansatzes, der sich mehr oder weniger exklusiv in stupider Sammeltätigkeit erschöpfte. Die noch kostbarere Seite der Münze des Arkanums sah so aus, daß Kohl beim Recherchieren und bei der Materialsammlung jede Menge ihm ähnlicher und ähnlich bunt gesinnter Leute kennenlernen sollte, wollte und auch kennenlernte. Leute, vom Landgerichtspräsidenten Dr. Anschütz über den Kuseler Bürgermeister August Spieß bis zum Weingutsbesitzer und CDU-Vorsitzenden Jakob Ziegler aus Weyher, Leute, die Kohl nicht nur für die brunzdoofe Doktorarbeit, sondern auch späterhin nützlich werden mochten, da sie sich des Doktoranden erinnerten — ja sich seines Besuchs sogar gefreut hatten! Gott, die Leute sind ja so dankbar für alles, selbst für Kohl.

Tatsächlich listet Kohl in seiner Arbeit 42 solcher frequentierter »Persönlichkeiten« auf — und wir dürfen hier guten Muts vermuten, daß Kohl es nicht verabsäumte, sein Feld auch nebenbei noch praktisch gut zu bestellen, indem er mit den Gastgebern gehörig so manchen funkelnden Gratispokal Müller-Thurgau wegpfiff.

Weißgott, im Basteln ihrer Karriere, so R. C. Barzel bewundernd noch 20 Jahre später, kann es selbst eine Pfeife wie Kohl ja tatsächlich zum »Genie« bringen . . .

Jawohl, Kohl antichambrierte und applizierte sich also bei allerlei heimischen Potentaten und brachte sich mit Effekt in submisseste Erinnerung, nachdrücklich insinuierte er bei den höchsten Amts- und Respektspersonen und streckte ihnen plumpdreist seine pelzige Hand entgegen. Auf die Manier lernt er sogar seinen neuen Freund Rauhgraf von Dassel kennen und spannt ihm seine blaublütige Mätresse Wammel aus — doch, ein Libertin wie Kohl kennt da gar nichts. Sodann aber nahm Kohl sich doch wieder mehr zusammen und biß in den sauren Apfel, er induzierte und deduzierte und studierte, daß die Fetzen flogen, marterte und sputete sich, dabei verhaspelte er sich trotzdem nicht und hatte keinen Bammel und — zackbumm! — plötzlich war die Doktorarbeit fertig. Und Kohl waren darin sehr treffliche Bemerkungen gelungen, und das Ganze liest sich heute etwa so:

»Die Pfalz beheimatet einen fröhlichen und weltoffenen Menschenschlag, der viel Sinn für gesellschaftliches Zusammenleben und die Freuden der Zeit hat und dem dogmatischen Denken abgeneigt ist. Der Pfälzer ist zu allen Zeiten, soweit wir seinen Charakter zurückverfolgen können, diesseitsfreudig und zugreifend, auf das Praktische gerichtet.«

Das alles sind die Bayern, Schwaben und Tiroler freilich auch; aber schon fährt Kohl, einmal im Schwung, reißend fort, »neben einem ausgesprochenen Sinn für Toleranz« bestehe auch häufig ein »starkes und unangenehmes Selbstgefühl«, ja Kohl scheut sich in der Folge nicht, sogar mit dem »lautstarken Auftreten der Pfälzer Krischer« abzurechnen, dann aber lobt er doch wieder die »Aufgeschlossenheit und praktische Intelligenz« seines Stamms — und der zentrale Schlüsselsatz seiner Schlußbetrachtung kulminiert konsequenterweise in der Erkenntnis:

»Typisch pfälzisch ist die Atmosphäre, in der sich die Beziehungen zwischen den Parteien abspielen.«

Und dergleichen mehr.

Naja.

Aber Schwamm drüber. Diese Doktorarbeit wertete der ›Spiegel‹ zwar später als eine, nach den wissenschaftlichen Standards von 1960 gemessen, komplette »Arbeitsverweigerung«, ja, erstaunlich wirklich, mit was man damals Dr. werden konnte — aber genug, für Kohl reichte es, um mit diesem wissenschaftlichen Bravourstück bei der Chemie in Ludwigshafen einzusteigen, zumal er nicht vergaß, auch noch ganz andere Referenzen auszupacken — und von dort aus seine Ämterfülle und Einflußsphären weiter schwungvoll auszuweiten.

Doch was gilt's, froh, kaum war die schriftliche Arbeit zu seinem Heil erledigt, fuhr Kohl erst einmal zum Ausspannen heim nach Ludwigshafen, noch froher warf er sich auf Bärbel und freute sich, voll da, wie ein Maikäfer. Kohl war — so richtig *relaxed* und obenauf! Und die ganze Welt konnte ihm bis zum Mündlichen vorerst den Buckel runterrutschen. Aber ehrlich!

Denn apropos: Liebsam war Kohl längst wieder die weibisch treuliche Fürsorge seiner Bärbel, welche nicht nur, just als Kohl seine Essays verfertigte, extra für ihn zum Lohn Baudelaires ›Fleurs du Mal‹ übersetzt hatte — ja, Bauklötze staunte Kohl da über die Fertigkeiten seiner »Holden« (wie er sie zu der Zeit nannte) —, nein, der Neigung Stimme hub jetzt an, wieder stärker für sie und nur für sie zu sprechen, ihre liebreizende Gestalt, die Wucht ihres Gemächtels. Nun die Prüfungen und Leiden, an denen es in Heidelberg zuletzt nicht gefehlt und gemangelt hatte (obwohl es Kohl sonst immer an allem gefehlt und gemangelt hatte) — nun dies alles erst mal fern und hinter ihm lag, interessierte Kohl sich übers freie Wochenende wieder brennender für die Probleme und Vorfälle der regulären Liebe und versenkte sich gründlich in ihre interessantesten Akzidenzien. Und bald war ihm, indem Bärbel hingegeben seinen Hals kraulte, der biologische Progreß des Ganzen wohlvertraut — vermehrt juckten Kohl jetzt, fern von Heidelberg, auf einmal wieder die Strukturen des Lebens einer Harmonie zu zweit (ein wahrhaft erregender Gedanke für Kohl). Der junge Geschichtswissenschaftler versenkte sich, jetzt, da er Zeit hatte, wieder konzentrierter und immer tiefer in den Menstruationszyklus, in die Libidoschwankungen zwischen Periode und Ovulation, sehr beschäftigte sich Kohl jetzt auch, bequem hingelagert auf die Terrasse des Hauses seines Parteifreundes Wolfgang Windel, mit Ejakulationsfrequenz, Potenzstörung, Aphrodisiaka und ein erneutes Mal mit den erogenen Zonen (Klabolis usf.) —

— kurzum, noch am selben Abend teilte Kohl Bärbel gutgelaunt mit, daß jetzt wahrscheinlich bald endgültig geheiratet würde!

Sofern sie natürlich durch die Bank treu bliebe, drohte Kohl scherzhaft mit dem Finger, derweil er, Kohl, in Heidelberg fertigmache. Und Kohl schmunzelte vielwissend durch die große Brille . . .

Den Jubelruf Bärbels hättet Ihr hören sollen, in dem Kohls mahnender Nachsatz fast unterging! Juchheißa!

Kohls Rigorosum in Heidelberg auf der Fakultät wohnten dann 37 Professores, Magnifizenzen und Exzellenzen bei, prüften den Kandidaten auf Herz und Nieren und waren, laut Protokoll, »begeistert«. Nicht eine Sekunde lang gelang es einem von ihnen, Kohls »robusten Gleichmut einen Augenblick ins Wanken zu bringen« (Thomas Mann, ›Tristan‹, a. a. O.) — und Kohl, nicht grämlich und einmal im Feuer, gab sogar noch eins drauf, insofern er den Prüfungsabnehmern anschließend beim ›Schopperwirt‹ noch manch ergötzliche Stücklein aus den Ludwigshafener Partei-Interna ausplauderte. Später, in den frühen Abendstunden, sang Kohl, man war inzwischen ins ›Trocadero‹ gewechselt, den Prüfern und Kommilitonen sogar in glänzender Weise ›O wonnevolle Jugendzeit‹ (O. Lob), ›O alte Burschenherrlichkeit‹ (Hölderlin), ›Gaudeamus igitur‹ sowie etliche spanische Romanzen vor, er erzählte banale Witze und Anekdoten, dudelte sich einen an, pfiff ein Halbdutzend Takte aus dem ›Lillabullero‹ — und ließ sich am Ende sogar dazu hinreißen, obwohl schon fast stehend k. o., in durchaus gekonnter Anspielung auf sein eigenes Lebensschicksal das Lied seines alten Kampfgefährten Gustav Mahler zu intonieren und zu dirigieren:

> *Bald gras ich am Neckar,*
> *Bald gras ich am Rhein!*

Röhrend bis tief in die Nacht hinein. Erst im Morgengrauen fiel der junge Doktor endgültig aus der Rolle, kippte um und sank in Morpheus' Arme . . .

Summa summarum: Kohl hatte *optima forma* und mit einer »2« mit Stern glänzend bestanden!

> *Hoiho, die Pforten brech ich ein!*

Die fünfte Strophe des unsterblichen Liedes von V. v. Scheffel war dann die nächsten Wochen über gewaltig Trumpf in Heidelberg. Und nicht weniger dies: »Edite, bibite, collegiales! Post multa saecula, pocula nulla!« (C. W. Kindleben). Aber freilich, nicht nur flossen jetzt »Bier und Wein« (Charles Gounod, ›Marguerite‹) in Strömen —: im wohltuenden Unterschied zu G. Mahlers fröhlichem Gesellen hatte Kohl sehr wohl immer »ein Schätzel« und war nie »allein« — ach ja, Kohl erfreute sich jetzt ein letztes Mal seines akademischen und Junggesellendaseins, zumal er als »junger Doktor« bei den hiesigen Amazonen und Politessen und *ladies of fashion* jetzt ja noch mehr in Ansehen und in der Pflicht stand — und Kohl ließ sich das nicht zweimal sagen, sondern stürzte sich wie nichts Gutes auf sie: *O divine bellezze! Venerabili! Mais très distinguées!* Und was für ein *haut goût!* Galanterien der höchsten Art glückten Kohl damals in Serie, ja am Schnürchen, *ma foi!* Kohls rasende Verknalltheit galt dann unter all diesen Heidelberger *first-class*-Weibern und »Büchsen« (»Öfen« hieß es in der Neckarstadt erst später) einer gewissen Diamantenschleiferin Fanny Flachkopf, einer wahrhaft betörenden und aphrodisischen und astreinen Filia hospitalis, der abermals keine aequalis war und der nun also kurz vor Torschluß Kohls ganzes Herz beim Akademieabschlußball gehörte. Es war eine ganz wilde Frau, ein Vollweib, Kohl fuhr zuerst echt unheimlich auf sie ab und liebte sie glühend — bis sich dann freilich (noch immer schrieb Kohl Bärbel 2-3 Briefchen wöchentlich nach Hause und log das Eigelbe vom Himmel herunter) herausstellte, daß die Flachkopf ein Mißgriff und Hereinfall war, denn sie hatte die wahrhaft üble Manier, ausgerechnet auf dem Höhepunkt der Liebe vor Zufriedenheit scharf zu furzen — ach, wie schwer ward da Kohl ums Herz, wie innig gedachte er da dann doch wieder der zu Hause abgestellten Bärbel, die ihm ja doch auch seine sagenhafte Doktorarbeit abgetippt hatte, all den auch noch mit massig Fußnoten versehenen Schrott, den er, Kohl, seinerseits aus dem ›Pfälzer Geschichtsatlas‹ und noch obskureren Quellen (A. Bekker, H. W. Riel) abgeluchst und mühsam genug abgefeilt hatte —

—ja, er liebte, mit G. Mahler zu reden, die Flachkopf dann zwar noch eine Zeitlang »aus Narretei«, oft genug hielt er ihr vor: »Ich muß mich deiner schämen, wenn ich in Gesellschaft bin« (Mahler, a. a. O.); und zu guter Letzt, an einem Freitag, kam es endgültig zum Eklat, und Kohl, der sich inzwischen ja auch schon wieder echt flippig auf eine Edeltraut Murr spitzte, versetzte endlich — die Vögel begannen schon zu zwitschern, frischsüßer Lindengeruch taumelte in den Studiersalon, und irgendwoher bimmelte eine nahe Kirchturmglocke ein taunasses 4 Uhr — seiner Fanny einen Fußtritt und den verdienten Abschied.

Er war ja doch auch — so gut wie verlobt!

Und tatsächlich, wie süß und leicht wurde da dem jungen Doktor wieder das Leben, als es am Tag drauf schon wieder ins geliebte Ludwigshafen zurückging, zum vertrauten Umgang mit der Herzallerliebsten, sei's mit dem Bus, sei's mit der neuen Lambretta (auf eine Horex sparte Kohl noch hin) — ja, breiteste und vergnügteste Behaglichkeit malte sich da abermals in Kohls mählich rundlicher werdenden Zügen, nicht ohne süßes Herzkribbeln stellte er sich vor, daß sie ja jetzt bald beide »Kohl« heißen würden (solche Ehemotive finden sich häufig bei unseren jungen Leutchen!), und plötzlich, in einer scharfen Linkskurve, hinter Schwetzingen und kurz vor Mutterstadt, fiel Kohl erstmals ein und auf, wie gut es das Los doch mit ihm gemeint hatte, als es ihm und Bärbel, die ja ursprünglich mal »Hannelore« geheißen hatte, das gleiche Vornamensinitial verpaßt hatte! Bzw. umgekehrt: Es hatte die gleichen Initialträger eben pfeilgrad zusammengeführt. Des wunderte sich Kohl dann zwar wieder kurz vor der Einfahrt nach Friesenheim; aber es war doch wie — wie — ja, wie eine nochmalige Initialzündung zur künftigen Ehe. Und noch leidenschaftlicher gab Kohl seinem Roller die Sporen und legte ihn so risikofreudig flach in die gefährliche Kirmeslindenkurve, daß es den jungen Bräutigam ums Haar geschrägt hätte . . .

Eine Woche später zog dann Kohl in Heidelberg ein letztes Mal in eine neue »Bude« um und fiel einer älteren Witwe zur Last, einer gewissen Frau Frieß, die sich erbarmen ließ. Anhuben die letzten Semesterabschluß- und Exmatrikelfeste — mit einem Wort: »Man kohlt da etwas zusammen, schwadroniert ein bißchen, und schon hat man das ganze Examen hinter sich« (F. M. Dostojewski, ›Raskolnikoff‹, p. 571 in der Übersetzung von W. Bergengrün, der inzwischen, nach C. Zuckmayer, gleichfalls zu einem von Kohls Top-Favoriten gereift war) — kurz, bis zuletzt war Kohl der »typische, ja klassische und geborene Student von

Heidelberg« (Frau Frieß) — für einen Faulpelz und Fuzzi wie ihn schienen Stadt und Universität ja wie gewachsen stop: geschaffen. Was wunder, daß Kohl auch später beiden seine vornehme Anhänglichkeit bewahrte und ihrer stets mit Wrumm gedachte.

Und auch in späteren Jahren, da politische Prüfungen aufs schwerste ihn anfochten und er nicht selten mit allem zerfallen war, summte er oft besinnlich vor sich hin:

Post iucundam iuventutem,
Post molestam senectutem
Nos habebit humus!

D. h. Kohl sang immer versehentlich bzw. aus einer gewissen Benommenheit heraus statt »humus« »summus«, und er meinte damit vermutlich Gott selber; aber ist nicht eben auch ebendies, diese christliche Bindung des christlichen Politikers selbst in Zeiten allerhöchster Absenz, wie das Signal eines Zeichens? Ja, es ist das Signal eines Zeichens. Tiefen, sehr tiefen Zeichens . . .

KOHLS ETHIK
(FRAGMENT)

Verwunderlich oder nicht, eher glückhaft oder vielmehr hochverdient: Kohl war also Doktor der Geschichtswissenschaft geworden, und er stand im Begriffe, von der Luftigkeit und der Ätherik des reinen Denkens und der objektlos waltenden Vernunft in die Welt der politischen Praxis und zumal des Parteilebens zu regredieren. Eine Art *fuga vacui,* leicht kann man es sich vorstellen, mußte dem jungen Gelehrten aufscheinen: Wie konnte, wie mochte es, wie sollte das alles nun weitergehen?

Nun, einerseits war Kohl »die größte politische Begabung im Lande« (so der SPD-Bundestagsabgeordnete und Ludwigshafener Ehrenbürger Friedrich Wilhelm Wagner), und er war eine »Zukunftshoffnung der deutschen Politik« (so mehrfach Alois Rummel im ›Rheinischen Merkur‹) geworden. Nichtsdestoweniger gab es auch die Warnung von F. J. Strauß aus dem Jahr 1974, Kohl müsse erkennen, »wo seine Grenzen liegen«, Grenzen, die jetzt langsam ihre schweren Schatten vorauswarfen. Sicher, seit Kohl bei Dolf Sternberger den Unterschied zwischen Max Weberscher Verantwortungsethik und Gesinnungsethik rezipiert hatte (bei ihm, Kohl, selber war übrigens damals schon beides ausgeprägt), sicher, seit dem Abschluß dieser »Galeerenjahre« hatte Kohl gewaltig hinzugelernt und seine Perspektiven erweitert. Und sicher, *was* Kohl damals in Heidelberg gelernt und *wie* er mit beispiellosem Schwung seine Doktorierung (»Doktoration« sagte man damals noch hin und wieder, vor allem Kohl selber) vorangetrieben hatte, die Art und Weise, die Manier, nämlich Kohls stets unerschrockene Ataraxie, dies hatte im näheren Distrikt, ja in der ganzen Region Aufsehen und Erstaunen erregt, hin und wieder auch Kopfschütteln bis hin zur mißgünstigen Ungläubigkeit. Es hatte Bewunderung erregt und konnte — jedenfalls unterm Strich, in der Summe — kaum schaden. Dieses beiseite gelassen, waren es andererseits nicht gerade der unfehlbare intellektuelle Rang, die unumstößliche ethisch-charakterliche Autorität des Friesenheimers, die ihm nun gefährlich zu werden und nicht wenige bedrückende Aussichten zu bieten drohten? Mit einem Wort: Kohls Sankrosanz selber erwies sich nun plötzlich als sein Problematisches, seine Untadeligkeit als sein potentielles Laster.

Quelle idée! Der sein Studium z. T. als Steinschleifer finanziert hatte; der zu Heidelberg wider alle Karriereverlockungen die Auseinandersetzung mit dem marxistisch-leninistischen Bolschewismus ebenso vermieden hatte wie er den Mode-Alfanzereien von Ethnologie und Ethologie und überhaupt der ganzen Soziologie so aufopferungsvoll wie geschickt aus dem Weg gegangen war; der sollte nun immer wieder gerade das zu spüren und als penetrant auftretende Insinuation zu hören bekommen, was in Wahrheit den Charakter und den Rang seiner Polyvalenz, seiner Psychoplastizität ausmacht; mit anderen Worten dessen, was später zwar als die Qualität des »Generalisten« in die Geschichte eingehen sollte, gleichzeitig Kohl aber auch immer wieder zur Konfrontation mit dem verhängnisvollen Vorwurf zwang, die Geschäfte der Bundesrepublik Deutschland liefen nicht so, wie sie sollten, und zwar »mangels einer durchschlagenden Philosophie bei Kohl« (FDP-Generalsekretär Haussmann, cit. nach ›Der Spiegel‹ 24/1985).

»Es wird zusehends schwieriger, den Informationsfluß zu ordnen«, parierte Kohl indirekt diesen Vorwurf beim Medienkongreß der CDU/CSU in Mainz. Und Kohl deutete an, auch er meine durchaus zu wissen, wer hier dahinterstehe, wer hier den Hebel ansetze — wer aber andererseits am längeren Ruder sitze. Denn gewiß, seit Kohl die *aura academica* Heidelbergs hinter sich gelassen und sich in die Untiefen praktischer Politik versenkt hatte, seither ist nicht nur viel Wasser, sinnbildlich gesprochen, vom Neckar in den Rhein geflossen — *tempora mutantur,* wie Kohl längst nur zu gut wußte: Im »Strudeltagsgelese« (Goethe) des politisch-praktischen Aktenalltags mit seinen bekannten pragmatisch-programmatischen Implikationen und Zumutungen begannen selbst bei einem Kohl, ungeachtet seines legendären Gedächtnisses, das ja durchaus neben seiner bekannten, aber oft überschätzten Fopplust bestehen konnte, die Kraft und Perfektion dessen zu stagnieren und sogar in Reduktion umzuschlagen, was man, in Anlehnung an den Begriff der Heisenbergschen Unschärferelation und an Wittgensteins vielberufene Nescimus-Skepsis, als jenen Geist *katexochen* zu exemplifizieren und zu exstirpieren vermeinen könnte, welcher den kategorischen Imperativ Kants scheint's notorisch mit dem Namen Kohl und *mutatis mutandis* mit dem der CDU verknüpfen möchte; der nämlich »im allgemeinen auf den Namen Ethik hört« (O. Rumpel).

Ich schrieb vorne, Kohls Intellektualität wurde und wird durch seine stupende moralische Perfektibilität und Inkompatibilität gleichsam reflektiert, ja quasi ethisch ratifiziert; im Sinne des Aalener Programms wie der allgemeinen Programmatik sowohl der CDU als auch der Freiheitlich-Demokratischen Grundordnung. Ich schrieb ferner, daß Kohl seine Charakterstrukturierung und -suggestibilität einer durchaus schwierigen Kindheit verdanke. Hiermit widerlege ich mich in gewisser Weise selber, indem ich hier leicht modifiziere, ja nolens volens korrigiere: Er hatte eine putzleichte Kindheit. Allerdings, jenes Friesenheimer Straßenkarree *(carré)* von ca. 390 Meter Seitenlänge, das Kohls Kindheit umriß und das, wie auch Privatdozent R. Gernhardt jüngst in seiner topologischen Analyse der wichtigsten Kindheitszentren Kohls in Friesenheim »herauskristallisierte und explizierte« (W. Martin Lüdke), guten Gewissens einfach nicht wegzuleugnen ist, dieses Karree bedingte auch bzw. hatte zur Folge, daß — ungeachtet und unbeschadet der schweren dampfartigen Hirnbrütungen, welche er in Heidelberg hinter sich zu bringen und zu absolvieren hatte — Kohl, zumal er ja eh das Pulver nicht erfunden, mit Permiß zu sagen, einen, halten zu Gnaden, nicht leichten Hieb oder auch Hopp davontrug.

Jetzt ist es heraus.

Sicher, gerade jener nicht zu geringe Hopp war es dann in der Folge, der Kohl später in der Konsequenz immer wieder dazu zwang, seine ethischen Positionen nicht nur politisch, »sondern auch praktisch abzusichern« (W. Brommel) und sich — und ich sage das in Parenthese — auch der durchaus intelligiblen Einsicht nicht zu verweigern, die in der dezidiert christlich-antihybriden Demutshaltung ihre Stütze findet, es sei eben noch kein Meister vom Himmel gefallen, noch sei ja auch schon aller Tage Abend. Ein so sonderlicher, ja wunderlicher Mann wie Kohl, ein so eigenes Individuum »wie er« (Rumpel) setzt ja nicht nur seine eigenen Maßstäbe, er schafft sich nicht nur seine autonomen Axiome und ist sich am Ende schlechterdings »selber selig« (Goethe); nein, die antithetische Paradoxie der — hier apodiktisch-summarisch formulierten — Evidenz, daß dem eminenten Kohl einerseits dauernd etwas Exzellentes durch den Kopf brummt, andererseits nichts recht drin bleiben will: Die hat jedenfalls, so wenig erbaulich sie diesem oder jenem vorkommen mag, durchaus auch was für sich, weiß Gott.

Gewiß doch, »das Schicksal der Evakuierten und Flüchtlinge« (Wolfgang Windel, a. a. O.) — es blieb Kohl nicht verborgen und jammerte ihn schon seit ungefähr 1945 (kann aber auch später gewesen sein) nicht wenig, walt's Gott — Juden dagegen bekümmerten ihn eigentümlicherweise meist keinen Steinwurf (vgl. Bonn 1975 und Remagen 1981) —, und diese erstaunliche Konstante schleppt sich dann tatsächlich immer voll durch Kohls Leben, walz Gott, und immer dann am invariantesten, wenn schon niemand mehr damit rechnet. Gewiß doch, wenn ab 1951 in der Ludwigshafener Gegend Unschönes reift oder aber auch schon mal was Ungerades angefallen ist, mühelos biegt es Kohl zurecht, daß Gott erbarm. Gleichwohl, auch und gerade »die Gnade der späten Geburt« (Kohl), welche Kohl ungleichartig zu Willy (»Frahm«) Brandt zuteil geworden war und die ihn dann »aus dem Krieg und der ganzen Scheiße rausgehalten« (J. Metes) hatte, die nämliche Gnade schlug nun auch oft pflaumen-, ja mühlradgleich und in der Konsequenz kontraproduktiv, ja nachgerade frevlerisch über des Friesenheimers immer mächtiger ausladendem Haupt ethisch-praktisch zusammen, und zwar dergestalt, daß Kohl, seiner angestammten Mutterbildung zum Trotz, faktischmoralisch vom Allensbacher pardon: Aalener Parteiprogramm der CDU von 1947, welches, wie Ihr wohl wißt, ja tendenziell trendmäßig gegen die »kapitalistische Wirtschaftsordnung« (Bauz) gerichtet war — was natürlich »auch Kohl wohlweislich wußte« (Ä. Brezel) — nichtsdestotrotzig, als ob eine Kohlmeise dauernd an sein Hirn pickte, daß also Kohl nichts davon und sich nie dran hielt — so daß, bei aller sonstigen Löblichkeit des spezifisch väterlichen Charaktererbes (Geld) und ungeachtet aller ja leicht durchschaubaren Unkenschläge seiner Neidhammel, Kohl (und jetzt gut aufgemerkt!) zwar immer noch am längeren Ufer saß, daß ihm aber der rettende Hebel oft wie die Flinte ins Bad fiel. Nämlich: Kohls Weltperzeption, d. h. seine moralische *raison d'être,* will sagen sein *bel esprit* hielt nicht immer Schritt mit dem schnellebigen Tempo der Zeit. Nein, schaffte er nicht.

Im einzelnen heißt das: Wohl las Kohl damals eifrig in den Nachgelassenen Schriften von Clausewitz und Graf Krokkow, allein das Romanwerk Gustav Frenssens (um nur ein Beispiel zu erwähnen) gefiel ihm um so viel besser, daß Kohl hinwiederum reziprok seine energische Beschäftigung sagen wir mit Carl Schmitt wenig frommte, schon weil er immer wieder zu Gertrud von Le Fort hin abschwiff und vor allem

Kohl ja sowieso Carl Schmitt andauernd mit dem ihm später sogar gesichtsweise bekannt gewordenen und schon vordem vielbewunderten Carlo (»Es geht nicht mehr, es geht nicht mehr«) Schmid veruntreuen sollte.

Fraglos und ganz ohne den mindesten Zweifel: Die politische Weltschau und Umsicht Kohls war kurz nach dem Studium »auf einem völlig neuen Rekord angelangt« (Rappel). Würde man die Mühe auf sich ziehen, ein Rahmenpanorama des Kohlschen Wissens und Denkens aufzustellen, ein ganzes Spektrum von »Männern, die Weltgeschichte gemacht haben« (Woppel) erstünde vor unserem Papier. Und warum nicht? Das tun wir hiermit auch:

Längst bekannt waren Kohl z. B. mittlerweile Bismarck, Adenauer, Hindenburg, Napoleon und Wrangel. Schon zu Abiturzeiten waren hinzugetreten, wer? Richtig, Caesar, Ludendorff, Hannibal, Max Planck, Emil von Behring, Augustus, der alte Tuck, Heinrich XX. und Tilly. Und dann waren es immer mehr geworden, immer mehr: Metternich, Pius, Hamilkar, Fritzi Massary, Seebohm, Oberländer, Krone, Pferdmenges, Issus, General Wrschn, Dapsul von Zabelthau usw. usf. — ja, selbst von Lenin hatte sich der junge und lernbegierige Kohl hin und wieder heimlich ein Häppchen abgeguckt, eine Scheibe auch oft von Babel, Meyerhold, Tairow, Tretjakow, Mandelstam, Achmatova, Ovsejenko, Rosenberg, Koltsov, Karpov und Kasparov. Und dann natürlich Tenno. Tenno und immer wieder Tenno. Wenn man um 1953 Tenno sagte, dann konnte man fest mit Kohl rechnen!

Wenn auch die Olympischen Spiele 1936 das Kind Kohl in unerhörte Begeisterung versetzt hatten (besonders die Hochspringerin M. Hammel hatte es ihm angetan), so hielt sich Kohl doch den Nazis gegenüber verständlicherweise sehr zurück. Begeistert war er dagegen auch von den Leistungen der deutschen 4 mal 400-Meter-Staffel (in der legendären Besetzung Pilzer, Pelzer, Wolf und Wobser), hoch aufjauchzte er über den neuen Stabhochsprungrekord von L. Riefenstahl, in einen Glückstaumel versetzte ihn das Tandem Dings/Dings — der triumphierende Neger J. Owens aber war es dann, der früh Kohls nachmals toleranzgesättigtes ethisch-ethnisches Verhältnis zur schwarzen Rasse prägte, wo nicht noch diktierte. Es ist ein Verhältnis des Lessingschen Toleranzgebots, des Interessenausgleichs und des Pompidouschen *savoir vivre*. Wobei Kohl heute noch den folgenden Negerwitz immer wieder gern hört: Was ist der Unterschied, wenn man eine Negerin foppt? Antwort: Keiner. Wenn man durch das Schwarze durch ist, ist es wie daheim.

Nun, Bärbel hörte dann später bei solchen »Männerrunden« (Kohl) meist tunlichst weg, meine Güte, ist ja auch nicht jedermanns oder -fraus Sache . . .

Und längst hatte ja Kohl außerdem auch die großen Werke der großen Literatur intus. Nach Schiller, Bloch, Hölderlin und Zuckmayer — nun, nun? Wie mochte es weitergegangen sein?

Hm?

Man muß sich Kohls Antlitz ganz aus nächster Nähe betrachtet unverstellt vorzustellen trachten, um je ermessen zu können, was es bedeuten mochte, daß sich der ehemalige Elementarschüler nun plötzlich mit Namen wie Homer, Vergil, Gleim, Uz, Haller, Hagedorn und Weckherlin herumzuschlagen hatte, dazu fernerhin Dostojewski, Paul Keller, Tom Prox, Ernst Jünger, Hermann Burger, Jerry Cotton, Dante, Zwerenz, Emil Waldteuffel usf. — daß derselbe Elementarschüler aber jetzt, da es hart auf hart ging, sich überhaupt nicht hart mehr damit tat, sondern kraft der mittlerweile erfolgten und gereiften Härte und Konsistenz seines Mentalapparats ganz lässig mit ihnen Umgang zu pflegen pflegte, voll jener eiförmigen und in der Folge unverbesserlichen Gelassenheit, die da in Kohl zwischenzeitlich »zu einer wahren Explosion, ja Emulsion und z. T.

sogar Emanation seines Seinswesens exploitiert war« (Herr Anspanner). Kaum dem Krieg entronnen, hatte Kohls *»bon sens«* (Mitterand) ihm das diesbezüglich Rechte geraten, nämlich Kohls »Bonität, gestützt auf seine untadelige Integrität« (Jean-Charles de Castelbajac, Paris, Rue de Rivoli) war ihm auch hier zu der formidablen Strategie ausgewuchtet, die sich dann nachgerade kitzlig an ihm hochrankte: Nämlich daß nur dosiertes Lesen, dosiert und nochmals dosiert, so daß man auch den Sinn mitkriegt, für ihn Sinn hatte. Und, ecco, schon um 1958 herum fühlte sich Kohl in dem Paradiesgärtlein des Philologisch-Belletristischen »dakkelwohl« (Kohl) — nichts konnte jetzt seinen Gleichmut mehr erschüttern — Gott nein, was gab es in diesem Elysium alles zu lesen (vgl. auch A. Dregger, ›Der Preis der Freiheit‹, 29.80 DM), zu bestaunen, zu beschnuppern und zu benagen.

Bärbel wurde oft ganz blaß und eifersüchtig!

Andererseits, unter der Oberhoheit des Alliierten Kontrollrats war das Reich zwischenzeitlich in vier Zonen geteilt worden. Die Hüttler-Frage galt zwar jetzt als gelöst, indessen, neue Problematiken und Präferenzen tauchten auf. Nicht unerhebliche. Kohl wohnte damals in jener Zone, die zuweilen auch »die reine« hieß — und naturgemäß versuchte er sofort das Beste draus zu machen. Er wurde Ministerpräsident und später sogar Kanzler (Kanzler!), allein, was hieß das? Was mochte das nun wieder mahnen und bedeuten? Gewiß doch, als Kanzler hatte Kohl die von den Amis ab '45 geforderte *reeducation* längst hinter sich und gerafft und gebongt; und das Schöne war: Kohl stellte sich nicht einmal dumm dabei an. Sondern sein »ethisch-politisches Gewissen« (Luise Rinser) reihte ihn umstandslos in die neue Gesellschaft ein. Die spätere Selbstcharakterisierung der Koalitionsabgeordneten H. Hamm-Brücher als einer »Verkörperung von Kontinuität und geistiger Liberalität« (cit. nach FAZ, 12. 2. 85) galt vordem schon um so mehr für Kohl, je nachdem es Kohl allzeit vollrohr clever und echt ratten-, ja torpedogeil anstellte und seine Sache auch hier gut machte. Der sich da eines Tags einen grünen Rucksack kaufen sollte — Kommando alle Mann zurück: Der da dereinst, bewehrt mit einem Rucksack, mit Strauß quer duch Hallers erhabene Alpen wandern sollte, der war früh schon —

Kurz: Es hätte um Kohls Ethik gar nicht so übel ausgesehen, hätte ihm nicht Bärbel da immer wieder die alles entscheidende Gretchenfrage untergeschoben: Kohl, wie hältst du's mit dem Charakter?

Und: Was ist eigentlich — Charakter?

Allora, Charakter ist heute zweifellos, ›Bild am Sonntag‹ (G.Herburger: »Eine widerwärtige Zeitung«; freilich — und hier klafft es eben auseinander —: Kohl sehr wohlgesonnen!) auch dann nicht anzurühren oder gar aufzuklappen, wenn man brennend interessiert ist, die Bundesliga-Ergebnisse vom Vortag zu erfahren — und dies a) obgleich die Tabellen und Spielernotenbewertungen des Blatts immer vom vorzüglichsten sind und b) auch wenn es partout keine Möglichkeit gibt, diese Ergebnisse sonstwie zu erfahren. Hah! Aber echt! Und wer hat diesen stählernen Charakter? Ich.

Jedenfalls oft.

Nun, die großen Debatten der siebziger Jahre über den »Mythos vom vaginalen Orgasmus« (G. Greer) einerseits und übers »Schwanzficken« (A. Schwarzer) dummerseits sind heute weitgehend abgeklungen; sind versungen und verbraten. Für Kohl, dem sich später die analoge, vom Schweizer Fernsehen DRS gestellte Frage stellte, ob er sich als »Pragmatiker« sehe, konnte freilich die richtige Antwort nur verlauten: »Sowohl als auch«. Denn eine solche ethisch-moralische Frage stellt sich für ein Lebewesen wie Kohl meist nur programmatisch, u. d. h. hypothetisch. Kohl greift immer wieder mal gern zur BamS. Steht ja doch allerhand Wissenswertes drin. Schon als Jugendlicher und dann erst recht als JU-Chef (»Boss«, nannten ihn damals nicht wenige; unter uns: die dümmsten der Dummen) kam es ja drauf an, sich zu informieren, um sich den »Informationsvorsprung unter den Nagel zu reißen« (Möllemann) — was so läuft in der Welt (Israel, Saudi usw.) — und um dem Friesenheimer oft spaßhaft so genannten »Internationalen Frühschoppen« (Ruppel) voll gewachsen zu sein. Schon deshalb griff Kohl oft gern zur BamS, hin und wieder auch voll zur WamS —

Kurz: »Ein Patriot« (Pumpel).

So weit dies.

Denn wisse, Leser, daß Kohl ja auch späterzu und schlechterdings, als er sich schon in Amt und Würden wälzte, auch als Pragmatiker den Ethiker nie verwand. Seht, Freunde, in der Politik und auch und gerade damals, als Kohl sich schon den Ministerpräsidenten ausbedungen und abgerungen hatte (allerlei Geschäfte riefen ihn da dann immer wieder von Mainz nach Tilsit), auch noch in der Zeit, als Kohl schon als Kanzleramtsinhaber die »natürliche Autorität« (Kohl am 13. 5. 85 über Kurt Gorbatschow) wieder wider Adornos »Ohne-Leitbild«-Standpunkt und gegen Marcuses »Ohnemichel«-Ideologie systemüberwindend oder jedenfalls mindestens systemwendend sich nicht entwinden konnte, in seine oder ihren alte Rechte einzuschmettern, selbst da noch zwickte

Ach ja, ach ja, die *coincidentia oppositorum*

Abhold dem Absinth, schien es Kohl immer absurd, daß ausgerechnet der Absud der Gesellschaft das große Absahnen

Wohingegen der Wein, Leitstern von Kohls Leben, auch als er im Juli 1985 in eine tiefe skandalumfächelte Krise geriet wie kurz zuvor Kohl triftig selber

Denn das Unglück, so Kohl betroffen und sein von Güte belebtes Herz oft bitterlichste Zähren vergießen hieß und ließ und Betablocker, Lipidsenker und Kalziumantagonisten

Kurz, was Kohl damals in Heidelberg beim schon fast erimitierten haltstop: emeritierten Benno Reifenberg krampf: Dolf Sternberger, einem gelernten Demokraten, lernte und gelernt hätten sollte, das lernt Hänschen heute nimmerm

(Hier bricht das Kapitel wegen Unqualifiziertheit und Unsäglichkeit ab. D. Lektorat.)

ENDE DER JUGEND –
DER MINISTERPRÄSIDENT

»Die Phantasie an die Macht!« Die Parole des Pariser Mai
1968 war konsequenterweise auch das Leitwort, unter dessen Signum Kohl im Jahr 1969 seine Ministerpräsidenten-
schaft von Rheinland-Pfalz antrat. Phantasie war der Schlüs-
selgedanke seiner Jugend gewesen — mit Phantasie, mit
phantastischem Einfallsreichtum hatte der mittlere Kohl
seine Studien in Heidelberg zu Ende geführt — nun rankte
die Phantasie des reifen Kohl sich langsam und unbeirrbar
hoch zum großen Lebensziel.

Kohls Sterne standen trefflich. Der steile Flug des Kohlschen Geistes umfaßte schon zeit seiner Eheschließung die
energische Pragmatik politischer Entscheidungsfreudigkeit
und -stärke ebenso sehr wie nicht minder eine christlich
modern durchdachte Verantwortung im Sinne der humani-
tären Soziallehre Nell-Breunings; das Ganze eingebettet und
kontrolliert durch einen demokratisch progressiven Grund-
impuls von Fortschritt, Patriotismus und Lebensbejahung
als freiheitliche Erfüllung dessen, was der von Kohl hoch
geachtete Philosoph Carl Friedrich von Weizsäcker einmal
den »Bürger als Politiker« genannt hat.

Alea iacta erat: Nichts Geringeres hatte sich Kohl schon
in Heidelberg vorgesetzt, als Ministerpräsident des Landes
zu werden, so den Lockungen einer bereits winkenden
historisch-akademischen Karriere unter den Fittichen von
Vater Staat entschlossen sich entziehend. Einem Vollblut-
politiker wie ihm schwebten andere und umfassendere Ziel-
leitvorstellungen vor; und zugleich konkretere: Wider den
Schlendrian und die Schläfrigkeit seiner Vorgänger im Amt
begehrte der »junge Mann aus Ludwigshafen« (Adenauer)

auf, gegen beide suchte er eine neue und strenge und durchaus kompromißlose Sittlichkeit zu statuieren. Kohls alter Kampf wider die landesüblichen Plunderköpfe sollte ebenso und auf höherer Ebene fortgeführt werden wie der wider Schurken und feile Pinsel, die sich auf Kosten einiger weniger an den fetten Pfründen sattfraßen. Der redliche Kohl beabsichtigte aber auch und vor allem jenen das Handwerk zu legen und einen Strich durch die Rechnung zu machen, deren Sinnen und Trachten, von altersher verdorben, nur auf Tand und schales Flitterwerk gerichtet war. Helfen sollte Kohl dabei sein gestählter und zugleich zu seinem Besten gewandelter Charakter. Denn gelegt hatten sich mittlerweile seine alte Rauhigkeit (manche nannten's auch Rauhbauzigkeit) und sein oft allzu heftiger himmelstürmender jugendlicher *furor politicus* — Platz gemacht hatten beide vielmehr einer neuartigen Sanftmut des Wesens, gepaart mit sonstigen ausgezeichneten Referenzen und Reputanzen, die sich ebenso von Kohls treuherziger Artung herschreiben wie von seinem standhaft affektfeindlichen Betragen.

Die Aszendenz der Sterne Kohls: Vor allem seit 1960 war sie nicht länger zu übersehen noch zu leugnen. Erneut und zum dritten Male drängte es Kohl in seinen »Reiseschuh'n, fort mit der Zeit zu schreiten« — schon zeit seiner Galeerenjahre in Friesenheim und seiner *»années de pèlerinage«* (Bärbel) in Heidelberg hatte er sich ja einigen diesbezüglichen Beifall erworben, unbeschadet all der Parforcejagden auf den jungen Spitzenpolitiker —, jetzt kam Kohl bestens zugute seine inzwischen gewachsene und ausgereifte diplomatische Unerschütterlichkeit im Verein mit seinem wachen Sinn für den gesunden Menschenverstand als solchen. Kohls Mutterwitz im Verband mit seiner Vaterbildung imponierten weit übers Parteivolk hinaus immer mehr — und kurz und gut, und um dies hier schon mal vorwegzunehmen: Schon 1969 war es dann soweit, der »Parteidenker Kohl« war mit 39 Jahren nicht nur »jüngster Landesvater von ganz Deutschland« (so damals die gesamte Presse), sondern gleichzeitig und weit darüber hinaus zum »größten Hoffnungsträger seiner Partei« (a. a. O.) geworden. Mit einem Wort: »Die Verbesserung der Infrastruktur in Rheinland-Pfalz in wirtschaftlicher, kultureller und sozialer Hinsicht« (Wiedemeyer) war dann nur noch eine Frage der Zeit.

O Akademia! O jerum, jerum, jerum, schrumm, o quae mutatio rerum! Nicht nur war Kohl nach den ausgemergelten Zuständen der Heidelberger Studikerjahre binnen kurzem wieder prächtig gediehen; mit seiner politischen Karriere war es ja auch noch zeit seiner Jahre am Neckarstrand, wir deuteten es vorne an, immer steil aufwärts, ja Schlag auf Schlag gegangen.

Der Mitbegründer der Jungen Union entfaltete, wie wir lasen, nach seinem CDU-Eintritt 1948 noch als Schüler erhebliche politische Aktivitäten, vorzüglich als mitreißender Wahlredner im ersten Bundestagswahlkampf; während seiner Studien in Heidelberg, wir erinnern uns, war Kohl seiner Partei ebenso treu geblieben wie der Politik als solcher; schon 1953, wir erfuhren's bereits, war der erste Lohn eingetroffen: Kohl war Mitglied des Geschäftsführenden Vorstandes des Bezirksverbandes Pfalz der CDU geworden. Und dann gab es für ihn kein Halten mehr:

1954: Stellvertretender Landesvorsitzender der Jungen Union

1956: Wissenschaftliche Hilfskraft des politischen Seminars im Alfred-Weber-Institut in Heidelberg

1958: Promotion mit dem Thema ›Die politische Entwicklung in der Pfalz und das Wiedererstehen der Parteien nach 1945‹; kaufmännischer Angestellter und Referent des Industrieverbands Chemie in Ludwigshafen

1959: Vorsitzender des Kreisverbandes der CDU in Ludwigshafen; Eintritt in den Landtag von Rheinland-Pfalz; mit 29 Jahren jüngster Abgeordneter

1960: Eintritt in den Stadtrat von Ludwigshafen; CDU-Vorsitzender des Stadrats von Ludwigshafen

1961: Stellvertretender CDU-Fraktionsvorsitzender im Landtag

1962: Stellvertretender Bezirksvorsitzender der CDU-Pfalz

1963: Vorsitzender der CDU-Fraktion im Landtag

1964: Vorsitzender des Bezirksverbands Pfalz der CDU; Mitglied des Bundesvorstands der CDU

1965: Bundestagswahlkampf

1966: Vorsitzender des Landesverbands der CDU von Rheinland-Pfalz als erste Stufe der Ablösung von Ministerpräsident Peter Altmeier.

So weit sind wir freilich noch nicht. Sondern seit einiger Zeit hatte die junge Familie Kohl in der Oggersheimer Marbacher Straße ihr Auskommen gefunden, und Kohl selbst war bei der Ludwigshafener Chemie untergekommen und schlug auch voll ein; allein, auf die Dauer war das doch nichts, da hätte er nicht so lang und intensiv Geschichte und das Pfälzer Parteienwesen studieren brauchen. So konnte es denn nicht fehlen, daß ein findiger Kopf wie Kohl (diesen Hinweis dankt der Biograph Bernd Fritz) am Ortsausgang von Friesenheim eines Tages ein Straßenschild »Notwende« entdeckte, dessen signalhafter Gehalt Kohl in der Folge nicht mehr loslassen, sondern ab sofort Leitplanke seines Lebens werden sollte: Nämlich es handelte sich bei dieser »Notwende« um eine 1934 errichtete Siedlung für BASF-Arbeiter, die dort auch, wie schon Kohls Vater, Seidenraupenzuchten zugunsten kriegswichtiger deutscher Fall-schirmspringereien eröffnet hatten. Begegnet war Kohl das Wesen der germanisch-mythischen Not-Wende ja auch schon nach 1945 in Gestalt der kurpfälzischen Notregierung Heimerich, die von den Amerikanern eingesetzt worden war, der u. a. auch Theodor Heuss und Alexander Mitscherlich angehört hatten und deren Kohl in seiner Doktorarbeit dann mit Begriffen wie »Umkehr« und eben »Wende« immer wieder ehrend Erwähnung getan hatte.

Ein Programm begann sich da in Kohls Kopf erst mählich, dann immer rasender zu formieren: Notwende. Notwende wies jetzt Kohl wie nichts anderes den Weg zu dem, was einst mit seinem Namen wie mit nichts anderem in Verbindung gebracht werden sollte; denn merke: »Wende heißt Abkehr vom breiten Weg des Lasters« (Prof. Manfred Koch am 15. 6. 85 im ›Rheinischen Merkur‹). Ja, und genau diese zündende Idee der Abkehr vom Laster ließ Kohl in der Folge nun nicht mehr ruhen; voll Ingrimm warf er sich in seinen wechselnden Parteiämtern auf genau diesen Punkt, der Menschheit neue Zukunft und Räume zu eröffnen und ihren Kehricht auszurotten. Nicht so sehr der Wunsch also, die große Knete zu machen, war es, was Kohl damals immer inbrünstiger nach Mainz lockte, sondern Kohl, vom Phänotyp her eher Robin Hood denn Mutter Teresa, war darum zu tun, das Land aus seiner Verderbnis zu retten, ehe das Faß zum Überlaufen gebracht würde. Gegen die Ränke und Schwänke und Winkelzüge seiner Feinde kämpfte der junge Stadtrat und bald darauf jüngste Landtagsabgeordnete sich vorwärts, traf Neidhammel und sonstige Mißgünstige ins Mark, legte Querulanten, Simulanten und sonstigen miesmacherischen Trabanten immer wieder geschickt das Handwerk und sie lahm. Es war wie seinerzeit in Friesenheim: Wer es mit Kohl aufnehmen wollte, der mußte früh aufstehen! Kohl! Der mischte vielleicht auf! Und schlug voll Alarm! Auf Treu und Glauben! Und bald hatte er nichts anderes mehr im Sinn als die Ablösung des bisherigen Ministerpräsidenten Peter Altmeier. Ja, manchmal vermochte Kohl sich in der Vorfreude auf dies hohe Amt schon kaum mehr zu fassen und sich zur Vorsicht und zur Raison zu zwingen.

Jetzt rächte sich an Altmeier, daß er hauptberuflich nur Kohl(!)enhändler war; denn ihm gegenüber galt Kohl (der damals zusammen mit Bärbel und den Angenends aus Darmstadt auch häufig die berühmten Schellack-Tanztee-Partys in Groß-Gerau zu besuchen pflegte) als nachgerade schwerer Intellektueller. Ja, das Reich beerben wollte Kohl fortan, und wohl fühlte Altmeier, daß sein Fraktionsvorsitzender ihm rücksichtslos ans Leder wollte und an ihm sägte, ihn *auszupowern* und so das schale Zeitalter der Ära Altmeier zu endigen; wohl spürte der brave Altmeier, daß er auf die Dauer dem Druck des Jüngeren und Genialeren nicht gewachsen sein würde, er sträubte sich aber noch eine Zeitlang bzw. tat so, als sehe er nicht, was im Busch stand, als spüre er nicht, daß der Wind ihm bald stärker ins Gesicht blasen würde. Derweil aber widmete sich Kohl ganz und mit voller Kraft der anstehenden Schulreform des Landes, im besonderen beseitigte er rücksichtslos die sog. Konfessionsschule und unterband gleichzeitig ohne Scheu jene in der Folge des Schahbesuchs auch in Rheinland-Pfalz hie und da aufflackernden politischen Wühlereien. Kohl, selber geringfügiger Leute Sproß, setzte sich für das allgemeine Stimmrecht ein und geißelte, hierin ganz geistiger Erbe Georg Büchners, die ihn persönlich schmerzlich anwidernde Verkommenheit des Adels, die Bestechlichkeit der Beamtenschaft und die Heuchelei der Liberalen und anderer opportunistischer Freischärler. Dochdoch, jetzt war Dreck Trumpf in Rheinland-Pfalz, so langte Kohl hin, der damals (kurz nach seiner Verheiratung mit Bärbel) auch für eine gewisse Katrine von Hutten schwärmte und deren Honigspur folgte (worüber sich Bärbel natürlich ziemlich mopste und ganz schön fies werden und einem auf den Wecker gehen konnte). Ja, abgesehen von sittlichen Erwägungen hielt Kohl jetzt, da er das große Ziel so nah vor den deshalb leicht geschlitzten Augen sah, kaum etwas mehr zurück, und er ließ vollends die Zügel schießen und die Peitsche knallen und scheuchte die Rösser nach vorne — nein, weniger das Ludwigshafenische Blochische als vielmehr das Schillerische Oggersheimerische in

Kohl trat jetzt wieder vermehrt in den Vordergrund und vermählte sich mit jenem Dynamit des mainz-gonsenheimerisch Gutenbergischen und ZDF-Lerchenbergischen, von dem später auch ein Ror Wolf vorteilhaft geprägt werden sollte, um dereinst Bestand vor der Geschichte zu haben und die Staatsverdrossenheit gewaltsam aus den Angeln zu heben —

— kurz, Altmeier witterte zwar längst den »Erbprinz, der in den Mantel der Macht schlüpft« (so Theo Sommer in der ›Zeit‹ vom 14. 6. 85 in einem anderen Zusammenhang; nämlich dem, daß Kohl selber jenen Erbprinzen zu fürchten habe, hoffentlich rückt der aber nicht zu balde an, denn ich brauch Kohl noch bis zum Erscheinen dieses Buches im Oktober 85!); allein, er konnte nichts mehr machen und ausrichten, denn schon Montesquieu wußte ja nur zu gut: »Tritt eine Idee in einen hohlen Kopf, so füllt sie ihn völlig aus, weil keine andere da ist, die ihr den Rang streitig machen könnte« — ja man kennt Fälle, da Männer von noch erhabenerer Hohlräumigkeit des Geistes in noch ganz andere Jobs und Ämter hochgeschwurbelt wurden, die Welt das Fürchten zu lehren —

— und jedenfalls schon zwei Jahre später wurde dem gebürtigen Friesenheimer der allerschönste Lohn zuteil: Altmeier retirierte grollend, Kohl aber ward am 19. Mai 1969 — acht Wochen später sollte der Ami erstmals den Mond betreten — mit dem Heben seiner Rechten zur Eidesformel, dem Anschein nach sogar mit SPD-Stimmen und *expressis verbis:* Ministerpräsident von Rheinland-Pfalz und Nachfolger des verehrten Peter Altmeier. Und schon tags darauf schritt Kohl zwar herzlich beklommen und bangen Herzens, aber doch aufrecht und sonder Wank zu der mit Spannung erwarteten Regierungserklärung.

Uff, das war geschafft!

Exsultate, jubilate!

Gran Dio, sia gloria a te!

Kohl jodelte innerlich vor Vergnügen, sein Herz schlug hoch und heiter, als er, noch immer im gestreiften Regierungsantrittsanzug und geziert auch mit einem winzigpunktierten Selbstbinder, sich zum ersten Male auf dem auch schon mit einem Adenauerfoto ausstaffierten Ministerpräsidentenschreibtisch niederließ. O süßeste Wonne! Wer hätte das verhofft! Er, Kohl, hatte es zuwege gebracht und geschafft, und jetzt saß er da, er, »der wie die Sonne lachende Regierungschef« (Karlheinz Bohrer, ›Merkur‹ 1984).

Kohl schnupperte ein paarmal etwas verloren in der Luft, dann aber gab es zur Feier des Tages natürlich Sekt und sogar eine Havanna-Luxuszigarre. Hatte Kohl vorher alles mögliche durcheinandergeraucht (Lucky Strike, HB, Virginia), so rauchte er nun als Regierungschef ab sofort nur noch Pfeife (da lernt ein Kohl auch gern mal vom Kommunisten Wehner zu) oder aber zu besonders freudigen Anlässen eben Havanna. So auch heute. Zum Höhepunkt der Festlichkeit ließ Kohl dann auch noch hübsch der Reihe nach die Reihe seiner Minister und Subalternen anrücken und Aufstellung nehmen — Resultat: *Placet, placet, probatum est*. Voll Herablassung lieh Kohl sofort jenen sein Ohr, die ihm schon lang wegen allerlei Staatssekretärsämtern in den Ohren gelegen hatten; allen Unkenrufen zum Trotz fand er sich in der Mainzer Staatskanzlei auf Anhieb zurecht und strafte jene Lügen, die ihn vordem hinter vorgehaltener Hand oft eine trübe Tasse gescholten hatten; nein, der neue Ministerpräsident ließ den Schampus springen, wie er's brauchte, und hatte bald einen ziemlich schweren Tee im Keks — kurz, Kohl glaubte sich am Tag der Installierung vor Wonne mehrfach fast vergehn, und endlich, zum Ausklang des großen Tages, schlief er wie ein Mühlstein in seinem eigenen Bauch.

Weißgott, ein neuer Wind zog jetzt ein in die Mainzer Staatskanzlei! Besessen von Aufräumlust regierte Kohl die erste Zeit mit heißen, glühenden Wangen — und wer es mit ihm aufnahm, wer sich mit ihm an- und übers Kreuz legte, der konnte sich leicht umgekehrt einen Satz heißer Ohren holen. Denn nicht mehr der unmündige Untertan, nein, der »mündige Bürger« (Hamm-Brücher) war jetzt gefragt! Also regierte Kohl, daß nicht nur die Funken stoben, sondern gleichzeitig die Fetzen flogen. Denn »Kohl«, das hieß jetzt ab sofort »Konsens statt Nonsens« (Hofmann, a. a. O., p. 107 — ich schwöre: das steht wirklich und wortwörtlich bei Hofmann, p. 107!). Unermüdlich mistete der neue Mann Altes aus und richtete Neues ein, in der Staatskanzlei fühlte er sich bald infernalisch wohl, er rackerte, was das Zeug hielt, und holzte und hobelte, daß die Späne flogen — die »heilige Scheu vor den Gesetzen« (König Theo) war es, die Kohl die Hand führte und die auch sofort sein Regime (Geißler, B. Vogel u. a.) prägte, und bei all dem stützte sich Kohl vornehmlich auf Sallusts Satz: »Die Weisen führen den Krieg um des Friedens willen«, ein Satz, der ja nach Kohls Auffassung auch unfehlbar auf Augustinus zurückdatierte: »Man strebt nicht nach dem Frieden, um Krieg zu führen — sondern man führt Krieg, um den Frieden zu gewinnen« (Aristoteles).

Und so fortan.

Heißa! Ja doch, eine schöne Zeit war das damals, die erste Zeit im Hexenkessel von Mainz. Die Amis waren derweil, am 21. Juli, auf dem Mond gelandet, auch Kohl hatte es im Fernsehen emsig mitverfolgt — und auch in der Stadt Mainz selber gefiel es »dem Neuen« inzwischen nicht übel, kaum minder als in »Old-Heidelberg«. In »Meenz« (Volksmund) gab es damals schon genau 100 Weinstuben (Quelle: Reiseführer des Athenäum-Verlags) in der Altstadt, von deren hoher Qualität sich der Biograph noch in der Nacht vom 13. auf den 14. 6. 1985 in einer Exkursion unter der Leitung von cand. phil. Herbert Lichti stichprobenartig, aber nachhaltig überzeugen konnte — na, was das anlangt, war Kohl ja von alters her ein Matador und Crack, und auch jetzt trank er wieder seine Minister und Sekundanten reihenweise und wie er's brauchte unter den Tisch, und es wurde ihm niemals sauer. Es war dies aber auch die Zeit, da Kohl sich gleichzeitig und bei aller Leidenschaft für die heimischen Braten auch für Spaghetti zu begeistern begann: Den Morgenwinden wollt' er's hauchen ein, gern hätte er's in jeden Kieselstein gegraben, er meint', es müßt' in seinen Wangen steh'n, wie prima sie ihm schmeckten! — und voll des Lobs war Kohl dann freilich zeitlebens item auch für Tagliatelle, Ravioli und Rigatoni. Lieb hatte er auch (aber nur in der Not) die gute alte Pizza, und im Mainzer Italienerlokal ›Mama Gina‹ war es dann auch, daß Kohl, nach einem Bericht Geißlers, diesem und dem Finanzminister Gaddum verriet: »Ich geb' euch schriftlich, ich werde Bundeskanzler!« Sprach's und schrieb es auf einen Zettel aus seinem Notizbuch (Quelle: ›Bild‹ vom 25. 6. 1985).

Erst mal waren die Würfel aber für Mainz gefallen, und der jedenfalls riete fehl, der Kohl sich in der Zeit seines ersten Waltens in der Landeshauptstadt als miesepetrigen Misanthropen vorstellte. Aber nein, ein milder Herrscher wollte Kohl sein, truglos und treu wie Karl der Große und trotzdem Peter Altmeier an Weisheit und Staatskunst in nichts nachgebend, im Gegenteil, im Gegenteil — nein, Kohl hudelte nicht, noch haderte er länger mit Gott. Zwar schwoll ihm mitunter der Kamm schon recht; allein jener, der vordem zu Ludwigshafen sein Glück versucht und dabei die großen Metzgerhunde über sich ergehen hatte lassen müssen, die er da im Traum im finsteren Schlachthof wie wahnsinnig auf sich zustürzen hatte sehen (im Traum natürlich nur, im Traum!), derselbe Kohl war jetzt ein Landesvater eo ipso und generell eine gelungene Figur, und die Rheinland-Pfälzer hatten ihr Wohlgefallen an ihm. Denn o wie jammerte Kohl oft das Los der Armen, Entrechteten und Blessierten und setzte ihm zu aufs ärgste! Ärgste? Heftigste! Heftigst heftete Kohl immer wieder noch jeweils kurz vor Feierabend den Blick auf die Schreibtischfotografie von Konrad Adenauer, der ja inzwischen umgekehrt auch große Stücke auf Kohl hielt — — jawohl, es war schon so: Kohl residierte, die Minister paradierten, die Truppen defilierten, und Kohl instruierte seine Subalternen und Lakaien und nahm locker Reklamationen entgegen, und seine Landsleute hatten ihn darob lieb und immer lieber, ja wirklich sehrsehr lieb und — — —

— um aber spätestens an dieser Stelle einer längst aus Leserkreisen drohenden Frage an den Biographen nicht länger auszuweichen, sondern mich ihr ohne Furcht zu stellen: Warum eigentlich schreibe ich dies alles auf und nieder? Was treibt mich vorwärts und ins Unbekannte, Nie-geahnte hinein? Wohin denn ich? mit Hölderlin resp. der Kaschnitz (die las Kohl auch und gern) zu fragen. Bzw. wer bin denn eigentlich ich, ich *in questa tomba obscura,* in meiner Schreibstube mit Abitur, bei niedergebrannten Kerzen, brennenden Auges, umrankt von Lexica, Kohl-Materialien und sonstigen schmutzig larvenartigen Zettelgen, und ja beinah' wollüstig von ihnen schon begraben?

Nun, was das betrifft: Manches Mal ist mir heute (wir schreiben das Jahr 1985) schrecklich weh und bang und kummervoll ums Herz — dann scheint es wieder fast gar nicht mehr vernehmlich, hahaha! — die meiste Zeit aber bin ich fröhlich und fleißig bei der Arbeit, denn das ist mein Teil. Und quietschfidel und mopsvergnügt bin ich, dann wieder zu Tode betrübt oder doch im Herzgrübchen recht ange-kränkelt — bzw. um die Wahrheit zu sagen: Tatsächlich weiß ich heute, *vis-à-vis de moi-même* und seltsam blicklos hinstar-rend auf es, oft nicht mehr so recht genau, wohin mit mir und meinen bösen Ahnungen — oder anders gesagt: »Mich anbelangend, schimmle ich zusammen und lasse den Schim-mel drucken als Flora« (Jean Paul irgendwann an Thierot, nein, alles was recht ist, aber das Datum schlage ich jetzt wirklich nicht nach) — oder nochmals anderst: Wenn schon einer wie ich *direttissima and complètement* hintereinander Nietzsches ›Morgenröte‹ und Sepp Maiers ›Ich bin doch kein Tor‹ wegliest, ohne mit der Wimper zu zucken, dann, ja dann kann ich nur mit Marlen Haushofer sagen und bestätigen: »Ich habe aufgehört, mich mit mir zu befassen« (›Die Mansarde‹). Und befasse mich deshalb einfach mit was anderem. Eben mit Kohl. Mit nicht mehr, aber auch nicht mit weniger als mit Kohl.

Sage und schreibe.

»Kohl! Kohl! Ich höre immer nur ›Kohl‹!« höre ich da im ahnenden Hirnkämmerlein schon vorab die wachsende Schar meiner Zweifler und Krittler und Feinde zischeln und spotten und hämmern. »Warum immer gerade ›Kohl‹? Warum beschäftigt er sich z. B. nicht mit Schubert, der es doch wohl verdient hätte? Oder wenigstens mit Schmidt?!«

Nun, zugegeben, Uve Schmidt wäre auch ein dankbares Thema; und auf Schubert komme ich bald zurück. Eins aber möchte ich hier in aller Dringlichkeit beschwörend wiederholen und darauf insistieren: Kohl ist der mindeste der historischen Gegenstände partout nicht. Sondern früher als alle anderen wußte eben der junge Kohl, wo es lang ging und was Sache war, so wie ja überhaupt gerade Kohl es war, welcher die letzten Jahrzehnte immer voll *reinpowerte* und sich da weder Schranken auferlegte noch Blößen gab: Wiederaufbau, Neuanfang, Wendepolitik, Wiedervereinigung, Stellvertretender Bezirksvorsitz, Seidenraupenaufzucht, Mischehe, Aufräumen mit der Konfessionalschule, Europazusammenhalt, Weinbergreform usw. —

— allein, indem ich all dies jetzt so träumend und wägend und Schweres unterm Herzen tragend vor mich hinschreibe und hingreine, diese ganze verdruckte und vergammelte und verwoxelte Pfälzer Schrumpf- und Graupel- und Nebelwelt der tagtäglichen Plagen und des großen Grausens — in diesem nämlichen Augenblick fällt mir zum Problem meines eigenen Ich *(Ego)* nun doch wieder was ein, vielleicht sogar die Hauptsache — ja doch, ja sehr wohl: Ich mag, dies möchte ich doch sagen und an dieser Stelle zu bedenken geben, ich mag ja eine ziemliche Gurke und ein rechter Scharlatan sein und ein ganz seichter Hohlkopf dazu: Aber etwas mag ich doch noch sehr, etwas leuchtet mir voll ein und wird mir wo nicht Rettung, so doch etliche Tröstung erbringen und verschaffen, mag auch, Kohl hin und her, mein letztes Stündlein dennoch (und sowieso) bitter werden. Dann doch gerade wird mir dieses Etwas vielleicht ein wenig übers Bitterlichste hinweghelfen und einige Luft verschaffen. Nämlich: Was halten Sie eigentlich von der — sagen wir: Jägerei? Oder andersrum: Von der Musik? Oder genauer, worauf ich hinauswill: Es gibt solche und solche. Musik an sich und — Jägermusik! Jawohl, Jägermusik! Diese aber, gehe ich genau und sorglich mit mir zurate, ist mir seit ca. 1980 oder, um akkurat zu sein, seit dem 4. 8. 1980 die liebste, ja die allerliebste. So, jetzt ist's gestanden. Die Jägermusik aber teilt sich zumeist ein in a) Chor-, b) Blas- und c) Klaviermusik — zuweilen auch gemischt, aber doch immer zugunsten der Jäger!

Ist es nicht wunderbar? Etwa jener am Scheitelpunkt seines historischen Verschwindens noch so weh wie gleichwohl heiter Idylle suggerierende Jägerchor aus Franz Schuberts ›Rosamunde‹-Musik: »Wie lebt's sich so fröhlich im Grünen, im Grünen bei fröhlicher Jagd, tata!« (v. Chezy)? Oder des nämlichen Komponisten Chorkantate »Sei uns stets gegrüßt, o Nacht!« mit ihren vier akkompagnierenden Waldhörnern, welche sich zuerst nur mäßig rasch und sogar ein wenig tapsig vorwärtsbewegen, um am Ende vollends prestissimo und vor lauter Wohllebigkeit wahnsinnig geworden über den fernen Horizont hinaus davonstürmen zu scheinen. Ja, item für vier Hörner schrieb R. Schumann sein herrliches Konzert für vier (sic) Hörner, was ein Knall im Wald! — gleichfalls mit Waldhörnern bedachte er den Jägerchor aus ›Der Rose Pilgerfahrt‹ —, und in wieder gänzlich anderem, fern wehem und leicht verwehendem Klangbild, nämlich als klavieristische Hornimitation präsentiert sich das (typisch!) Es-Dur-Jagdlied der ›Waldszenen‹ op. 82, eine *pièce*, die, wiewohl schön zu den namenlos tiefen Traurigkeiten des ›Abschied‹-Finales überleitend, freilich als Jagdstückchen noch einmal übetroffen wird an atmender Poesie des früh und zwielichtig Dämmernden, der helldunkle Töne ums sehnsuchtsweiche Herz windenden Empfindung der Nimmerwiederkehr des Schönen — übertroffen wird von Felix Mendelssohn-Bartholdys ›Jägerlied‹ in A-Dur aus den ›Liedern ohne Worte‹; man möcht' es nicht für glaublich halten!

Doch, Jagd- und Jägermusik machen mir noch Haydn (Vier Jahreszeiten), Verdi (Don Carlo) und Wagner (Tristan, Götterdämmerung u. a.) erträglich, sehr erträglich — man denke auch an die im Schmelzen auf H verhallenden, nicht mehr enden wollenden, ja fast nicht mehr wesenden Hörnerpianissimi am Ausklang von Bruckners Neunter —, und sogar noch Lortzings ›Wildschütz‹-Ouvertüre zehrt vom sehrend wehmutsvollen Zauber und Aroma der Hörner. Ohne freilich je die herrlich originäre romantische Wald- und Wiesenfrische von Carl Maria von Webers Jägerchor aus der ›Euryanthe‹ (item: v. Chezy!) einzuholen, sein frohsinnig zwischen Quint- und Sextakkorden chromatisch changierendes Bläsergeschmetter, wie es dann hornselig hirnrissig hinüberwuchtet zum erlösenden »O Wonne! Sie athmet, sie lebet!« —

— und dann, e poi, und dann natürlich das Alpha und Omega, die Epi-, ja die Theophanie aller hinreißend-hingerissenen Jägermusik *katexochen,* Webers vollends pandämonisch, orgiastisch-zölestisch daherbrausender und niedermachender und alles über den Haufen rennender und hinmeuchelnder Jägerchor aus dem ›Freischütz‹:

Was gleicht wohl auf Erden

Dem Jägervergnügen,
Wem sprudelt der Becher
Des Lebens so reich?
Beim Klange der Hörner
Im Grünen zu liegen —

— it's marvellous, it's enormous, it's absolutely stupendous!
Wow and once more wow! Wow! Fuck a duck! —

Surely, o ja doch, leider, sicherlich, »verklungen ist alle
die himmlische Lust«, wie F. Schubert in einem Gesangs-
quartett mitteilt — aber eine Ahnung ihrer kömmt doch
durch die div. Jägermusiken allemal und abermals auf uns
existentielle Krautscheuchen zurück, unsere Pfade wenigstens weilchenweise traulichtraut zu hellen — gewiß doch,
ich schäme mich ja, denn früher war ich immerhin mal als
Musikwissenschaftler tätig und auf der Höhe der Zeit, heute
geht nichts dergleichen mehr in meinen dicken Kopf (aber
zusammenhängende Gedanken sind ja auch Kohls Sache
nicht) — abgesehen vielleicht noch von Erkenntnissen wie
der, daß Mozart in der Coda des 1. Satzes seiner 39. Sinfonie
KV 539 es doch tatsächlich schafft, durch Auflösung des
Es-Dur-Grunddreiklangs nicht nur hinreißendste Quirlig-
keit, sondern für einen langen und tiefsinnigen Augenblick
virtuell allerhöchstes Lebensglück zu imaginieren, zu gau-
keln, ja zu gewärtigen —

— gewiß doch, bei Mozart hatte das Horn noch kaum je
jägerliche, sondern allemal Serenadenfunktion oder aber
jene vollends transzendierende, via die wundersamtene
Klangfarbe des Instruments über den Umweg der ambiva-
lentesten Ironie eine Chimäre, einen Wachtraum von Utopie
zu erschaffen, ihn erstehen und sofort wieder erlöschen zu
lassen — gutgut, das schon, aber bereits bei Schubert ist
dann das Horn als spiritualisiertes Inbild des Jägerlich-
Paradiesischen so hoch entwickelt, daß noch der betrogene
Müllersbursch im Verzweifeln klavieristisch die wahrhaft

dämonisch-herzzerreißend hallenden Jagdhörner halluziniert (allein diese genialen fünf Takte Schuberts werden durch eine Mio. Kohl nicht aufgewogen — laut Regina H. müßte man Schubert, käme er nochmals auf die Welt, ja sofort einen Zehnmarkschein geben, damit er wüßte, daß er, mit Martin Bangemann zu reden, »nicht mit allem Geld der Welt zu bezahlen ist«; so Bangemann unbezahlbar am 10. 3. 85) —

— ja, solche Hornmusiken können schon unter die Haut gehen, wie etwa auch jenes bereits vorne erwähnte »skandalöse« (Adorno) Posthorn-Solo aus Mahlers Dritter, das Kohl zuzeiten auch immer wieder traurig, taumelnd vor Müdigkeit und glasigen Blicks auf seiner messingischen Es-Trompete vor sich hinblies, wenn der Tag zur Neige ging, bis daß es ihm und seiner Umgebung durch Haut und Haar ging; während es auf der anderen Seite für den ganz jungen Kohl bekanntermaßen ein Schlüsselerlebnis war, als er ca. 1953 auf einer CDU-Veranstaltung in Landau Jakob Kaiser reden hörte. Die Pfalz »summte in jenen Tagen von Gerüchten« (Hofmann, a. a. O., p. 36) über allerlei separatistische Bestrebungen — und H. Kohl kann sich an die gespannte Atmosphäre noch heute erinnern: »Plötzlich begann jemand das Deutschlandlied zu singen, zuerst zaghaft, aber dann stimmten immer mehr ein, und es schwoll zu einem Massenchor an. Ausgemergelte Leute, Kriegsheimkehrer, ehemalige Häftlinge aus Konzentrationslagern — alle sangen mit. Diese Ergriffenheit hat mich damals doch tief, sehr tief bewegt« (Kohl, cit. nach Hofmann, ebd.) — gewiß, von der hanebüchenen Lüge von wegen tieftiefer Bewegtheit mal abgesehen (Kohl ist nicht zu bewegen), treffen sich hier Kohl und ich mich mit Kohl uns sogar irgendwie im Musikalischen, wer hätte das gedacht, denn was, was mag denn nun das wieder bedeuten? Was, frage ich Sie, was? Waswas?

Stellen wir die Frage vorerst beiseite und zurück. Fest steht, es gibt kein größeres Glück dieser Erde als jenes, da in C. M. v. Webers ›Oberon‹-Ouvertüre mit ihrem verschlafenen Elfenkönigs-Hornklang das Hüon-Motiv plötzlich im Allegroteil nach Fis-Dur (!) moduliert (eine durchaus kühnunerwartete Wendung — jaja, schneller denken, Kohl!) — »es ist, als ob der Wald sich lichte und die freie, grünblaue Maiwiesenlandschaft dem betörten, ja verzückten Blicke freigeben möchte« (Henscheid) — Heinrich Lübke ahnte es, als er es damals auf der Stuttgarter Gartenausstellung derart in hingerissene Worte zu kitten suchte: »Meine Damen und Herren, es ist fast, als wenn . . . eh . . . wenn das verlorene Paradies zurückgekommen wäre . . . wenn man dazu die Musik hat, dieses städtische Orchester, dem ich bei dieser Gelegenheit ein herzliches Dankes- und Anerkennungswort sagen möchte, die hier im Grünen sitzt wie in einem Paradiese, in dem in jedem Moment . . . der . . . der . . . komm ich nicht auf den Namen des Zwerges, des Gottes . . . in dem jeden Moment . . . der . . . na! . . . steht ja doch: die Ouvertüre zu . . . (Zuruf: Oberon! Oberon!) Oberon! — der Oberon in jedem Moment erscheinen kann. Das ist wie ein Märchen, und dieses Märchen wollen wir jetzt ausnutzen. Wir wollen uns freuen, an diesem Tage hiergewesen zu sein, wo wir, wenn das Wetter nicht ganz ausreicht, die Gartenschau im Saale miterleben!« —

— neinnein, paradiesischer kann man das Wesen des oberonisch-hornverträumten Paradiesischen gar nicht zum Widerschein des sprachlichen Ausdrucks zwingen, dagegen kommt natürlich auch ein Kohl nicht ganz an, so wenig er der Jagd- und Blasmusik letztlich etwas entgegenzusetzen und Halali pardon: Paroli zu bieten hat. Aber Kohl wäre andererseits nicht Kohl, wenn er den Lübkeschen Gedanken des Jagdlichen nicht behalten und später wiederaufgegriffen hätte in Dings . . . in Dings — der Geißler war jedenfalls auch mit von der Partie (war's nicht in Bergzabern! Kirchheimbolanden?), damals, als es darum ging, diese Sache da aus dem Feuer zu reißen, die Kohle und alles aus den

Kastanien und aus dem Feuer zu holen (doch, genau, in Kirchheimbolanden war's!), als Kohl wie Pontius ins Credo ins Gerede gekommen war bzw. wie die Jungfrau zum Kind sich vor Bärbel zu verantworten hatte (ja, Bärbel konnte damals wirklich ein Luder, eine richtige Xanthippe sein!), ja, wie gesagt, in den Krieg hatte Kohl nicht gemußt, gottseidank, das wäre was geworden — Kohl hörte dann als Ministerpräsident auch schon entschieden zurückhaltender Mahler, geschweige denn Jägermusik, sondern war längst schon volle Pulle dem Vivaldi-Dauerhören verfallen, dieser oberitalienischen Schrummusik, »zermürbend und beseligend« (so der reife F. W. Bernstein) wie sonst nur noch Händel — ja, ein sehr »gutes Klima« (Kohl) herrschte damals in Mainz mit seinem Fluidum von Lebenslust und Tollerei, als der neue Regierungschef dem »alten« (Altmeier, Peter) folgte, um sogleich eine neue Ära zu eröffnen, ja, Kohl, ein Mann des James-Dean-Jahrgangs und fast noch der Jack-Kerouac-Generation, war abermals *on the road* gegangen, dies Wandermotiv, Grundmelodie seines Lebens, einzulösen und zu verifizieren, von dem Gedanken so beseelt wie durchdrungen, zum dritten Male die Herausforderung anzunehmen und jene Sache schon hier im Prinzip durchzuziehen, die später als »Wende« in die gesamte Republik eingreifen und eingehen sollte; und ich zügle hier meine Ungeduld, jetzt, an dieser Stelle schon, ein bißchen von Kohls Kanzlerschaft zu reden, es möge diese einem späteren Ergänzungsbande vorbehalten bleiben — möge Gott ihn mir dereinsten noch vergönnen! Ah, und was erfahre ich soeben aus einer grandiosen Anzeige aus dem ›Börsenblatt für den deutschen Buchhandel‹? Daß sich für Econ eh schon wieder ein Autor gefunden hat, diese Kanzlerschaft abermals zu würdigen, nein, gleich zwei! »Das kritische Bestseller-Team Werner Filmer und Heribert Schwan stellte sich und anderen die Frage: ›Wer ist der Mensch Helmut Kohl?‹ « (hahaha, nein, gegen die Vulgarität und Gaunerhaftigkeit unserer kritischen Bestseller-Zeit ist wirklich bald kein stärkster Schnaps mehr gewachsen!) — »über 60 bekannte Ko-Autoren« haben außerdem noch mitgetan, von Manfred Rommel bis Petra Karin Kelly (hahahahaha, 60 Mann braucht die Konkurrenz, wo ich das mutterseelenallein an meinem Küchentisch mit links erledige und dabei theoretisch mit rechts sogar noch woxeln könnte, aber meine Woxelhand ist nun mal auch die linke!) — —

Fetter grüne, Laub! Noch einmal: Warum, wieso, weswegen war Kohl seinerzeit Ministerpräsident in Mainz geworden? Um den großen Kies abzugreifen? War er es geworden, um Behagen dort zu finden, wo sich zwar Fuchs und Jockel gute Nacht sagen, wo aber, Jacke wie Hose, die gebratenen Tauben dem Fuchs trotzdem nie nicht sauer werden? Hatte Kohl zugelangt, sintemalen er »wie alle anscheinend nur noch ins Fernsehen« (Hemingway an Arthur Mizener, 2. 6. 1950) wollte? Genug, wir wissen es nicht, und auf eine Anfrage bei der Mainzer Staatskanzlei haben wir bis heute keine Antwort erhalten. Eins aber wissen wir genau: In Mainz war damals, um '69 ff. rum, ganz schön was los. Heia! Da wurde, so kurz nach Beginn der Studentenbewegung, so manches Fäßchen aufgemacht, nun der Scheiß mit den Konfessionsschulen erledigt und vergessen. Denn jetzt stand Kohl fetter im Kraut denn je, mit großer Gelassenheit war der neue Mann zutiefst davon durchdrungen, daß, nun es zum Schwur gekommen, nichts mehr schiefgehen konnte. Wo einer aufmuckte oder gar meckerte — Kohl schloß ihm den freislichen Schlund. Souverän wie ein Doyen amtierte er jetzt gleich einem kleinen Napoleon — die wohltätig dummacherische Wirkung der heimischen Weine tat gleichfalls das ihre dazu, nicht nachstand ihr Kohls sinnlicher Humor — alles in allem: Jener Kohlsche »Sinnentaumel« (Marcel Mauss), jenes »Heilige oder zumindest Heiligmäßige des Eros« (Chl. Poth, cit. nach Bataille, p. 10 000), das aus der »Frömmigkeit des Denkens« (Heidegger) kommt und das damals, vor gut zwanzig Jahren, entfacht und entfesselt worden war, als Kohls Auge huldvoll auf Bärbel fiel, um sogleich zu einem *coup de foudre* sondergleichen auszuarten — dieser Taumel, er hatte sich zwischenzeitlich und vor allem seit der prunkvollen Friesenheimer Hochzeit gewissermaßen vergeistigt, spiritualisiert, sublimiert und abermals sensualisiert: Er war als supplementäre Redundanz von Gefühlsüberschwang auch auf andere Territorien übergeschäumt und -geschossen — auf die herrlichen Mainzer Redoutenbälle z. B. mit ihren unvergleichlich dreisten Riten und Digressionen, auf die delirierenden Gonsenheimer Nächte, auf denen Kohl, fraglos ein Grenzfall, ja ein Grenzwertproblem Pfälzer Universalhumors, zu brillieren und tirilieren verstand wie kein zweiter — vor allem und nicht zuletzt aber auch übergeflossen auf des Ex-Friesenheimers Artistik des Ex-Trinkens und seinen durch alle Widerstände (Brandt und Konsorten) hindurch emphatischen, ja fast renitenten »Vaterlands«-Begriff, mit dem noch der spätere Kanzler Kohl sein Volk so verzaubern sollte!

Jawohl, mit einem Großaufgebot und dem allergrößten Pomp und Troß zog Kohl damals im Mai 1969 in der alten Mainzer Hauptstadt ein, er, der in der Zwischenzeit ja wirklich »zu dick für das Haus« (M. Duras, ›L'amante anglaise‹, p. 118) in der Marbacher Straße geworden war. Ja, mächtig stattlich war er inzwischen geworden, der schon üpp'ge Kohl, das Haar straff nach hinten geworfen, die Augen klug hinter der Hornbrille versteckt, und noch klüger mied er bei der Anreise das gefährliche Pflaster der Stadt Frankfurt, denn schwerlich (schwante Kohl) hätte er dort viel staatsmännischen Ruhm gescheffelt; praktisch *incognito* reiste Kohl vielmehr auf dem Rhein-Ausflugsdampfer ›Hurra‹ von Ludwigshafen über Worms den Rhein abwärts, vorbei an Gernsheim, Oppenheim und Nierstein — und erst kurz vor Mainz lüftete er das Geheimnis seiner Identität, zog *carte blanche* — und gewann! *Les jeux étaient faits:* Altmeier wich — und, kurzum, wer das damals sehr begehrte Ministerpräsidentenamt ergattert hatte, war niemand anderer als unser Kohl, da staunste wohl.

So. Alles unter Kontrolle, alles paletti. Bald wurden dann auch Minister und Sekretäre ernannt, die Satrapen glänzten und kreisten wie die Satelliten einer schönen Sonne, und Kohl schlief ab sofort, den Landesapfel immer in der Hand, in einem golddrapierten Alkoven in der Staatskanzlei, gleich hinter seinem Schreibtisch aus eitel Speckstein. Nenn es Glück, nenn es Dusel, jedenfalls trat Kohl ab sofort kaum mehr in irgendwelche Fettnäpfchen, noch verbockte er irgendwas. Des neuen Ministerpräsidenten sittigende Kraft im Verein mit seinen staatlichen Präferenzen sorgte sofort für eine gründliche Kalmierung des Landes, und auch Bärbel, die zur Feier mitgereist war, machte jetzt keinen Ärger und keine Sperenzchen mehr (oder jedenfalls kaum) — und Kohl zeigte sich auch ihr erkenntlich: Er schenkte ihr als symbolischen Gestenwurf den nahen Mäuseturm und hatte seitdem praktisch Ruh vor ihr. Man war quitt. Ein für allemal.

Gewiß doch, kaum im Amt galt es für Kohl dann schon immer wieder mal Ränke abzuwehren, Widerstände zu brechen und gefährliche Frondeure dingfest zu machen. Bauchgrimmen machte Kohl damals vor allem die Sache Wupp nebst ihren unverhofften Folgen — es wurde diese Sache immer unübersichtlicher, die Kompetenz und Kompatibilität des Kabinetts selber schien zeitweise überfordert angesichts der Schwere der Vorwürfe — Himmel! Was ein Wirrwarr! Und dies mitten im Sommerloch der Mainzer Herbstfastnacht! O quanti misti sospiri entrangen sich da erneut Kohls gutturalem Gaumenrohr, wie vordem zeit der keuschen Werbung um die süße Bärbel; bis dann endlich der kesse Geißler, die beste Stütze von Kohls Thron, der Sache ein Ende machte und die leidige Affaire bereinigte. »Al estremo dei miei tristi dì!« schwur Kohl (und entsann sich baß erneut seiner Italienischkenntnisse aus der Werbezeit) würde er dem Mann das nie vergessen, und er ernannte deshalb Geißler später zum Minister, Generalsekretär und Chefideologen.

Aber haben wir hier Nachsicht mit Kohls Schwächen, die ihm so manche nicht unverdiente Blessur verpaßten, denn Kohl wäre nicht Kohl, wenn er sich nicht abermals auch aus dieser Staatskrise heraus wieder gefangen und hochgerappelt hätte. Die Gerechtigkeit erheischt zu berichten, daß bald alles wieder wie am Schnürchen weiterlief, der Amerikaner hatte keinen Grund zur Beschwerde, und der Russe sah keine Chance zum Eingreifen. Immer besser fand sich Kohl zurecht und machte *buona figura* auf allen höheren Ebenen und Parketten (Filbinger, Mischnick, Stoltenberg u. a.) nach den Konditionen der Billigkeit. Schon damals wollte er, wie er dann erst 1984 der angesehenen ›Zeit‹ beichtete, »das jetzt durchkämpfen, egal auf welchem Wege, mit oder ohne Vorlage«. Ja, so war und ist er eben, unser Kohl, riesenstark im Geben, bärenstetig im Nehmen. Freilich, »Kohl hütete sich wohl vor den Launen des Glücks« (Hofmann, a. a. O., p. 54), doch, das kann man so sagen. Und man hat sogar Exempel, daß Kohl in Mainz auch politisch allerlei zuwege brachte (siehe die Sache Kropf) und auch schon mal zusammen mit Johann Wilhelm Gaddum (nach einem Bericht des ›Spiegel‹ vom 24. 6. 85) von Daimler-Benz Schecks über 190 000, 50 000 und sogar 10 000 Mark für die Partei entgegennahm — das sah Kohl, wie auch Graf Lambsdorff sich noch 1985 vor Gericht genau erinnert, nicht so eng; Hauptsache, die örtliche Zuständigkeit des Finanzamts Neuwied blieb erhalten . . .

Der Maler Herbst wich, der stille Wintersmann kam und breitete sein Totenlinnen drüber, ihm folgte springlebendig wie nur einer der Junker Frühling — und noch immer war Kohl Ministerpräsident von Mainz bzw. Pfalz. Nicht einmal Strauß konnte es begreifen und ganz ausdeuten. Sicher, auch nach Bereinigung der Sache Hopf kam es im Kabinett noch zu manch anderen kleineren Defekten, Säumnissen und

Unsauberkeiten, die Konfiszierung der Sache Wuff duldete bald keinen Aufschub mehr und kam und kam nicht voran — so manches Mal hatte Kohl da Grund, erheblich zu wüten und mit dem Fuße aufzustampfen! Indessen, selbst aufgeschmissen gab Kohl sich keine Blöße und hatte deshalb auch immer wieder überragende Vertrauensbeweise zu verzeichnen, die seinen Platz am langen Ohr der Geschichte langsam, aber sicher zu sichern begannen (so die Eingabe Little). Denn eins, eins vor allem kam dem schon fast reifen Kohl, ungeachtet ihm die fallende Sucht damals zeitweise geringfügig zu schaffen machte, eins kam ihm in Mainz immer wieder hoch zugute und zu Buche, nichtsdestotrotz selbst in gefährdetsten Regierungsperioden: Jenes mit Worten kaum beschreibliche und auch nicht bezahlbare »Dauergrinsen«, jenes »Grinsen um Ablaß«, das 1984 Karlheinz Bohrer im konservativen ›Merkur‹ ebenso bewundern sollte, wie es den linksradikalen ›Plärrer‹ bestechen mußte; jenes Lachen, welches den ›Salzburger Nachrichten‹ im Januar 1984 im Zusammenhang mit der Staatskrise Kießling ebenso einleuchtete, wie sich durch es die liberale Turiner ›Stampa‹ in gleicher Angelegenheit an eine Wiener Operette erinnert fühlte. Getragen aber wird dies hochgemute Lachen allemal von einem raumgreifenden Lebensgefühl, das am 10. 2. 1984 in Kohls wohl berühmtestem Statement kulminierte: »Wir lieben das Leben und die Lebensfreude und lassen sie uns auch trotz aller Probleme nicht vergällen!« Ein Männerwort, welches zuletzt auch noch einen linksradikalen Kommunisten wie Hermann L. Gremliza durchaus sprachlos machte:

»Kritik bedarf eines satisfaktionsfähigen Gegners. Vor einem Mehlsack wird die eleganteste Terz zu einer Übung von spastischem Charme. Hinter keinem der Sätze, die dieser Bundeskanzler spricht, hinter keiner Äußerung seiner Gefühle ist etwas verborgen, das durch Anstrengung des Scharfsinns oder des Witzes enthüllt werden könnte. Kohl ist einfach identisch. Er spricht wie er denkt, und er grinst wie er schreitet — einer

Erklärung so wenig wert wie ihrer bedürftig. Kohl hat, zuletzt, die Satiriker und Polemiker ausgesessen.«

Was ihm diese nicht schlecht vergalten, als sie ihm noch im Jahr 1984 in Gestalt der Münchner Narhalla-Gesellschaft verdientermaßen die Karl-Valentin-Medaille überhängten. Denn siehe: »Paßt hat er« (K. Valentin, ›Der Firmling‹) — nämlich so genau, daß schon am 9. 9. 1983 anläßlich einer Bonner SS-20-Debatte (Valentin: »Raketen! Ah! Raketen! Wunderbar!«) sogar die bekannte Grünen-Abgeordnete Frau Vollmer in ihrer Angst vor einem allseitigen Lachkrampf zwischenrufen mußte: »Wann hört der Bundeskanzler auf zu lachen?« (cit. nach: ›Süddeutsche Zeitung‹).

Wenn Sie mich fragen: Nie! Sondern lachend und breithinnig grinsend unterstützte Kohl auch noch die Ludwigshafener Ehrenbürgerschaft für Ernst Bloch, trara.

So wie er auch 1979 lachend nicht sich entsumpfte und verpennte, dem davon komplett perplexen Arno Schmidt telegrafisch seine besten Glückwünsche zum Geburtstag zu entplumpsen (Arno Schmidt, ›Der Briefwechsel mit Alfred Andersch‹, Zürich 1985, Brief Schmidts vom 22. 1. 1979); derart die alte Mannheimer Zufallsbegegnung wiederaufputschend, bzw. irgendwie war halt Schmidts Arno durch ein Versehen Geißlers in die CDU-Gratulationskartei hineingeschwuchtelt.

Man wird die kleine Ausschweifung gütigst verzeihen — ich habe mich hinreißen lassen. Bzw. mit Kohl zu spachteln: »Ich möchte nicht immer hochgeistige Gespräche führen, sondern einfach so« (cit. nach der auch überregional angesehenen ›Zeit‹, Silvester 1983). Eben. Mal über Jägermusik, mal über jenes. So wie das »Oggersheimer Scheunentor« (Privatdozent Gernhardt) das alles ebenso gleichmütig schluckt, wie es die Sau schwallvoll wieder rausläßt. Der »synthetischste aller Politiker« (Charles Wilp, der sollte allerdings besser seinen eigenen synthetisierten Rand halten) fühlte sich in seiner neuen Rolle wie der Hecht im Nudelteig und an seinem Schreibtisch so pudelstark und saugut, daß selbst Konrad Adenauer hin und wieder die toten Augen übergingen. Der einst ein Reiter werden wollte und an seiner Pferdephobie gescheitert war — das Stigma des Auserwählten selber hatte ihn auf den Mainzer Stuhl gepflanzt. Oft geschmäht, nie erreicht — jetzt saß er druff. Ein Fixgestirn. Man könnte versucht sein, von Zufall zu reden. Nichts da, Kohls virtuos virile Ausstrahlung im Wassersportverein mit seinem karitativen Charisma dankt sich vielmehr immer seinem »soldatischen Charakter« (Theweleit) sowohl als seiner dem Faradayischen Unschärferelationskäfig sich verschränkenden und verschrumpelnden narzißtisch-psychotischen Schwerkraftdefektheit. Zwar vermochte sich auch ein Kohl ab und zu der Einsicht nicht zu verscherbeln, daß der Mann, den vorzuführen er sich ab sofort nimmermehr entbarmen durfte, ein Mann von altem Hirnschlag sein mußte — doch straflos waltete und schaltete Kohl gerade deshalb fortan seines frohen Amtes — Gott sind die liebsten Geschöpfe ja doch immer die, die wo. Könnt Ihr Euch vorstellen, daß das alles gutgehn konnte?

Doch, es ging.

Ihr Sterne seid uns Zeugen, die ruhig niederschaun! Rheinland-Pfalz wurde immer größer und dicker und wohlgestalter, und jedermann konnte sich vorstellen, daß niemand anderer als KOHL es war, der da dahinterstand. Ja, KOHL verlebte selige Stunden gemeinsam im Kreise zusammen mit seinen Ministern und Staatssekretären (vor allem der junge H. Friderich tat sich jetzt schon bald eindringlich hervor) sowie abermals liebenswürdigen Frauenzimmern, die er beim Amtieren kennenlernte und welche nicht säumten, KOHL mit dem zärtlichsten Gewäsche zu umgarnen, zu verstricken und es vor ihm auszukramen — sei's in der Staatskanzlei, sei's im nahen Renommierlokal ›Horrido‹, wo sie ihm mit Fächern, groß wie exotische Paradiesvögel, und Parfümzerstäubern nimmersatt vor dem Kopf herumwedelten. Gut, es gab weiterhin kleine Rückschläge; so als Kohl sich einmal fast ins eigene Fleisch schnitt, indem er, die Zähne zusammenzwickend, versehentlich die linke Zunge erwischte. Aber ums Arschlecken wollte sich Kohl auch davon nicht aus seiner Gemütsruhe zerren und in seiner Sittlichkeit aus der Kurve tragen lassen. Sondern mit Hauen und Zähnen verteidigte er sein einmal vereidigtes Glück, rottete alle Eiterbeulen aus, hielt seinen Talisman, eine stromlinienförmige Mohrrübe, fest, differenzierte aus, rüstete das schon »Zuhandene« (Heidegger) zu und tat insgesamt bestens daran, sich nicht aus dem Trott tragen zu prassen. Versteht Ihr das? Nein?

So begreift, daß es gar nit anderst sein konnt! Begreift, daß Kohl sich nun mal einfach so richtig erquickt und wohl fühlen wollte, ja mußte, »vögeliwohl«, wie der Appenzeller U. Jakob sagt; unverschadet einer gewissen benommenen Beklommnis, die ihm ab und an a bißeli das Herz gar zierlich kräuselte . . . so wie auch mir . . . so ein gewisses Ziehen, Hängen, Wehen, Drucksen um die Brust und vor allem um die Lymphdrüsengegend herum, wo alles sich so eiskalt antastelt, daß es schon zum nimmersatten Schämen ist . . . und war, damals in Mainz . . . jadoch: »Eine Handvoll Flöhe begann zu zetern« (Lowry), als sie einmal genauer hinsah, wie alles zuging und was alles ablief in der alten Domstadt und strampelte und zwurgelte und dann wieder Niersteiner Domwein draufschüttete, ohne auch nur »die Spur eines Verdachts, eines Schimmers von Argwohn« (KOHL, cit. nach ›Die Zeit‹; Datum hab ich verschlampt) zu erwecken — —

Sternsplittern des ewigen Himmels! Ich aber sage Euch zuletzt: Kohl machte seine Sache gut in Mainz. Nämlich er machte in Mainz genau schon das, was er dann im November 1984 laut Kohl (cit. nach ›Zeit‹) auch in Bonn stets machte: »Prima Politik« (meint: Klasse-Politik).

Und damit ist Kohls Jugend auch schon abgeschlossen und abgetan.

A LA RECHERCHE DU TEMPS
ENGLOUTI

Gelinde hauset Nächtiges; am hohen Himmel schießen
Sterne. Schwarz steht der Wald wie reisig knarrend. Blei-
wurz schießt ins Binsenkraut. Die Schwerkraft der Schwarzwurzel überwintert selbst noch die Alraune der fetten Ra-
punzel. Fahl niederträchtig west's im Westen, kaum minder
beschwerlich im Osten der Knotenanbläserin kundiges Tun.
Efeu schlingt zu Allerleirauh. Der Rauhnacht Schwungrad
fasert finstrig. Mürrisch scharrt der Werwolf. Im Schum-
merlicht wälzt feil sich Wildschwein. Nornen umschwanen
murmelnd Schweigen, zu locker das Seil uns häufig sehr
dünkt. Fadenschein webt in der Wolfsschlucht wie wabernd,
Reißendes stiebt uns hinaus in die Feldschlacht. Gesträubt
starrt da das Haar uns greulich: Ein Ungesicht hat uns am
Wickel. Arg plagt uns itzt des bösen, des Bärenhäuters
mächtig gespreizte Pranke. Wüthend durch Gramreiches
hetzt uns ein Heer: Herrn Lützows verwegene Meute hebt
an. Samuel hilf! Samuel hilf!

Streunende Hunde kümmern uns schwerlich. Härmend
kaum scheint ja der Hamster. Tollkirschenkühn doch treibt's
uns zur Schwellnuß, zu ihrer gewaltig zermalmenden Wurst-
kraft. Das gelbe Kätzchen mahnt uns tröstend. Im Wasser-
bau wehrhaft aber scharfäugig hockt wachsam der Biber, die
Gattung zu fällen, wo schwer sie gefehlt.

Schwüles Gedünst schwadet einher. Lästig uns ist druck-
voll Trübes. Insfreilich, noch neblicht, doch golden tagt
Wüstenrot allschon sehr zartreich über dem Haupt der
Weinbergschnecke. Denn im Luftreich des Traums besitzen
die Herrschaft noch unverzagt wir. Die Banalität zwar der
Frauen hat unterderhand eine Massiertheit erklommen, die

hinreicht, uns sehr gut zu entlasten. Unbestritten, unvertagt sind wir aus dem Schneider. Die Folge jedoch: Noch der unwilligste der Rammler (Wunsiedel) kommt heute sehr zu Potte. Allkräftigkeit haut folglich Todessehnsucht schlagartig in die Pfanne. Der Menschen Anmutung: sie mutet an bedeutend sehr. Die einzige Möglichkeit, sich gegen gewisse Visagen ausreichend zu wappnen (Bo Derek, Derrick) und ihrer Herr zu werden, besteht darin, Visagen (Gunsch) ungescheut sie jetzt zu nennen (Strauß). Sobald das Bier sich neiget, kömmt destotrotz die Bangnis hoch. Viel Bangnis und sehr Panik. Doch meint der Staat es gut mit uns: Und entbietet Dregger, Geißler, Kohl.

Ubi bene, ibi patria. Gewiß. Aber *hic et nunc,* auf der mittagsstillen Höhe der Zeit, der inzwischen gefestigten, ja zementierten Kohlschen Kanzlerschaft, stellt abermals sich die Aufgabe, retrospektiv Rückschau zu halten — auf das, was ist, und aber auch auf jenes, was war. Denn der politische Rang des seit 1. 10. 1982 herrschenden Kanzlers und »Amtsträgers« (F. J. Strauß) gebietet es zudem und übers normale Maß hinaus, Atem zu holen und innezuhalten in der bloß deskriptiven Addierung und Summierung der Faktizitäten einer exemplarischen, ja paradigmatisch-parametrischen Existenz, einer politischen *vita sui generis et animae* und vielmehr erneut der Zeit Raum zu geben zur produktiven Hinterfragung sinnvoller Biographik nach ihren eigenen Voraussetzungen, Prämissen, Prärogativen und Zielprojektionen:

Was hat Bestand? Was wankt bedenklich?

Und: Was will Biographie überhaupt?

»Aut prodesse volunt aut delectare poetae«. Sofern die Horazische Formel für die Poeten gilt, so gilt sie auch für ihre Brüder im Geiste, für die Biographen. Ja, »Biographik von Rang« (Wollschläger) tut gut daran, das tendenziell zögerliche »aut« in ein kerniges »et« umzudeuten: Prodesse *et* delectare will und soll progressive Biographik; dies auch

und gerade in einer Ära progredierender Antinomien, Dichotomien und Schizophasien; und im Falle Kohl zumal und ganz besonders: Wenn er uns schon nichts nützt, so erfreut er uns doch. Ein Politiker vom Range Kohls hat, mehr noch als andere, legitimes Anrecht auf objektiv-vorurteilsfreie Historie und Historik auch da noch, wo die traditionellen Methoden des Fachgelehrten versagen, gleich verglühenden Sternen in sich selber zusammenstürzen. Denn gerade die Dignität des vorliegenden Gegenstands, nämlich die Evidenz einer außernormativen Zerebralbefindlichkeit, jene unergründliche, ja inkommensurable Geistesverfassung, die Heinrich Heine dem Tiroler nachpreist und die gleichsam über dem Großen Ganzen geschichtsmächtiger Phänomenologie waltet: Erst im Fall Kohl, den man heute wohl so ungesäumt wie ungescheut mit »Syndrom Kohl« betiteln darf, erst im Kasus Kohl reift und gerinnt sie endlich und endgültig zur eigenen Normativität und gleichzeitig und selbanderweis zum sich selber transzendierenden Status, zur Kategorie *per se* und zur Dimension *eo ipso* einer existentialen Geworfenheit, die wir gegen Ende dieses Buchs nicht anstehen, mit dem mystischen Begriff der *qualitas* einer *vita nuova moderna,* einer schließlich und endlich gar nagelneuen Moral einzudecken oder einzukleiden.

Prodesse et delectare: Als »total unfähig« erklärte F. J. Strauß den Rivalen Kohl noch 1976. »Bewundernd steht man vor der Weisheit des Wählers«, konterte Kohl am 6. 3. 1983 nach einer für ihn als Bundeskanzler haushoch gewonnenen Wahl gleichwohl. Meint: Nützt die Rekapitulation solcher landauf landab bekannten Zitate auch nichts — ist sie nicht doch immer wieder delikat?

Die Geschichte der Historik ist allzeit auch eine Geschichte der Individualhistorien und in der Folge -biographien — mögen auch paramarxistische Forschungsrichtungen gelegentlich, über alle Stränge kritischer Vernunft hauend, nach der extrem anderen Seite hin ausschlagen.

173

Denn ob es Kohl selber glauben wollte oder nicht, plötzlich war er — Kanzler! Der einst aus den Schründen und Schlünden Friesenheims und der Primärsozialisation der Familie emporgestiegen war, ein einigermaßen gemütliches Leben zu starten; der sich dann in Heidelberg und mittels der Sekundärverbandsformation der Partei weiter hochgerappelt hatte, um in Mainz an die dicksten Pfründe zu kommen; derselbe Kohl war, indem er den Griff nach den Sternen wagte, ob er es nun letzten Endes selbst gewollt hatte oder nicht, plötzlich und nicht zuletzt mit Hilfe seines wahrhaft geilen Hairstylings — ein Star. Mit einem Wort: »Kohl hat sich selbst gemacht« (Wiedemeyer, a. a. O., p. 208). Nein, nicht der Herrgott hat ihn gemacht noch Adenauer, sondern er ihn, Kohl, selber. Und besser kann man es eigentlich gar nicht mehr sagen. Höchstens Flaubert: »Ja, die Menschheit verblödet« (Brief an Louise Colet). Oder aber Kohl selber. Nämlich mit jenen seinen eigenen Worten, welche er schon am 15. 10. 1975 (!) aus Anlaß der 25. Jahrestagung der Deutschen Gesellschaft für Osteuropakunde e. V. Berlin in Mainz sagte: »Wir werden auch in Zukunft mit einer offensiven Politik der Sowjetunion zu rechnen haben.« Jaja, derlei unirritable Töne hörten sie damals gar nicht gerne, die Brandt und Bahr und Konsorten . . .

»Doch dies ist nicht die Stunde« (Kohl), den Blick nach vorne zu werfen, in die finstersten Phasen der sozialliberalen Koalition, sondern wohin? Genau, zurück. »Dahin, woher« (Lohengrin) wir soeben kamen. Will sagen: Der spätere souveräne Umgang Kohls mit den Großen der Welt, den Vornehmen, den Fürsten, den Durchlauchtigkeiten sowie den Reichen dieser Erde sollte uns nicht den Blick verbauen auf das, »was ist« (Beckett), auf das, »was war« (E. H.). Nun, was war eigentlich?

Gestehen wir hier ruhig, daß Kohl aus kleiner Leute bescheidenen Verhältnissen kam, und auch dies, daß sein Geschick ebenso in Friesenheim beheimatet war, wie der

Kanzler dorthin noch immer zurückfindet, und wie dieses sein Los sich dereinst dort, den Ring schließend, da wette ich jeden Betrag, auch vollenden wird. Allerdings war die »Kohlsche Unschuld« (Lothar Baier) ja auf der anderen Seite keineswegs jene »reaktionäre Unschuld vom Lande« mit dem »notorisch guten Gewissen«, die Karlheinz Bohrer in des Kanzlers Wesenszentrum vermutet; und schon gleich gar nicht die »grauenhafte Unschuld« (loc. cit.). Vielmehr grauenhaft war zwar der Lokus in der »Zitadelle Kohl« (so Kohls Vater hin und wieder zum Spaß) in der Hohenzollernstraße 89. Aber schon ein allererster Blick in die Individualbiographie Kohls lehrt ja, was dann eine gründliche Recherche hinein in jene tief versunkenen und verklungenen Zeiten noch einmal aufopferungsvoll beglaubigt: Daß, unabhängig von der Elternschaft, später »Schrecki« und dann vor allem Biedenkopf, unabhängig auch von allen Freudschen Frühkindlichkeitskategorien (die lehnt Kohl bekanntlich ebenso ab wie Freuds Todestrieb und seine Kastrationsangst) bzw. Jungschen Archetypen, in Kohl selbst eben etwas war, das eben so war, und nicht anders.

»Unsere Prinzipien sind zeitlos!« beteuerte Kohl noch auf dem Mannheimer CDU-Parteitag 1975 — und recht hatte er! Denn nun kann man zwar genauso rechtens fragen, wes Geistes Parteitagsdelegierte das sein mögen, erwachsene Menschen notabene, die sich freiwillig, bona fide, stundenlang und auch noch mordsmäßig fidel einen solch einen wurstelhaften, nicht-und-nicht-nachlassenden Stiefel anhören, in aller andächtigen Geruhsamkeit. Indessen: »Das Problem Kohls ist doch nicht«, kommentiert sogar der SPD-Kulturdezernent Hermann Glaser, »daß er eine schlechte Sprache spricht, daß er die Schärfe des Begriffs nicht wagt« (cit. nach ›Vorwärts‹ vom 6. 4. 85). Nun kann man zwar weiter fragen, wo a) da ein Problem bzw. kein Problem sein soll und b) warum Kohl ausgerechnet einer tadelt, der selber ausgerechnet den stolzen Begriff der »Stolz-Arbeit« in die

Welt geschleust hat, diese weiter zu verdustern. Aber sei's drum: In den geheimsten Gründen und Winkeln und Ritzen des Kohlschen Denkens (Denkens, ja Denkens) lauert — Bohrer hin, Glaser her — vielleicht ja, ungeachtet Kohls Versicherung, er spüre »keinen Funken Defätismus oder Depression« (›Die Zeit‹, 5. 7. 85), eben doch jener cartesianische Zweifel, dem Kohl, trotz all seiner Eingedenkheit dem Blochschen »aufrechten Gang« gegenüber bzw. seiner (des Gangs) bewußt seiend und bewußt sich seiend o. s. ä. — bzw. einfach wissend, daß es um diesen aufrechten Gang herum auch Gefahren lauern hat, die das stolzarbeitsmäßige Ertragen und Tolerieren von zuzeiten Spott und Geißelhieben, ungutem Treiben (Geißler!), ja Schurkenstreichen (Biedenkopf!) einem schon mal das Herz matt werden, der Mut sinken und der Satzbau bröckeln kann, nicht zuletzt unter diesem Einfluß bzw. Zwang des ständig im Amtszimmer dudelnden Vivaldi-Gerumpels sowie der barocken Trompetenkonzerte, die Kohl im Rahmen seiner »ganzen Amtsautorität« (Kohl) immerzu durch die Dienstzimmer schallen läßt.

»Der Gang der Weltgeschichte« (Arnold J. Toynbee) ist aber auf der anderen Seite nicht kongruent mit dem »Unbehagen in der Kultur« (S. Freud). Er richtet sich oft nicht nach dem, wie uns zumute ist, sondern danach, wie Kohls feste Arbeitsprinzipien (also etwa: Effektivität, Effizienz und Vertrauen gegen Vertrauen; so Hofmann u. v. a.) einschlagen und sich durchsetzen. Wo immer er war und seinen Mann zu stehen hatte: Kohl kümmerte sich um alles. Sein Ideal der Solidarität, ja der Kameradschaftlichkeit — von »Cameraderie« ist in seiner Doktorarbeit an prononcierter Stelle einmal emphatisch die Rede (p. 161) — mit dem erklärten Ziel, »mündige Brüder« (p. 104) dereinst zu werden: Dieses nachdrücklich gegen Opportunisten, Sozialisten und sonstige freakige Schickimickitypen gerichtete Arbeits-, ja Lebensprogramm begleitete ihn auch noch beim Exodus nach Mainz, der dann allerdings wiederum konsequenter-

weise von der fast allwöchentlichen Heimkehr nach Friesenheim, Oggersheim und dem Willersinn-Weiher konter-
kariert war. Es verdroß Kohl gewiß, daß die Grünen-Abgeordnete Waltraut Schoppe ihn eines schönen Tags dazu
aufforderte, »die Menschen doch einmal öffentlich darauf
hinzuweisen, daß es Formen des Liebesspiels gebe, die außerordentlich lustvoll seien« (Cora Stephan, ›Ganz entspannt im
Supermarkt‹, 1985). Obwohl Kohl nicht sich verhehlte, daß
an derlei maoistisch-masochistischen Manifestationen des
Zeitgeists auch hin und wieder was dran sei. Denn Kohl
regiert ebenso streng wie simultan oft soft: Die Insignien der
Macht (Zepter, Reichsapfel, Birne) umklammert er ja nur
dann kraftvoll, wenn die Zeichen auf Sturm stehen. So wie
denn überhaupt Kohls vielbejubelte »Wende« primär eine
»Wehwende« ist, wie ja auch die schmuck gelungene Broschüre ›50 Jahre Siedlung Notwende‹, herausgegeben von
der Siedlergemeinschaft-BASF-Notwende e. V. (6700 Lud-
wigshafen-Oggersheim o. J.) eindrucksvoll belegt. Leider
findet sich darin kein programmatischer Beitrag Kohls, und
entlastend für ihn kommt dazu, daß er weder in dem darin
zentral enthaltenen Festgedicht von Karl Blank vorkommt
noch überhaupt sonstwo in der, wie gesagt, überaus
schmuck gelungenen Broschüre; dies Festgedicht ›Unsern
erschte Arweitsdaag‹ aber wollen wir uns der Vollständig-
keit halber hier partiell mal anhören:

> *Ach is heit bei uns gemütlich,*
> *nergends werd heit disputeert.*
> *Alle sin so satt und friedlich,*
> *geschtern war's noch umgekehrt.*

Hört, begreift man aus diesen Zeilen den Grundsound dessen, was bei Kohl später als »Wende« in die Geschichte
einufern sollte? Hört man? Begreift man? Ja? Na, dann ist's
ja gut.

»Das Weltbild Kohls setzt sich aus vielen Mosaiksteinen zusammen«, ergänzt flüchtig W. Wiedemeyer (p. 155 ff). Gut, die in Friesenheim »endemische gewisse Stumpfheit des Geistes« (Lichtenberg, ›Sudelbücher‹ J 1173), diese paralysierende *»maladie mentale«* (Foucault) ist sicher das eine, Kohls angeborene und später zudem noch angeheiratete verheerende Zerebralschrundigkeit nebst paroxydierender Dampfschwurbelmächtigkeit das andere. *Hic Rhodus, sic salta.* Keiner rechte darüber, keiner — *Gott Sebaoth* vielleicht ausgenommen — maße sich Gottähnlichkeit an. Wohl aber darf ein kritisch sondierender Biograph hie und da ein Schlummerchen machen — nimmer aber vollends einschlafen. *Nessun dorma!* Sondern euer Wort sei »jaja, neinnein«. Reißen wir uns deshalb abermals, ein vielleicht letztes Mal zusammen — halten wir uns an die nackten Facts:

Sicher, einerseits kann Kohl gegen Gegner sehr wohl auftrumpfen. Darum ging er ja in die Politik und später, vollends sein Glück abzusichern, nach Mainz und Bonn. Doch: Was heißt, was lehrt uns das?

Schwer zu sagen. Okay, schon in der Volksschule war Kohl nicht schlecht, und wohl erkannte der spätere Realschüler die drohende Unübersichtlichkeit des Weltgefüges und mithin die dringende Notwendigkeit der Notwende. Nicht aber machte ihn diese Erkenntnis verzagen und erschlaffen, so wie mich das alles an meiner deshalb immer rasender ratternden Schreib- und Hackmaschine. Werfen wir heute einen jähen Blick zurück auf Friesenheim 1930 ff., so ergibt sich ein durchaus differenzierungsbedürftiges Bild, und als Historiker haben wir Anlaß, uns in Zurückhaltung zu üben, wenn sich die Frage nach der historischen Wertung stellt. Denn nicht nur macht auch uns Fachgelehrten die drohende Unübersichtlichkeit zu schaffen — die Dialektik des Historischen selber wird von ihrem eigenen Gegenstand erfaßt. So etwa dann, wenn wir erfahren, daß Kohl zwar einerseits politische Gegner in seiner Glanzzeit barsch und reihenweise niedermachte — wenn wir aber andererseits nicht umhinkönnen, der Tatsache ins Auge zu sehen, wie schmerzlich Kohl weinte und wild aufwimmerte, wenn ihn mal selber ein Faustschlag des Gegners wie eine Keule an der Kehle traf. Ei ja, stolz wie ein spanischer Pfau lieferte Kohl in Heidelberg seine Doktorarbeit zwar ab — aber ach, wie schlotterte er vor Angst und Grauen, als er dann des Ergebnisses harrte. Mutmaßen mag man, daß Kohl nicht wußte, was er tat, als sich das Kind zugunsten der deutschen Wehrmacht mit Seidenraupenzucht befaßte; denn nicht lockte den späteren Dr. Kohl gleichwohl eine Karriere bei der Bundeswehr. Bzw. nur mal ganz kurz, als er damals 1957 ff. überhaupt nicht mehr wußte, wohin mit sich. Man komme uns hier auch nicht dumm mit dem Einwand, Kohl sei im Juni 1985 nur noch von 30 Prozent der Deutschen als ein guter, von 53 Prozent aber als ein schlechter Kanzler erachtet worden (ARD, 19. 6. 85), wogegen ihn doch kurios genug im März 1983 fast 50 Prozent der Landesbewohner sanktioniert hätten: Wer so argumentiert, der vergißt, wie R. Stücklen rechtens moniert, daß Kohl seinerzeit in Oggersheim gar nicht wissen konnte, welche mausgraue Laus er sich da auflud, als er sich den FDP-Landesvorsitzenden Dr. Scholl als Nachbarn antat. Der Beweis: Die Polizei stellte hinterher *einwandfrei* fest, daß die geklauten Juwelen wider Erwarten doch nicht in Kohls Keller waren!

Üble Nachrede! Nichts als üble Nachrede!

Nun könnte man zwar auf den Verdacht kommen, Kohl und »Juwelen-Scholl« (›Bild‹) hätten gemeinsam einen geheimen unterirdischen Gang zwischen *beider* Bungalows angelegt, in dem die *Diamantringe* und *Diademe* heute noch seelenruhig lagern. Sicher, theoretisch ist der Verdacht nicht ganz auszuräumen. Und doch ist er nur Hirngespinst, das auf die Abfallhalde der Geschichte gehört. Unflat, nichts als Unflat!

Kohl ein vom Osten eingeschleuster Spitzenagent? Ach was.

Um hier gleich auch diesem oft als Einwand zu hörenden Vorurteil ein für allemal zuleibe zu rücken: Nicht durchaus Freund war und ist Kohls bukolisch-sanguinisches Temperament der Referentialkraft des normativen Faktischen. Nein, dies macht uns minder bange; dies leitet uns kaum irr. Sondern der junge und »außerordentlich dynamische« (Rösselmann) Chemiereferent trat erst einmal behutsam in die Fußstapfen von diesem und jenem. Hasardspiele dahingegen haßte er entschieden und mit Grund. Sondern vielmehr war jener, dem es zeitlebens nicht an Neidern noch Ausspähern fehlte, die ihm zusetzten, vor allem von 1950 bis 62, doppelt vorsichtig in seinem sittlichen Betragen, so durch gelassene Teilnehmung den Nachstellungen der Genannten tapfer trotzend, ja ihrer spottend. Die Mißgunst scheinhaft anhänglicher Kreaturen (Todenhöfer!) wehrte Kohl billig dadurch ab, daß er ihrer nicht achtete, ei, ihrer gar nicht inneward. Schwerlich scheute Kohl die Berührung mit den höheren Ständen (ab 1954), doch hütete er sich heilig, seine eigene geringe Herkunft zu vergessen oder vergessen zu machen, ohne daß er sich doch gleichwohl je subalternisch geriert hätte. Geriet Kohl in Zwist, hoppla, schon gleich drauf war er wieder gut. Und immer obenauf. Die Treue tragend dem Bruder, trog er ihn nie auch unterderhand. Nie.

Ein Ammenmärchen im übrigen, daß, wie Ött vermutet, Kohl seinerzeit nach der Währungsreform erpicht darauf gewesen wäre, die modischen Manieren jener aufzuschnappen, die damals in Friesenheim das große Sagen hatten und den pseudomoralischen Hammer hochhängten. Nein, die damals auch im Pfälzischen hochschießenden Jazz- und Existentialistenkeller (Camus, Armstrong, Sartre, Hemingway!) mied »der Lange« billig — so wie er auch die blöden Humphrey-Bogart-Filme ablehnte und später klug den Sozialismus scheute und nie gar zu viel brav von ihm hielt. Hölderlin schön und gut, aber was nicht sein mußte, mußte ja nicht

sein. In Kohls Herz wohnten damals vielmehr schon Bieder-
keit und Lauterkeit und last but not least Bärbel — nein, sein
hin und wieder allzu heftig emporwallender Hang zu Wol-
lust und Üppigkeit hinderte »Helle« nicht, sein Leben in
Bahnen zu steuern, die ihm nicht nur der Geliebten und
seiner Gönner Gunst bewahrten, sondern ihn vielviel später
dann auch Anspruch auf die höchsten Ämter, die dieser
Staat zu vergeben hat, erheben ließen, ja hießen. Denn Kohl
glaubte zuverlässig, daß niederträchtige Gesinnung und
pöbelhafte Aufführung (Wehner!) allenfalls einer siechen
Elternschaft zu jener Bekümmerung gereichte, die vice versa
Kohl früh von Free-Jazz, Sodomie und Beat Abstand nehmen hieß. Nein, Friesenheim war kein Pogrom noch Getto
für den jungen »Chief« (Schrecki), sondern Refugium, Asyl,
ja Heimat. Unter den Blumen der Erde war Kohl oft Jelän-
gerjelieber die liebste und je länger je lieber dann auch wohl
die lieblichste. Waldarbeiter zu narren, Witwen zu übertöl-
peln — all das schien »Helle« allzeit wie von Übel. An den
Frauen gefiel dem jungen Kohl — und gefällt ihm heute
noch — die Neigung zum Großmütigen und zugleich Rund-
lichen, jenem, das ja auch Kohl selber, ihm, so bestens
eignet. Kaum sagt ihm zu Halbherzigkeit. Schnödheit ungern gelten läßt stets KOHL. Wägen, wagen, glücken lautet
vielmehr die Parole.
　　So.
　　Selbstverständlich blieb es Kohl nicht erspart, bei den
verkommenen Mainzer Hofschranzen erst einmal gründlich
aufzuräumen und auszumisten nach den Gesetzen der Billigkeit. Die herkulische Augiasstallarbeit, welche Kohl seinerzeit zu leisten und zu leiten hatte, schiefe Köpfe, Schröpfe,
Schurken, Konsorten und Komsomolzen aus den Nestern
ihrer Ämter zu jagen und entfernen — aua, da ging vielleicht
die Post ab! Hoppsa, da war vielleicht was los, wenn Kohl
unter lästerlichem Fluchen zuschlug und seine oft besten
Leute zusammenstauchte! Jammerschade, daß KOHL nicht

heute noch in Mainz das Zepter schwingt — das Land könnte es brauchen! Nein, Kohl gönnte sich keine Rast, nie machte er schlapp (war der viel zu fit dafür), nie war er völlig ausgeknockt. Fast täglich wuchtete er seinen mächtigen Körper in die Staatskanzlei — nach Jahren des Herumgeschubstwerdens fühlte Kohl sich nun immer easier und fitter. Denn Verblasenes haßt und haßte KOHL. Ei ja, natürlich wurde ihm die Arbeit zuweilen gewaltig schwer und arg, und selbst ein Kohl kargte da nicht mit Seufzern, die der Wind stöhnend nach Oggersheim zu Bärbel trieb. Doch hatte er dort ja ein Unterpfand zurückgelassen: Den Hasen, der seither im Garten herumtollt gleich den Buben . . .

Und herzlich und gut aufgelegt freute sich Kohl, wenn er dann alle drei bereits am Wochenende wiedersah . . .

Ich aber gehe jetzt erst einmal, zum letzten Male vor dem geplanten morgigen Abschluß dieser Biographie, ratzen und mich ein wenig regenerieren, denn siehe: »Un homme qui dort tient en cercle autour de lui le fil des heures, l'ordre des années et des mondes« (Proust, ›Combray‹). Genau.

So, da bin ich wieder. Schön frisch ausgeschlafen, und wir machen munter weiter:

Man ehrt Kohl heute ganz fraglos am tunlichsten, wenn man ihn, wie sein einstiger Wohltäter, der Bauer Wopp aus Knaak, es ausdrückt, an jener Milde mißt, welche Kohl selber dann später, viel später im Fall Kießling/Wörner u. v. a. walten ließ, seinerseits samt Seelengüte. Denn schon immer verwehrt und verwahrt seine Sanftmut Kohl vor jeder Anfechtung von Hypertrophie und Hypertonie. Hyperion gleich sucht er später sogar im Falle seines alten Bellarmins »Schrecki« zu retten, was zu retten ist (Ihr erinnert Euch?). So wie eben Weltklugheit fern jeder niederen Gesinnung und Denkungsart ihn danach trachten heißt, selbst noch die übelsten Schmähungen seiner Feinde so kaltblütig wie gelassen zu überdauern, ja zu überharren; eine Technik, die wir hier allen Hochmögenden, Hochgestellten und

Hochhinauswollenden dieser Welt nur dringlich weiterzuempfehlen und ans Herz zu legen gedenken. Selbst komplizierteste Fragen, die späterhin den reifen Kohl beschäftigen mochten, ja mußten, als da sind: 1. Ist der General nun schwul? 2. Oder hat er vielmehr doch gefoppt? 3. Foppt eigentlich *Wörner* ausreichend? — selbst solchen fast unwägbaren Fragen zeigt sich ein gereifter Kohl heute praktisch voll gewachsen und gewieft — Ihr wißt es doch so gut wie ich. In Kohls Schreibtisch liegen heute Maßnahmen, welche noch das hartnäckig insinuierende Gerücht von Kohls dickfelliger »Aussitztechnik« (Augstein u. a.) jene Lügen strafen, die freilich schon Kohls früherer Biograph Hofmann ohnedies längst widerlegt hat: Kohl, bilanziert Hofmann, ohne lesbar rot zu werden, sei »der Typ, für den es nichts Schöneres gibt als Selbstausbeutung — wenn es sein muß bis zur Erschöpfung« (Hofmann, a. a. O., p. 99 usw.).

Ganz ähnlich sieht es Theo M. Loch, wenn er am 17. 9. 1975, drei Tage nach meinem 34jährigen Geburtstag, in einem WDR-Kommentar ohne falschen Zungenschlag analysiert: »Kohl nützt seine Chance.« Ergänzend dazu Theo Wurm in den recht angesehenen ›Stuttgarter Nachrichten‹ schon am 10. 12. 1973: »Die kleine Runde fällt ihm leichter als die Mammutversammlung.« Dies modifiziert nur ein geringes Joachim Neander in der von Kohl überaus angesehenen Tageszeitung ›Die Welt‹ am 21. 5. 1975: »Helmut Kohl — ein Mann, dessen Stärke manche Schwächen zuläßt.« Und zusammenfassend Jürgen Lorenz, ein überaus behutsamer Beobachter, in den kaum weniger angesehenen ›Kieler Nachrichten‹ vom 13. 6. 1973: »Helmut Kohl ist ein Magnet für tüchtige, dynamische Leute.«

Strafe dereinst der Allmächtige dieses Kommentatoreng'schwörl für alle seine Kohl-Analysen, für den auch noch gedruckten »nicht versiegenden unendlich flutenden Schwall ihrer obszönen Rede« (B. Strauß, ›Paare, Passanten‹, p. 24) — aber von wegen »tüchtige, dynamische Leute«:

Wenden wir uns also hier nochmals, werweiß ein letztes Mal, Kohls Jugend im engeren Sinne zu: Wie eigentlich ist der Mann beschaffen, der einst Rheinland-Pfalz fast aus den Grundfesten reißen, der später zu seiner Bequemlichkeit die Kanzlerschaft anstreben und den hohen Stuhl erklimmen wollte? Was ist das für ein Mann, der genau 1 Tag vor Chlodwig Poth geboren wurde? Was ist von dieser Jugend eines Mannes zu halten, der »trotz eines Lebens unter fast unerträglichen Bedingungen« (Alfred Edel) dereinst das Reich beerben sollte?

Tja, hier stock ich schon. Nach Prof. Dr. Walter Peter Fuchs, Kohls Doktorvater, mußte Kohl in Heidelberg »damals ganz schön ran an den Speck« (erg.: der Wissenschaft). Und Kohls Kommilitonen Rosenkrantz und Güldenstern ergänzen ebenso zu Recht wie sein noch früherer Wassersportkamerad Brumm und sein Tanzlehrer Dingens: Nichts, aber auch gar nichts sei dem späteren »Starpolitiker« (Hoppy Kurrat) irgend in die Wiege gelegt worden, wie es fälschlich Schott behauptet. Sondern zeitlebens Demokrat, mußte Kohl früh erkennen, daß das Leben kein Honigschlecken sei, sondern vielmehr einem Hindernisrennen gleiche, wenn nicht zuzeiten einer Fahrt ins Blaue. Mit der geschwungenen Peitsche trieb deshalb schon der junge Kohl seine Mitarbeiter frisch ans Werk des Wiederaufbaus, nicht ohne ihnen dann später mit einem leckeren Zuckerbrot als Zubrot hin und wieder ihre Leiden zu versüßen, alles was recht ist. Allerdings, der heutige »Hoffnungsträger, ja Sinnproduzent Kohl« (Thomas G. Schüssler, Hilden) wurde eben auch in seiner analen Phase von seinen Eltern niemals mit dem Bade ausgeschüttet, sondern ließ sich kaum je das Wasser abgraben und lebte erst mal seelenvergnügt in den grauen Friesenheimer Tag hinein. Zwitscherte gedankenlos vor sich hin und war ganz zufrieden und lustig — und was die weniger schönen Stunden betraf, da half Kohl sein guter Humor schon als Kind über das Unsäglichste hinweg. Zwar, den kleinen Kohl drängte es schon mächtig nach Mannheim, Seattle und Lappland, aber vorerst tat man ihn natürlich, wie vorne detaillierter ausgeführt, in die Elementarschule. Später bestreitet Kohl seine Ferien ja dann meist im Salzkammergut, wo seine Leutseligkeit immer sehr angenehm auffällt: »Was mich so beeindruckt hat, ist die menschliche Wärme des Kanzlers«, berichtete schon am 22. 8. 1984 in den Nördlinger ›Rieser Nachrichten‹ der deutsche Urlauber Erich Handke, und der dortige Redakteur K. H. Metz gab es sofort in Satz. Genau so sieht es auch Chauffeur Eckhard (»Ecki«) Seeber, der Kohl zwischen Mainz und Ludwigshafen immer hin und wieder fuhr (siehe Hofmann, a. a. O.). Noch später ist es der winzige Mao-Nachfolger Deng (1.58 m), welcher, folgt man Graf Nayhauß in ›Bild‹, an Kohl (1.93 m) nicht nur den heiteren Geist, den gelassenen Charakter und den durch nichts zu erschütternden Humor bestaunt (ja, dergleichen gefällt dem Chineserer wohl) — nein, bei Kohls Anblick entfährt, laut Graf Nayhauß, Deng auch gleich zweimal ein bewunderndes »Oh!«.

Alla (ludwigsh. für ›Na also‹), und zum Besuch Kohls von Lenins Arbeitszimmer war es dann nur noch ein Schritt. Ein kühles, schattiges Windchen haschte nach Kohl, als er es wieder verließ. Nein, für Lenin war es jetzt zu spät; es hatte nicht sollen sein.

Im Weintrinken dagegen hielt es der junge Kohl wie die meisten anderen auch: Zerscht pichelte er ihn eini, dann pieselte er ihn wieder außi. Um sich dann abermals ins Nebenzimmer zu verfügen, vor den Parteifreunden seine demokratischen Analysen fortzutrommeln und die Notwendigkeit der Wende einzubleuen. Denn wo Kohl recht hat, hat er recht. Und was ein Kohl so den ganzen gewappelten Tag zusammenseiert, das schaff ich hier schon auch. Mal sehen, wer länger durchhält.

»So wie Linné im Tierreiche«, erinnert Lichtenberg (J 828), »könnte man im Reich der Ideen auch eine Klasse machen die man Chaos nannte. Dahin gehören nicht sowohl die großen Gedanken von allgemeiner Schwere, Fixstern-Staub mit sonnenbepuderten Räumen des unermeßlichen Ganzen, sondern die kleinen Infusions-Ideechen, die sich mit ihren Schwänzchen an alles anhängen, und oft im Samen der Größten leben, und deren jeder Mensch, wenn er still sitzt, eine Million durch seinen Kopf fahren sieht.«

So weit Lichtenberg. Alla, ein solches Infusions-Ideechen aber gelang KOHL im April 1985 im Zusammenhang der großen und feierlichen Debatten um ein würdiges Begängnis des 8. Mai 1945, als der Kanzler nämlich vor deutschen Bankiers und Industriellen mitteilte: »Was im Konzentrationslager Flossenbürg möglich war, müßte heute auch auf einem Bankentag oder anderswo möglich sein.« Gewiß, es war dies ein Satz, der sogar den mit allen Wassern gewaschenen Regierungssprecher P. Boenisch ziemlich überforderte, als er ihn der Öffentlichkeit auslegen sollte (und wenig später trat Boenisch ja auch zurück; hoffentlich hält Kohl bis Oktober durch, ich bange immer schwerer) —: Indessen, die Politik Kohls (nur weiter, immer weiter) scheut eben solche riskanten Sätze ebensowenig wie Risiken an sich, so wie sie sich die last but not least »gute Stimmung« (Bumm) nicht vergällen läßt — bzw. die größten Kunstwerke sind eben die, »die an ihren gefährlichsten Stellen Glück haben« (Adorno) — hinzu mag sich gesellen, daß die Pfälzer Gruppe der Hominiden eh ein extrem »eigenwilliger Schlag« (Wurscht Max) ist, und eine »Katastrophengestalt« (J. v. Westphalen, ›Warum ich Monarchist geworden bin‹, Zürich 1985) wie Kohl geizt eben nicht mit seinen historischen Einsichten und schreckt, einmal warm, auch dann nicht vor dem Äußersten zurück, wenn es potzblitz mal hart auf hart geht — auch wenn oder gerade weil diese Katastrophengestalt gar nicht so sehr an eine Birne, sondern für meine Begriffe viel eher an einen Flaschenbovist gemahnt. Gerade von der »Ahnungslosigkeit Kohls« habe Genscher

ja immer »geschwärmt«, beichtet der Ex-FDP-Generalsekre-
tär Günter Verheugen (›Macht und Verfall der FDP‹, 1984,
p. 187) — denn siehe und beachte wohl: Nicht nur »prallt
an Kohl jede Kritik ab« (›Die Zeit‹, 17. 2. 84), sondern Ihr
wißt doch alle, daß Kohl zwar das Pulver nicht erfunden hat,
es aber doch dafür auch in Form von allerlei Briefcouvert-
chen seitens Brauchitschs zuhanden der Partei nicht verschmäht, sondern lieber einschiebt, na siehste. Und was
kann sich diese Republik, im Ernst, Besseres wünschen als
einen pfälzischen Überhammer, der voll reinbunkert und
durchhängt und auch noch lustig dabei bleibt und dessen
Anmut und Würde ihren von Zuckmayer und (angeblich,
sagt er jedenfalls selber) auch Tucholsky bekifften Humor
selbst dann noch rafft, wenn er im Hohen Hause herumfle-
gelt und voll relaxt reinhaut. Sogar B. Henrichs in der ›Zeit‹
ist voll des Staunens: »Der Mann verlor auch dann nicht
seine gute Laune, wenn man ihn angriff, zum Beispiel im
Bundestag (. . .) Da verwandelte sich sein Lächeln jedesmal
in ein knabenhaftes Grinsen, in eine starre Maske der Über-
heblichkeit und Unberührbarkeit. Das war schon kaum
mehr komisch. Endgültig aber verging uns das Lachen, als
wir unseren lächelnden Kanzler nun in Jerusalem sahen.
Auch da hatte er sein Dauerprogramm eingeschaltet: Gemütlichkeit und gute Laune . . .«

Na siehste wohl. Aber nein, sehen wir es vielleicht doch
lieber anders. »Es ist wunderbar«, schreibt der Biologe
Rupert Riedl (›Die Strategie der Genesis‹, p. 206), »daß das
Lachen Menschen zu einen vermag« — und akkurat dies
sollten sich die Bohrer, Gremliza und Henrichs hinter ihre
überkandidelten Löffel schreiben, bevor es für sie und ihres-
gleichen eines Tags heiße Ohren, nämlich gesalzene Back-
pfeifen setzt. Denn um so wunderbarer, daß Kohl, wie
Gremliza beobachtet hat, oft sogar allein lacht. Dunque,
z. B. bei K. Lorenz oder G. Baerends kann man ja auch ohne
weiteres erfahren —, wenn schon bei Zuckmayer nichts

davon steht —, daß Lachen und Fröhlichkeit »vererbte Programme« vulgo Instinkte sind usw. — um aber bei der Gelegenheit die Gelegenheit gleich beim Schopf zu packen, sei hier auch kurz zwei altbekannten und altbeknackten Kohl-Witzen Raum gegeben — der erste aber lautet:

> »Your health!« prostet die britische Premierministerin M. Thatcher.
> »Your Dunkels!« pariert Kohl.

Und der andere, evtl. noch steilere:

> Mitterand: »Je vais bien.«
> Thatcher: »Me too.«
> Kohl: »Me three.«

Haste Töne? Alla, Kohl selbst bediente sich auch oft und nicht zum geringsten des Beistands des Humors, um endlich ins hohe Amt zu gelangen. Ja, und dann endlich war er drin. Rieb sich die Hände, so gierte es ihn nach der Macht, und konnte sich vor Wonne kaum mehr lassen und kriegte sich nicht mehr ein. Seine langjährigen Feinde (durchhalten, Lektor Bodmer, durchhalten; ihr in der Schweiz habt ja überhaupt keine Ahnung, was es heißt: durchhalten!) aber kriegten jetzt eins über die Rübe und das Fell übergezogen. Der einst schmachtende Blicke auf die Mainzer Staatskanzlei geworfen hatte, jetzt schleuderte er schmelzende auf das piekfeine Kanzleramt. *O wie strahlte da* Kohls Auge, wie lachte sein Herz, als es nun galt, das Heu der Ernte heimzufahren, als es endlich an die prallgefüllten Krippen ging! *O daß doch* jene Meldungen mitnichten wahr wären, die mir, aus Fernsehkästen und Zeitungen herausspringend, im letzten Stadium dieser Niederschrift einflüstern möchten, Kohl stecke jetzt, im Juni 1985, in seiner bisher schwersten Krise. »Im Herbst kommt es zum Schwur«, unkt schon der ›Spiegel‹ mit großer Infamie und Kardinalgemeinheit — er wird doch noch durchhalten, mein Kohl, bis im Oktober meine

Schwarte kommt, um ihn dann allerdings vollends überflüssig zu machen, parbleu! Ben oui, ich brauch ihn noch! *O Kohl! Pietà!*

Nun, der Sowohl-als-auch-Pragmatiker Kohl, der damals (1960) »ja« sagte »zur Familie« und »zur Frau insgesamt«; der dann später von seinen Söhnen zuweilen auch den Spitznamen »Papps« verpaßt bekam, obwohl ihn die Mischehe mit Bärbel offenbar einige Sympathien bei der polnischen Kartoffel in Rom kostete (sonst hätten die beiden sich sicher jeden zweiten Tag im Fernsehen in die Finger gegriffen) — Kohl wäre nicht Kohl, würde er nicht auch noch als Bundeskanzler Kohl im Zweifelsfall jenem vollends absenten Humor die Ehre geben und die Reverenz erweisen, der bzw. die auch und gerade Kohl — Kohl — KOHL — Kohl! Verflucht! Dauernd höre und lese ich hier KOHL! »Ich rede ja Kohl, Sonja, schon lange rede ich Kohl«, heißt es in Dostojewskis ›Raskolnikoff‹ (V,4) — und warum? Nun, Agatha Christie (›Das Sterben in Wychwood‹, p. 93) erklärt es vorzüglich:

> »Zeigen Sie mir den Küchengarten.«
> »Warum den Küchengarten?«
> »Ich fühle ein Verlangen nach Kohl.«

Das ist es. So ist es. Je mehr ich an Kohl schreibe und feile und tüftle, desto heftiger wächst dies Verlangen noch im Biographen. O daß ich tausend Zungen hätte, männiglich Kohls Ruhm, schallender noch sein Lob zu singen! Millionen und Millioninnen aber mögen mit mir einstimmen und einfallen — »Kohl, Kohl, Kohl« zu krähen und zu juchzen — KOHL, KOHL, KOHL! — ach, wie verblaßt vor seiner Vita mein eigenes Leben wie die schale Zitronenscheibe gegen der Orange glühend Feuer! Nun, ich pers. bin geboren 14. 9. 41 in Amberg (nahe Tschechei), studierte dann in München die Geisteswissenschaften, arbeitete wissenschaftlich über Gottfried Keller, deutsche Klassik, Publizistik,

Goethe, alles — ja nun, ist es da nicht vielmehr seltsam und schlimm genug, daß ich, ein Intellektueller der ersten Garnitur, mich jetzt Kohls annehmen, daß ein Schwer- und Tiefendenker wie ich auf der Höhe seiner 43 Jahre sich mit einem Spitzengroßdumpfmeister wie Kohl bescheiden muß? Mich seiner unendlich geduldig annehme und ihn wälzle und drehe, wie ich's brauche, ehe er dann wieder in jenes Reich der Nichtigkeit zurückkehren darf, aus dem er schmachvoll einst emporgekrochen und der Welt publik geworden? Ist es? Ist es. Mais oui. Tant pis. Aber: das ist das Frappante. Ja, es zählt nachgerade zu den staunenswertesten Leistungen der sog. permissiven Gesellschaft innerhalb einer entzaubert profanen und verwesenden Welt, daß sie noch in ihrem eigenen epidemisch-entropischen Entschwinden und Verschlaffen einen Kohl (KOHL) als biographischen Gegenstand durchgehen läßt — zu schweigen der Schande, daß sie ihn zuvor ins Kanzleramt durchrutschen ließ, durchrutschen buchstäblich, weil sie gepennt hatte — und sodann auch noch in meine Schrift. Hah! Kohl! Kohl!! KOHL ... Kohl ... KOHL — Kohlkohl! Kohl! Warum nur — Kohl?

Nun ja, mit Jägermusik allein bin ich natürlich emotional nicht recht ausgelastet, gewiß ist es auch so eine innere Leere und Ausgelutschtheit, die mich zu Kohl abdriften heißt, so ein gewisses sich welk fühlendes *je ne sais quoi,* so ein moserndes Ziehen und Rubbeln am Herzen, wie es knarrt und kneift und keift unterm Herzbrüstchen und im Schlüsselbeinauslauf, so ein Graumeln in der Sackgegend auch; als Vorboten des Alters und des bleichen Todes mehren sich in letzter Zeit auch die Legasthenien! »Beckenbruch stützt die These, daß Mengele gefunden wurde«, stand neulich breit balkenhoch in der Boulevardzeitung, ich aber lese »Beckenbauer stützt die These, daß Mengele gefunden wurde«, ich gehe weiter und überlege und überlege, was wohl unser neuer Teamchef mit Mengele vorhabe usw., ich kehre um,

entdecke meinen Lapsus und schäme mich und schäme mich
— naja, ich bin jetzt, wie gesagt 43, in werweiß 13 Jahren
muß ich diese schöne Gotteserde vielleicht auch schon wieder verlassen — und nun also dieses Thema Kohl, dieses
Tummelfeld des Unguten, dieser Trümmerhaufen an Mise-
rabligkeit, diese schmählichste Zeitverderbnis, oh, oh, oh! Es
ist zum Weinen und zum nimmersatten Zähnefletschen, aber
mit 43 ist man eben nicht mehr ausgelastet mit den geringfü-
gigen Freuden, die einem die Entdeckung neuer Frauen
verheißt und einem die Entdeckung neuer Notenhefte und
Schallplatten von Mendelssohn und Schumann gewährt —
und nicht einmal die Entdeckung, daß in Webers famosem
›Euryanthe‹-Racheduett eine Sequenz aus Mozarts ›Don
Giovanni‹ zitiert wird, bringt es ganz — — obwohl, etwas
Eigenartiges ist es schon, daß hier Eglantine »Rache,
Rache!« singt, dort aber Donna Elvira »Vendichi, vendichi
il giusto cielo« — sehrsehr eigenartig. Merkwürdigst. Höherer Zufall? Unbewußtes Zitieren? Hat Weber den Trick
getätigt, damit einer, wenigstens einer, ich, es 162 Jahre
später merkt und spitzkriegt? Und auch noch aufschreibt?
Alles Fragen und Dinge, von denen Kohl natürlich keine
blasse Ahnung hat (KOHL!), wie selbstverständlich keine
Ahnung hat, wie sollte er? Er, der 1958 in Heidelberg lieber
vom ›Rundschreiben Nr. 1 der CDU Hessen-Pfalz in Archiv
Wolf‹ handelte, um seine Doktorarbeit irgendwie vollzu-
kriegen? Warum bräuchte er, da er doch immer regieren und
lachen muß — —? Während ich hier in meinem »peinlichen
Grübeln« (Kant) versinke. Nun, als Alternative zu meiner
Kohl-Biographie war mir bis zum September 1983 (vgl.
Kapitel ›Ausklang und Danksagung‹) vorgeschwebt, eine
Biographie über den Komponisten Kalkbrenner Friedrich
zu schreiben — und warum? Weil ich von ihm eine Schall-
platte mit einem Klavierquintett besitze, weil aber über
diesen Kompositeur via Lexika und Handbücher praktisch
nichts in Erfahrung zu bringen ist als dies, daß er Klavier-

spieler und Schubert-Zeitgenosse war — ja freilich, eine schmale, sehr schmale Biographie wäre das voraussichtlich geworden, zu einem überaus erregenden Gegenstand und mit sehr gemütlichen Einspielergebnissen — aber leider, ich habe mich dann doch anders entschieden, entschieden fürs Üppige und Grandiose, entschieden für Kohl, auch wenn manch einer heute Kohl ja für den Schnarch- und Peinsack per se hält, neuerdings sogar der CSU-eigene Prof. G. Rohrmoser, der im Juni 1985 dies zu Papier bringt: »Die wachsende Kritik an Kohl sollte nicht die Einsicht vergessen lassen, daß die CDU weitgehend Kohl ist, daß ihre Mentalität sich in seiner Person widerspiegelt, er ist der getreue Ausdruck einer gewissen Dumpfheit, Provinzialität und eines diffusen Populismus, der die Partei beherrscht« (cit. nach SZ vom 2. 7. 85) —

— okay, als objektiver Biograph halte ich mich natürlich von solchen Meinungen und Wertungen frei — belohnt aber wurde ich jedenfalls bei meinen Studien über Kohl durch ein schier unübersehbares Forschungsmaterial, auch wenn ich, so klug wie inspiriert, das Feld auf Kohls Jugend beschränkt habe, auf ein Überschaubares, auf nichts gewissermaßen, denn es war ja zu gewärtigen gewesen, daß dieser thematische Saustall sowieso bald aus allen Knopflöchern quellen und quallen würde, wie Sudelbrei, wie Schorleneigen, wie ein — o Gott — — Gott —

— um aber nochmals rasch auf mich selbst zu rekurrieren, ehe es wieder volle Power *medias in res* geht: An sich bin ich ja ziemlich zufrieden mit mir. Aber etwas, ein Unangenehmes haftet mir gleichwohl an: Ich kann das Wort bzw. die beiden Wörter (das ist ja das Problem) »Jungeunioje« nicht aussprechen. Sehen Sie? Es klappt nicht: »Jungeuniojou« — nein. »Junge Unionio« — fast. »Jungejunge« — nee. Paßt nicht. »Jungeungeoije«. Hm. Na, macht nichts. Hauptsache, es gelingt mir noch, hin und wieder sommers nachmittags im Freibad ein paar helle Tränen der Freude über die in

Gedanken gesungene Stelle »All meine Pulse schlagen« aus dem ›Freischütz‹ zu vergeuden. Äh: zu verschleudern. Brrr! Zu vergeußen und, es niederschreibend, zu vergelden. Genau.

Dagegen hatte »der berühmte große Tölpelkanzler« (Joseph Graf von Westphalen, a. a. O.) schon 1946, ein paar Jahre vor ihrer Gründung, keinerlei Mühen, das Wort »Junge Union« (sehen Sie! sehen Sie!) auszusprechen — und auch heute noch gebietet er in exzellenter Manier über diese rare Fähigkeit. Und eben dieser neue, höchst eigenwillige und irgendwie lottrige Fakt

wirft
abermals etliches neues
Schlaglicht
auf
Kohl.

Helles? Fahles? Helles. Und ich rate deshalb jedem, der die Möglichkeit dazu hat, es nicht etwa mir gleichzutun, und das heißt: sich an mir ein Beispiel zu nehmen. Und erst mal ein Helles wegzuzischen. Aah. So. Obwohl ich ja andererseits keineswegs der geringste aller Brüder bin. Meine bisherigen Erkenntnisse für das Jahr 1985 sind nicht gar zu viele; auch sind es eher bescheidene; aber demutsvoll sind es doch diese:

1. Ich weiß heute, daß alle irgend erdenklichen oder auch kaum erdenklichen Torheiten, Dümmlichkeiten, Infamien und Perfidien nicht nur ständig *complètement* in allen Köpfen sind; sondern auch noch ununterbrochen darauf warten, im Verlauf spätestens der nächsten Sekunde pfeilgrad und ungescheut und ungemindert von etwelcher Scham herausgelassen zu werden. Und folglich — ihr Warten nicht zu enttäuschen — auch herausgelassen werden.

2. Nicht weniger genau weiß ich, daß die allgemeine Lebensnot zwar effektiv allgemeine Verzweiflung gebiert;

daß indessen alles, aber auch alles schon in der nächsten Minute wieder in puren Frohsinn einhakt. Doch.

3. Es ist wie es ist, und es ist fürchterlich. Steht ja schon in der Bibel oder wo. Indessen schert dies Kohl ja trotzdem wenig. Noch scherte es ihn je. Sondern er hielt es allzeit lieber mit des alten Nietzsche These: Ärmelhochkrempeln, Optimismus, Sichsauwohlfühlen! So lautet die Parole Kohls.

Kohl.

Kohlkohlkohl.

Kohl.

»Er, dessen Namensnennung allmählich schmerzt« (Heiko Stiller, Lahntal, in einem Leserbrief an den ›Spiegel‹ vom 20. 5. 1985): sein Name lautet

KOHL!

»Du schickst dich an, Kohl, Kanzler der Bundesrepublik Deutschland zu werden, Kohl!« So sprach Kohl schon damals zu ihm selber, als er seinerzeit mit Wucht in Mainz einrückte, Altmeiern hinwegzufegen. Denn die Orgel, ja der Orgelpunkt des Kohlschen Denkens und seiner gesammelten Energie, sie lauteten ja schon dortmals: Innert 13 Jahren werde ich, Kohl, Kanzler. Chancellor. Chaucer. Nee, doch: Kanzler. Kanzler des Café Kranzler. Neenee, vielmehr: »Kanzler der Bundesrepublik Deutschland« (Kohl). Gedacht getan. Der Abschaffung der Konfessionsschule, der Leibeigenschaft und der Mongolen in Rheinland-Pfalz folgte konsequent die Option auf den Kanzlersitz und mit ihr die Übernahme der »Solidaritätsaufgabe der Tagesordnung der Zukunft«. So Kohl am 22. 3. 1985 auf dem CDU-Parteitag.

Da sagt's mal einer. Mit eigenen Ohren hab ich's in BR II gehört. Mein Gott! Ein Mann ein Wort. Aber echt. Goddamit! Por dios! Wahnsinn. Der weiß, wo's lang geht. »Ohne Wenn und Aber« (Kohl, bei wiederholter Gelegenheit).

O du, Kohl, welcher du jetzt »Bundeskanzler der Bundesrepublik Deutschland« (Kohl) bist — erinnerst du dich noch

daran, wie es, meiner Treu, geriet, daß du's wurdest? Erinnerst du dich noch, wie es kam, daß du über deine frühesten
Vorbilder von anno dunnemals, Vorbilder wie Dr. Struttmann, Betty Impertro, Monsignore Knarr, Hüttler, Patzke,
Sternberger und Adenauer den Weg endlich heimfandest in
jenes Reich, in dem heute uneingeschränkt, ja schwindel-
erregend du nun waltest? Gedenkst du, Väterchen, noch der
Lehren deiner lieben Eltern, die, dir, Täubchen, das Seiden-
raupenzüchten beibringend, den Grundstein legten zu dem,
was einmal der wichtigste — wichtigste! — Mann der (ich
muß ihm schön tun, damit er mir ja nicht zurücktritt, bevor
ich ihm den endgültigen K. O. versetze) Bundesrepublik
Deutschlands im Rahmen der Freiheitlich-Demokratischen
Grundordnung und des Westlichen Schutzbündnisses
(sowas hört er gern) der NATO heißen sollte? Angesichts
dessen sogar ein Theo Waigel eines Tags von einem
»Glücksfall für dieses Parlament« (›Die Zeit‹, 26. 10. 84) laut
lobsingen würde? Behaltest noch im Eingedenken jenes
Vaterhaus du, das dich zeugte, jenen Wassersportverein, der
dich trug, und jene Heimat insgesamtheitlich, die du dir
später zuammenlogest — angesichts deren aber selbst noch
deinem geschworenen Feind, dem Grünen-Abgeordneten
Joschka Fischer, die ewigen Worte vom »pfälzischen Ge-
samtkunstwerk« eingegeben werden würden?

Gedenkst du noch zuzeiten? Ja? Dann ist ja gut.

Denn was zählen dagegen die peinlichen Stimmen jener,
die angesichts von dir, o Kohl, von einem »Brabbelarsch«
(Kennedy), von einem »Wendearsch« (O. Dietz), ja von
einem »Arschgesicht« (Duschke) tadeln zu müssen meinen?

Meine Meinung: Nada.

(Was aber erfahre ich da kurz vor Torschlußpanik jetzt
erst? Daß es auch noch eine Biographie geben soll: Hans
Rosenthal, ›Über Helmut Kohl‹, Verlag Bonn aktuell, 80 S.
mit 8 Bildtafeln, 11.80 DM!? Hänschen! Kollege Hänschen
Rosenthal! Grüß Sie Gott! Hoho! Nein, lesen und zu Rate

ziehen werde ich Ihr Werk nicht mehr. Nö. Sondern schon verschwindet es dalli-dalli wieder aus meinem.)

Und ich rate deshalb jedem, »ohne Wenn und Aber« (Kohl, loc. cit.) lieber Kohl selbst zu vertrauen und jenen seinen Worten, welche er schon in der ersten November-woche des Jahres 1984 befand: »Dies ist keine Bananenrepu-blik, das ist ein großartiger Staat, die Bundesrepublik!« (cit. nach ›Die Zeit‹, 9. 11. 1984). Mit anderen Worten: »Mein Stil ist immer so einfach, wie es der Stoff erlaubt« (Updike, ›Henry Bech‹, p. 125). Zu ergänzen bleibt: »Und so wulstig, wie er ihn gebietet« (E. Henscheid). Will sagen: »Gesin-nungsethik *sowie auch* Verantwortungsethik« (ders., cit. nach Brunft, ebd.) sind es, die es bewirkt haben, »daß hierzulande jeder, wirklich jeder Kanzler werden kann« (Walter Boeh-lich, pfuiteufel).

Ein Wort noch zur sog. Parteispendenaffaire. Schon Ende Oktober 1984 insistierte Kohl zu Recht darauf, daß auch die SPD als Rechtsnachfolgerin der Sozialdemokratie erheb-liche (erhebliche!) Wiedergutmachungsgelder erhalten habe. Das sei völlig in Ordnung gewesen, so Kohl, allein »wir, die neugegründeten Parteien FDP, CDU und CSU, hatten einen sehr viel schwierigeren Start«. Otto Schily, Abgeordneter der Grünen, nannte es später eine »Ungeheuerlichkeit, daß diese miesen Spendenaffairen verglichen werden mit den Wiedergutmachungszahlungen«. Alla, es fällt dies Diktum einerseits auf Schily selbst zurück; andererseits haben wir es abermals mit dem spezifischen und viel mißdeuteten Humor Kohls zu tun respektive seinem »tief verwurzelten Optimis-mus« (Wiedemeyer, p. 155 ff.), eben mit dem bloch-gestähl-ten Geist dessen, für den »Hoffnung nichts Irreales« (so Kohl schon, cit. nach Wiedemeyer, p. 156, im Dezember 1974) ist. Neinnein, Kohls moralischer, und d. h. ratiomor-pher, Apparat, also sein »Adel des Geistes« (Camus) war Kohl stets um so unabdinglicher, je dringlicher sich sein meist parallelgeschalteter »Adel der Seele« (Barzel) offenbarte. Denn schon der junge Kohl versenkte sich ja so tief wie verkniffen bis hin zur beschämenden Ohnmacht in die Mysterien der Anthropologie und nicht minder erschrekkend in die der Soziochemie, *und wenn heute ein* Dr. Bohrer sich bewogen fühlt, einen Dr. Kohl des Denkunwillens und der Wissensfeindlichkeit zu zeihen, dann mag man hier mit Fug eine wissenschaftliche Fehlprojektion erahnen des Doktors auf seinesgleichen, eine merkwürdige Spezies interakademischer Berührungsangst, Verdrängung und idiosynkratischer Blödheit, wie Bernd Fritz gesprächsweise überaus scharfsinnig nachweist. Hah! Zum ersten Mal seit zig Jahren hat Deutschland wieder einen ausgemachten Doktor der Philosophie zum Kanzler — si, si, im Reich der Wissenschaft fühlt Kohl sich heute noch so kannibalisch wohl wie 100 000 Russen« (Tolstoi Herbert), ahoi! Auweia und Ahoi!

Kohl ein Banause? Ein Zombie, der von Tuten und Blasen an den Fingern von nichts Ahnung hat? No no! Konträr! Ich sage Euch vielmehr: Kohl ist gescheiter als oft irgendeiner. Kohl ein Blödmann? Aber woher denn.

Selten jedenfalls in Friesenheim wie Heidelberg, daß ein Gläschen gar zu edlen Rebensafts den jungen Kohlschen Geistesschwung, die Dynamik seines immer mit dem Herzen denkenden Verstandes ins Schwanken brachte. Naja gut, manchmal schon, aber immerhin war der junge Kohl ja nicht nur ein inflammierter Wassersportler (durchhalten, Bodmer, nichts mehr anstreichen noch ankringeln, Schweigen und Stille bewahren, mit Benn zu reden), sondern auch ein ebenso instruierter Hemingway-, Henry-Miller- und (ja, man staune) Handke-Leser. Nur A. Gütersloh und Ferdl Ambros packte er nicht, nein, die nicht, und Benn auch nicht, der war ihm zu wenig dynamisch — zumal Kohl sich ja damals auch schon erheblich der Thermodynamik und der Entropie zuwandte und ungeniert auf beide losging — so wie er später sogar auf den Kaiser von Japan und seine Frau losging, die beiden Kleinserl. Der genetisch codifizierten Vernunft im Rahmen des hochorganisierten *nexus* des molekularen Gedächtnisses wandte Kohl früh seine geballte Aufmerksamkeit zu, um dynamisch zu bleiben — alla, der mündige Untertan im Rahmen der »Pazifizierung« (Dr. Cora Stephan) des Landes war damals schon sein großes Ziel jenseits des alten leidigen Hüttler-Problems, wie Bernstein nachweist — doch, hierin wußte er sich mit Max bzw. Alfred Weber einig und dessen prominentestem Schüler Alfred *Edel*: den Pazifisten mit dem (bzw. und den) Atlantiker von altem Schrot und Apfelkorn zur Deckung zu bringen und zur Kongruenz zu zwingen bis hin zur Identität und zum stillen Verglühen, so wie das dann *ja* auch später de Gaulle, Robert Schumann, Baudrillard und *Wilhelm F. Liefland* auf je ihre Weise versuchten, daß die Funken sangen — so wie sie damals im Mai 1985 stoben, als im Fernsehen nach der NRW-Wahl Brandt Kohl anschrie und schon ein paar Wochen später laut ›Bild‹ Kohl und Strauß beim Gipfeltreffen in Bonn sich wechselseitig anbrüllten, hoffentlich kosten Kohl solche Gewaltakte nicht zuviel Kraft, er scheint mir in letzter Zeit auch nicht mehr so vergnügt, und seine frühere *anheimelnde Molligkeit* hat jetzt eher etwas Abgestandenes und *Ungesundes;* so sehr ich ihm ab Oktober 1985 ein schönes Altenteil gönne, so unnachsichtig verlange ich heute noch Härte und Disziplin von ihm — und letzten Endes bin ich auch sicher, daß es *klappt,* denn Kohls zerebrale Infrastruktur in ihrer substantiellen Unverletzlichkeit, die ihn 1976 in Freiburg auch ein Attentat *glatt* überdauern ließ, auf die ist schon Verlaß — wobei schon dem jungen Friesenheimer sein rasches Auffassungsvermögen fast ebensosehr entgegenkam wie sein von den damaligen Lehrern so genanntes »fixes Perzeptionstalent« (Propst D. Johann Capnio genannt Keuchlin, Halberstadt), welches Kohl schon in der Sexta ermöglichte, ein X sehr wohl von einem U zu unterscheiden und sich in der Beziehung nix vormachen zu lassen.

Naja schön, es ist unbestritten und unbestreitbar, daß dann der spätere Kanzler nicht immer sauber zwischen einer

»Nulloption« und einer »Nulllösung« zu unterscheiden wußte — okay fine, ahaaber: Das Wort »Nulllösung« — das gefiel ihm wohl! 3 »l«! *Nicht* 2! Wer hat *sowas* schon mal gesehen. Kohl sammelte damals begeistert weitere Beispiele wie »Schwalllaberer«, »Knalllasser« und »Mülllastwagenfahrer« (nur bei »Vollludwigshafener« haute es, wie Kohl *selber* merkte, bei ihm, dem geschworenen Friesenheimer, irgendwie nicht ganz hin, schade) — jedenfalls im scharfen *und* erklärten Affront zum Habermasschen »Motivationsentzug« setzte sich das schiere Wollen Kohls im Sinne und unter der Obhut seines strikt teleonomisch strukturierten Moralbegriffs, setzte sich Kohl im Gegenteil wieder mehr für jenen »Motivationszugewinn« (Paul Breitner) ein, der, potztausend, nicht nur seine »Gefühlshierarchien und Schamverweigerungen« (Genazino), sondern schrill ja schon die natürliche Biosphäre duchdringt (Big Bäng!). Infolgewessen dann Kohl ja auch in der Konsequenz — dicke Haut auf hauchblau dünnem Eis — destotrotz Kanzler wurde und die Wende einläutete; ja eigentlich schon mit der Bestallung zum (warten Sie mal, da haben wir's) Ministerpräsidenten von Rheinland-Pfalz, mit der dann seine Lehr- und Wanderjahre endeten, war es nichtsdestotrotz ja praktisch schon soweidlich.

Noch ein Wort zur vielbeschwafelten Kohlschen Kunst der kenntnisreich korrekten Menschenführung. Auch sie dankt sich, wie man heute weiß, seiner großen Gemütsruhe und seinem stupenden inneren Wohlbehagen, welche beidesam jenes leicht Modrige, das zuweilen durch Kohls Althirn wabern mag, locker unter Kontrolle halten und wider sozialistisches und bolschewistisches Gelichter mühelos flockig *fruchtbar* machen, ah, welch ein Duft entklingt den Sätzen! Als Kanzler Kohl lernte Kohl dann ja später auch R. Reagan, Andropow, Tschernenko, Gorbatschow, Stoiber u. v. a. kennen und schätzen — allein, nicht das lechzende Bad in der letzend gaffenden Menge; sondern vielmehr die

leidliche Beseitigung von Übelgesinnung mitsamt Froh-
waltsverlust, welche beidesamt mühlos herrühren von dem
ätzenden Gifthauch der Ironie und der Verschlechterungs-
tendenz — dies und wenig anderes war (und ist!) Kohls
politisches Programm.

Und natürlich Fernseh.

»Wo ist Führungspotential K?« frug E. v. Brauchitsch in
seinen berühmtgewordenen Notizen schon 1975. Und Brauchitsch erteilte sich selbst die Antwort: »Kein anderer da.«
Eben. Denn schon 1975, ja schon als Stadtrat von Ludwigshafen (»junger Dachs« nannte, wenn es schon sonst keiner
tat, Kohl sich damals zuweilen in der Presse selber), war
Kohl eben immer voll da. Denn Kohl meint: Garantie. Und
Kohl meint ferner die Antipation, die Antiphonie, die An-
thrazitstation, ja buchstäblich die Antizipation (na endlich)
des Alten und Dynamischen. Jenes, das uns heute leitet. Und
unser Wohlsein weitet. »Kohl macht unheimlich gute *vibra-
tions*. Er ist echt geil, obergeil, fast torpedogeil« (Rosi Mit-
termaier und Christian Neureuther als Vertreter der jungen
Generation).

Mit dem Chineserer, wie gesagt, dagegen kam KOHL
immer gut aus. Da langte er hin, da wurde er verstanden.
Was wunder, da doch in der chineserischen Schrift, worauf
mich J. Metes aufmerksam macht, das Zeichen für Birne und
für Kohl fast gleich ist. Obwohl mich der Mann, um den es
hier schon dauernd geht, wie von mir und dem Grafen
Westphalen bereits *erwähnt,* persönlich eher an einen Bovist
gemahnt und ... auch um die *Nase* rum und ...

But never mind, in der Sexualität, um noch einmal darauf
zurückzubrummen, hielt Kohl immer gut mit. Nur am Anfang tat er sich ziemlich hart. Surely, als die Zeit reif war für
ihn und Bärbel, da traf diese zwar auf einen vollkommen
lustdurchtosten Körper — Taumel und Frenesie der Entdek-
kung des *joy of sex* führten bei Kohl damals fast zu einem
Totaldefizit des kantisch kantig-klaren Denkens. Aber im

Technischen, da haperte es halt noch. Da haperte es halt noch arg. Werfen wir einen Blick zurück. Immer wieder vertiefte, ja buchstäblich versteifte und vergrübelte Kohl sich mit glühenden Ohren damals in Schriften der Art:

».. . daß Sie, sofern Sie Ihren Orgaskocher kontrollieren können, zunächst in Ihre Partnerin für eine gewisse Zeit eindringen und dann aber wieder flugs retirieren, um sie erneut mit Fingern und Feuchtl zu erschüttern. Es gibt verschiedentliche Moden und Methoden, den Schlumpfbereich anzuleiern, was ja den aufmüpfigsten Teil des Vorspiels formt. Ein echt attraktiver Tip in dem Zusammenhang: Haben Sie ein Augenspiel darauf, daß Ihre Fingernägel kurzgebissen und akkuratgefeilt sind. Die empfindlichen Membrosepartien sind schon allzu erbarmungswürdig, dafür auch noch gekratzt und verkabelt zu werden oder lauthals zu reißen, bäng. Flachsinnige Streichberührungen rund oder kreuzweis um die Laberln der Vulmina können eine saumäßig herrliche Nickerei sein, wenn man sie auch nach aufwärts bis hinein ins Schlamphaar oder nach unterweil bislang zum empfindlich verschwiemelten Sektor zwischen Wammelfackel und Anno Domini, dem Peristaltus oder auch Dammhirsch auswuchtet. Rumpelt man sanft an der Klabolis und oft an den Krampfadern oder bewegt man den ganzen Schamott in Richtung der Form einer g'spaßig nudelförmigen Hupfbewegung, so zwurgelt das mancherlei Frauen annäherungsweise nicht geringer als wie eine sakramentische unverhoffte Reibung ins Fullhouse« (Harmonika. Ein Sammelwerk für das Leben zu mehreren. Heft 2).

Usw. Schönschön, dachte Kohl, aber was bedeutete das alles? Was mochte das alles nur bedeuten? Nun, am Anfang, in der allerersten Zeit war ja Bärbel eine ziemliche Kratzbürste, Jungejunge! — später wurde es besser, sie kam Kohl in mancherlei entgegen, half ihm auf die Sprünge (Nein, *nicht* streichen, Lektor Bodmer!) und erbarmte sich. Sie war ihm auch sonst in vielem behilflich und las ihm praktisch jeden Wunsch von der Brille ab — allein, Kohls sexuale Abartigkeiten — ganze Mannschaft zurück, korrigiere: Kohls sinnwidrige und pausenlose Abruptereien und seine konvulsivisch afternatürlich entfesselten Drumrum- und Wrummwrummmachereien im Verein mit seinem exzessiven Gebärmutterneid auf Bärbel machten dieser (unter uns: ein Trutscherl aus Großlampertsheim, Post Waldmichelbach) nicht nur erneut das Leben schwer — vor allem als Parteichef ging Kohl Bärbel dann schon ziemlich auf den Sack. Trieben einst die »Sturmfluten des Frühlings« (Hemingway) von Kohls Neigung Bärbel in den »geteilten Himmel« (Christa Wolf), so jetzt mehrfach an den Rand des »Abgrunds« (Gontscharow) — das »sogenannte Böse« (K. Lorenz) hatte das Paar oftmals schwerstens am Zwickel und führte es fast zum »Verlust der Mitte« (Sedlmayr), aber dann war es doch immer wieder das Wiederfinden der »Mitte des Lebens« (Luise Rinser, ja, die wäre auch gern dabeigewesen, aber die hockte ja noch immer im KZ, hehe) selber, welche Kohls Zeugzweckl das sogenannte Einfoppen erlaubte und erleichterte trara und später sogar zu der schon mehrfach erwähnten Ehe mit der »Kanzlerin« (so Kohl manchmal im Spaß) führte. Ja und nochmals ja, einfahren und nichts als einfoppen und aufquoddeln wollte der nachmalige Kanzler praktisch dauernd, aber immer, klar, wie halt jeder andere auch (Ausnahmen bestätigen die Regel), auch während der Regel, klaro, und wenn es schon zuerst nicht auf Anhieb woppte, kamen doch späterhin immerhin sieben Söhne dabei heraus (doch, Kohl scheint jetzt doch bis Oktober durchzuhalten, vielleicht aufgrund meines Zuspruchs), die qua chromosomatischer Ausstattung und psychosomatischer Trendmeldung ihrem Herrn Vater aber auch schon derart bis zum Verfopptwerden glichen, daß Bärbel sie oft insgeheim ihre »Labsal und Labe zugleich« nannte — ohne daß der Vater es natürlich wissen durfte, hahaha!

Oja, »schwer und beklommen wird einem ums Herz und nichts kann einem helfen« (Gogol irgendwo), wenn man heute auf diese Zeit zurückschaut, die Schwungkraft der Schwarzwurzel verzauste sich mit dem Stielauge des Rhabarbergeknotes, gebannt verweilte das Mäuslein im Heuboden und horchte auf, so wie es später seiner großen Rede vor den Schlesiern lauschte und an seinem Schwänzchen zog und zurrte, um nicht ganz zu verzagen — ja damals haschte Kohl natürlich auch schon hie und da nach anderen Frauen, natürlichnatürlich, das desultorisch Dessoussüchtige destillierte sich jetzt immer dezidierter bei ihm heraus — indessen aber, jetzt, als Ministerpräsident, sollten sich Kohls frühe Zagelerfahrungen mit Bärbel bezahlt machen. Wie das? »Damals kam es vor«, erinnert sich rappelnd Kohl (cit. nach Hofmann, a. a. O., p. 45), »daß mancher Pfarrer noch den Hut vor das Okular hängte, wenn auf dem Film Greta Garbo im Morgenmantel erschien.« Alla, jetzt, da hat Hofmann echt recht, fiel es Kohl natürlich locker leicht, »den Muff von hundert Jahren aus den Schulhäusern zu pusten« (ebd.). Denn, »die Befruchtung ist keine Einbahnstraße«, hatte Kohl ermittelt und wandte sich immer verquickter der liebreizenden Juliane Weber zu — wohingegen Bärbel zuhause auch nicht trauerte, sondern, ja Pusteblume, sich, wochenüber entlastet auch von jeder Menge Augenpein, mit ihrem alten Austragspastor schadlos hielt. Gewiß doch, es entstanden derart in der schadstofffreien Folge auch einige ungetaufte Bankerten in Pirmasens, Winnweiler und Cattolica, Schwamm drüber! — um aber gewissen Gerüchten aus dem Lager der Gegenseite hier mal schon ungetüm entgegenzutreten: Weder als Ministerpräsident noch später als Kanzler mißbrauchte Kohl zack je seine Macht, seine Untertaninnen zu schänden und hupf zu entehren (und alles andere ist gelogen!). Nicht glich er hierin Goethe, von dem Bettine im Alter gegenüber Varnhagen auf die Frage, ob der Weimarer Bock die leidenschaftliche Zuneigung eines jungen Mädchens ausgenutzt habe, leise, aber bestimmt erwiderte: »Und er hat's getan, grade das hat er getan« (Bettine von Arnim, ›Goethes Briefwechsel mit einem Kinde‹, p. 11, hat Kohl quack nie davon gehört, wie sollte er).

Nichts von alledem im Falle Kohl. Im Gegenteil, Kohl hatte so manches liebe Mal Not, der Beteuerungen empfindsam-melancholischer Frauen sich traun rechtzeitig zu erwehren, gewiß doch, manchmal ließ er natürlich die Kirche im Dorf und war nicht päpstlicher als der Papst — im Fall seiner seinerzeitigen Verehrung für Lady Sandwich (trotz seiner Furcht vor Lord Sandwich, der einen scharfen linken Haken zu schlagen versteht; auch heute noch) 1972 ff. — haha, ja das war ein Rummel damals brumm — aber dann, bei aller curieusen Freude am Plaisir und an der Courmacherei, incommod wollte es der brave Kohl letztlich nie haben, wenn der Treffliche seine div. Amours und trauten Affairs mit den possierlichsten und manierlichsten Weibchen knallfall durchzog und dabei nicht selten in recht wunderliche Umstände geriet — ja, »Erotik des Herzens — letzten Endes die glühendste Erotik«, schreibt Bataille (a. a. O., p. 125) — ja mei, schon, aber letzten Endes waren diese nackten (ah!) Facts auch wieder ganz schön beknackt, das Konvulsivische an Kohl, jenes Unaussprechliche, das sich oft auch dadurch artikulierte und Raum verschaffte, daß noch der Grufti Kohl zuzeiten auch Bärbel in der Kniekehlengegend zu kitzeln pflegt und sich kaum was üpp dafür schämt — jenes Unaussprechlich-Inkommensumiserablige wurde dann eben durch die Schranken des Verstandes doch immer wieder rechtzeitig quick in die Barrieren der Vernunft und des Verhocktseins eingewiesen — obwohl: Klar fiel Kohl dann das migränenbedingte Scheiden von der schönen Lady verteufelt schwer, und er betrübte sich quack des nicht geringe. Sondern wie vergiftet. Endmoränenhaft fast. Aber irgendwann ließ er es dann eben wieder gut sein und gab eine Ruhe. Zurück blieb quogg ein wunderlich artiger Eindruck des allseits Verwehenden, gleich einem Posthorn aus der Ferne ... Adieu, adieu ...

Kohl homo (Kießling)? Aber wo (Streibl). Ist er viel zu groß dazu (Gabrielle Reichsgräfin von Goëss geb. Altgräfin zu Salm-Reifferscheidt und Dyck und geb. Prinzessin zu Salm-Salm).

So weit das. Und sonst? Fehlt noch was?

»The cradle rocks above an abyss, and common sense tells us that our existence is but a brief crack of light between two eternities of darkness«, bilanziert Nabokov zu Beginn seiner schönen Autobiographie ›Speak, Memory‹ (Montreux, 1966). »Davon kann überhaupt keine Rede sein«, parierte stracks Kohl am 1. 3. 85 in einem Gespräch mit der ›Zeit‹. Nein, Kohls Wiege schaukelte keineswegs über dem Abgrund, noch hätte Kohl je später Zeichen von Unsicherheit gezeigt. Sondern Kohls überragende und autonome Lebensleistung war die Genese einer halluzinatorisch insularen Welt (vgl. L. Binswanger, ›Traum und Existenz‹, in: Neue Schweizer Rundschau) — *eis idion apostrephestai*. Andersrum: Von 1936 bis 1940 besuchte Kohl die Rupprechtschule, und noch 1984 nahm er dort nochmals auf der Schulbank Platz, um sich im Kreis von Schulleiter Dr. Peter Kern, OB Dr. Werner Ludwig und Elsbeth Rickal MdL »an die Stätte einstiger Bubenstreiche« (›Mannheimer Morgen‹, 22. 5. 1984) bei »Spiel, Spaß, Schmaus und Vergnügen« (ebd.) zu erinnern. Gut, natürlich forderte die Schule auch Zoll von Kohl. Aber wenn es mal ganz dick kam, dann saugte sich Kohl eben frische Nahrung und neues Blut immer wieder am Willersinn-Weiher (ein paar alte Blutegel und Kaulquappen erinnern sich noch heute); und wahr ist jedenfalls nicht, was als Legende bzw. Machenschaft von den Brandt, Bahr, Poth usw. immer wieder und partiell mit Erfolg nach dem Verschwinden von Kohls Vater in die Welt gesetzt wurde: daß er ihn, wie vorher seine Mutter, ermordet habe. Wahr ist vielmehr, daß nichts davon stimmt. Sondern daß Kohl nur einmal im ›Weinberg‹ mit hingelangt hat, als die Sau Erna geschlachtet wurde.

Habe ich zuviel versprochen, als ich Euch vorne eine gründlich aufräumende Biographie erhoffen hieß? Eben.

Versparen wir uns die Charakteranalyse Kohls auf eine spätere Publikation. Reden wir hier zum mählichen Beschlusse lieber von dem, was »der ewig Fünfzehnjährige aus der Pfalz« (J. Leinemann im ›Spiegel‹, Mai 1985) gern hört. »Ich bin kein Freund pathetischer Worte«, mahnt Kohl andererseits, wenn ihm die Elogen schon gar zu dick kommen und der allgemeine Verehrungskonsens *in unerträglicher Weise* in blinden Applaus sich zu überschlagen droht. »Wir haben eine schwere Niederlage errungen«, schränkte deshalb schon am 12. 5. 85 der Kanzler autsch behutsam ein, all jene Wohlmeinenden der Besserwisserei zu überführen, die ihn da zum »Hanswurst« (Gremliza) hochstilisieren möchten. Nämlich die Frage muß gestattet sein, ob Kohl wirklich »einer unserer muntersten Hohlköpfe« ist, wie Alphonse Allais vermutet; und nicht nur noch er. Gegner Kohls — und ihrer sind boing viele — verweisen in diesem Zusammenhang immer wieder nachhaltig und lauthals auf die ebenso ektoplasmisch wie zombiespastisch obergärige Spitzenwurzenhaftigkeit dessen, was quoggl ab 1982 »Wende« quasseln sollte quark. Gewiß, da ist was dran schrumm. Kelch und Pneuma. Indessen unterschlägt das Diktum, so beteuert außerdumm kein Geringerer als Kohl, blind das durchaus Cunctator-, ja Hamlethafte an queng Kohl: »Ich muß eine schwierige Entscheidung nach der anderen treffen« (Kohl, ARD, 1. 11. 84, 20.31 Uhr) — kurz: den Geist des hamletartig grübelnd (gar nicht wahr) Hinterfragerischen. »What is a man?« frägt Kohl sich heute immer wieder, um sich zuweilen, lausch, so hörst du's auch, selber zu entgegnen: »A beast, no more.« Aber auch dies weiß omelettartig Kohl sehr wohl: »Rightly to be great / Is not to stir without great argument.« Aber schon überfällt's ihn dann wieder dreschflegelartig siedendheiß: »How weary, stale, flat, and unprofitable seem to me all the uses of the world! Fie on't! ah fie!«

Indessen und nichtsdestoquabblig: »Per Aspera ad Asbach!« wie Schiller gutgelaunt auf dem Asperg forderte. Denn noch ist nicht aller Tage Abend, noch rauscht Minervas Eule — rummsti! — noch immer froh gegen den abblätternden Mörtel der Friesenheimer St. Josefskirche — ibi bene, ubi paprika. Kargt auch Kohl zuweilen mit seinem Lebensgefühl, so hört man doch — kling! — nachher auch immer wieder Derartiges: »Wer Bundeskanzler ist, steht in der Verfassung« — ja, denkste, daß ein Kohl so leicht das Handtuch wirft (wir auch nicht, was, Verleger Haffmans?), sondern zwar heißt es in einem Brief Kafkas, Fontane zitierend: »Aber es ist ganz gewißlich wahr, daß zahllosen Menschen, alten und jungen, das Herz vor Gram, Sehnsucht und Kränkung bricht. Jeder Tag führt den Beweis, daß sich der Mensch nicht an alles gewöhnt.« Allein, schon Teddy Adorno weiß es besser: »Die Bevölkerung ist so an den Unfug gewöhnt, der ihr widerfährt, daß sie selbst dann nicht auf ihn verzichten mag, wenn sie ihn halb durchschaut« — jawohl, es ist wirklich »kaum zu fassen, womit Menschen sich abfinden« (Marlen Haushofer, ›Die Mansarde‹, p. 70). Nein, »der große Humbug der Natur« (Benn an Oelze, 26. 12 1935 — Kohl war damals schon fast schulreif) oder sei's drum der Kulturindustrie — wer spricht? — gebietet es (vgl. Max Pol Fouchet, ›L'Art amoureux des Indes‹, Lausanne 1957; Kohl zitiert das Buch in seiner Dissertation aus Gründen nicht), daß auch ein im eigenen Fett erstickender und vor sich hin schlampampender Hoidoidl wie er unter der Last ungestüm dahinjagender Wolken und umschwirrt von Vogelschreien, betäubend und aus voller Kehle, Schnäbelwetzen wie verrückt, — daß auch ER »umbrandet zwar von Mißverständnissen« (Genazino), aber sonst »prügelwohl« (Wehmeier) residual zu überdauern vermag wie die Pest und wie zwei alte Küchenschaben. Und dafür von M. Thatcher auch noch höchstes Lob einfährt: »More often than not a man of H. Kohls rather silly disposi-

tion and elephantine frame is likely to be fairly sexy« (Übers.
v. Regina H).

Und? Ist das nichts quock? Doch.

Pax tecum, Kohl!

Grazie ai numi! Tutti!

O Kohl! Senza misericordia und pietà, ingrazioso und
senza qualsiasi leggiadria noch irgend legibilità, ja legitimità
schleppst du dich herrschend mit großer Fitness vor dich
hin, o sole mio, che bella cosa! Rumms! Herrlicher, der uns
blendet und fast verschüchtert, du breiter, stiller Donstrom,
stop it: Rhein! Wunderbare Natur, wie tiefsinnig und rätsel-
haft walktest du, zumal »als Kohl du schufst« (Siggi Har-
reis)! Hinplaziertest mitten rein in die ohnehin schon »flam-
mende Welt« (P. Rühmkorf)! Buchleser aufgemerkt! Hört,
was ich frank Euch künde! Weh dem, der daran mäkelt!
Verflucht, wer dessen zweifelt:

In Kohl begegnen wir dem biologischen Typ des Umpf.
Der Umpf ist ein Mensch, der — — doch ich spüre schon,
ich (schweige die Sorge, Haffmans) muß weiter ausholen:

Das Leben, stöhnte einst Adorno, lebe nicht mehr; das
Dasein gleiche immer mehr (auf, Lektor Bodmer, so wie
Kohl offensichtlich durchhält, so nehmen auch wir einen
letzten steilen Anlauf in die Schlußkurve) sich selber. Ihm
erscheine, ergänzt — haste Töne? — Michael Rutschky, »die
gesamte Bundesrepublik als diese schaumige, noch körper-
lose Substanz, die sich im Näherkommen kurzfristig verfe-
stigt und dann im Weiterfahren wieder verfliegt« (›Unter-
wegs in Westdeutschland‹, in: Merkur 427, 1984). Sollte —
upps — Kohl daran Schuld tragen? So wie auch an dem
Wiesenschaumkraut- und Rübenschweinzustand dieses —
wer unkt? — historisch-histologischen Buchs, das da längst
oha ohne Struktur so schaumvoll wie öttl schamleer vor uns
hinlabert? Nö. Dem »törichten Kulturpessimismus« wider-
redete Kohl schwupp schon im März 1985 in der ansehnlichen Wochenzeitung ›Die Zeit‹ und predigte statt dessen —

hauruck! — einen Kulturbegriff jenseits der bekannten Bekkettschen Regressionen und Habermasschen Restriktionen in all ihrer — aha — hyperbolisch metaphysischen Fratzenlarvenhaftigkeit habt acht. »Kohl denkt, Strauß lenkt«, zitiert deshalb und offenbar heißa vollends bescheuert Wiedemeyer (a. a. O., p. 179) angebliche »Gegner Kohls« — und einer dieser Feinde (gar nicht wahr, Kohl hat keine), Gremliza, bringt es — hopp! — auf die Parabel: »Sinnlos, ihm (Kohl. D. Red.) das Wort im Mund umzudrehen: Ein Neger mit Gazelle zagt im Regen nie. Sogar der ruhelose Stänkerer aus Bayern scheint zu resignieren. Sagt er ›Trottel‹, so sagt der andere ›Mein Freund Franz Josef Strauß und isch‹ — da gibt man's denn auf.« Zauselzausel. »Ich bin intellektueller, als manche denken«, versucht sich deshalb Strauß am 14. 7. 1983 sogar im Kohlfach, und weil er der gleichen Meinung war, ging Kohl übbs gleichfalls schnurgerade in die Politik und bekam — Tusch! — dafür später sogar noch den Valentin-Orden »für hintergründigen Humor« kikriki. »Das Rätsel Kohl bleibt ungelöst«, resigniert heul deshalb am untadligen 29. 9. 1983 die siebengescheitelte ›Süddeutsche‹; ja, an der ganzen new-wave-fetzigen Lästigkeit der Ens Kohl zerschellt schwapp am Ende auch noch — dufte — die ganze gerammelte Schweraufgeklärtheit des linksradikalen ›Pflasterstrand‹, der noch im gleichen Jahr zack eingesteht: »Kohl — ein Märchen«; »Kohl siegt«, vermeldet kurz — doch was ist das? — drauf triumphal erneut Gremliza; worauf Kohl kontert und warum nicht bestätigt: »Ich weiß zwar nicht, was Mitterand denkt, aber ich denke ähnlich wie er« (›Der Spiegel‹, 8. 7. 85) — jajaja, angehörs eines solchen — wow! — Mirakels steht stramm selbst ein so unbestechlicher und unausstehlicher Mann wie der Verfasser dieser Schrift staunend vor einem Wunder: »Kohl: Das reine Nichts als das reine Sein« (E. Henscheid).

Nichtstotrotzquam: Darf er sich, dürfen wir uns — wer schafft an? — selbst mit diesem tief bedachten Befund

typisch intellektuellenhudlig also schon zufrieden zurück-
legen optimal? Nimmer. Sondern erst jetzt fällt's — wallt
hohe Hirnkraft wohl? — mir wie Schlappen von den Hoden:

In Kohls Evidenz begegnen wir dem biologisch-chemo-
physikalischen Archetypus des Umpf, seltener genannt auch
Umpfta. Der Umpf ist ein Primat und durchsetzt die gesamte Biosphäre mit einem — jault ein Hündchen womöglich? — Schwall an Virulenz und Orschgreed. Eines der
erregendsten Abenteuer der Genesis, ja vielleicht ihr televi-
sionäres Telos (Zielprojektion) ist der Umpf, genannt auch
Umpfta, der Höhenflug der — was gickelt das Hühnchen? —
richtig: der Höhepunkt der Schöpfung selber. Kontrapunk-
tisch antithetisch findet diese — schweigt alles? tacet? — zur
Identität des Entischen. Das Symbol des — was ist das Quan-
tum Quittenquark? — Umpf ist folglich — rumps! — der
sogenannte Krampf. Nämlich im Kopf des Umpf rumpum-
pelt stets ein starker Scherbelhaufen aus Wurst und Wusch
und Schleim, der alles sogleich — na und? Juckt doch Kohl
nicht! — überschwemmt und überschwuchtelt, um derart
»Postmodernismus« (Privatdozent Gernhardt), ja »rücksichtslos und pastos fast eine neue postmoderne Weltordnung«
(Hans Mentz) zu begründen und — wüff! — zu errichten.

Doch nicht nur dies.

Sondern vielmehrgut:

Der Umpf — manche nennen's auch das Schlumpf, und
es sind nicht die dümmsten — der Umpf ist wohlgemurkst
keine ephemer negligeable Erscheinung; sondern, wie man
heute weiß, eine — dagge dagge doin — epigenetische,
werweiß epochale. Unbeeindruckt durch Mutation und Se-
lektion, so trotzt er trotzdem allem, so zieht er seine taube
Bahn. Kurz: »Es ist zum Schämen« (Willi van der Kerkhof).

Na was? Ja und? Was folgt?

Okayokay, so vertraut manchem Leser diese Dinger klin-
geln mögen, eins doch möchte scheinen neu, denn des seid
immerhin gewiß:

1. Kants Begriffsbestimmung der Aufklärung als des Heraustretens des Menschen aus selbstverschuldeter Unmündigkeit; dies war dem artverwachsten Kohl (Umpf) schon immerzu Gebot.

Sowieso.

2. Das Geschlecht der Kohl (Umpf) stammt aus Zentralasien bzw. Atavisien. Durch Gegenkolonisation und Rumpfreformation sowie durch die erbtechnische Vermixung mit ein paar Rudimenten Banater Donauschwaben unter der Leitung von Lüderitz, Uppes und Quaak gelangte es einst — karascho! — über Obiwatz und Swattlrack sowie Buchs ins Pfälzische, sich dort niederzulassen und — was aber meint das Wundersamliche allsam? Dies wunderbarlich Präpotente? — ganz clever zu überwintern und zu überdauern. Die Umbenennung des alten Familiennamens »Quoggl« in das — nitschewo? — beruhigender klingende »Kohl« wurde von Bismarck — kling! — mit Eid und Siegel selber vorgenommen. Dem späterigen Kanzler zu seiner hochderselbrig hohen Lust und — Heil! — vermehrteren Bequemlichkeit.

So war das. Und nicht anderst.

Mit G. Polt zu loben: Reschpekt.

Nicht zwar war es Kohl ja einstmals in die Wiege geschrammt, daß er spätermals ein so toller Hecht werden, ja als einer der Ganz Großen wurschteln und schummeln sollte, das Vaterland zu löhnen. Allein, die beklemmenden Zahn- wie Wissenslücken des Kindes sorglos in der Latenzphase waren ja bald überschüttet mit viel Wohlbrunst, Ehrscheiß und Gerumpelschmiß. Und deshalb (und nur deshalb!) wurde eben »der große Kohl« (M. Reich-Ranicki) als einer der Happy Few Kanzler; absolument im »Kainszeichen des Kleistischen Marionettentheaters« (Raddatz).

Ein »Schurke, der Kohl deswegen einen ungenügenden Kanzler« (Dr. Struttmann) nennte. Sondern vielmehr ist er: »Der Vir egregius and homme politique par excellsior« (Horst Tempes)!

Mild ist seine Herrschaft, Gemütsergötzung mehrend. Kein »Saustall« (Strauß) mehr ist zu sehen, allerdings — bindend ist dies — blühendes Gemeindewesen. Gelinde handelt Kohl am Staat, nie läßt er ihn zwischen Eros und Thanatos hängen. Nichts zu lachen unter ihm — warum blafft erneut? — hat allerdings das »vaterlandslose Gesindel« (Bismarck oder wumm). Erst unter dem Paniere Kohl plopp wird »die Barbarei des Hüttler-Faschismus bzw. der Faschismus der Hüttler-Barbarei« (A. Arsch) endgültig beändert. Sowie die Hüttlerproblematik insgesamt und rumpelpumpel. Selbst der Negerbattel (»Negerl«) kann Kohl bezüglich — Venere splende! — Sex-Appeal das Wasser platsch nicht speichern. Groß grunzen macht und leert uns Kohl, des Staates Blum' und Hoffnung; das Auge Gottes dazumal:

Kohl

Kohl Kohl

Kohl Kohl Kohl

So so so.

Kohl der »Präser Gottes« (Rühmkorfs Peter)? Nie und woher denn.

Sondern zumal: »Ich bin von Gott und will wieder zu Gott«, so singt uns steil das Sopransolo von — Kohls Ex-Lieblingskomponist! — Gustav Mahlers Auferstehungs-Symphonie, ganz im Sinne — wessen? — wessen? Ganz im Sinne Rankes, nach dem schließlich ohnehin jede Epoche »hin auf Gott« sei. »Bei uns lacht der Himmel auch«, machte sich H. Kohl schon 1984 Mahlers Parole eigentümlich, »weil ich Vorsitzender der Christenunion bin und nach Meinung mancher einen direkten Draht zu Gott habe«. Hoddel. »Man kennt«, bestätigt Baudrillards Jean (›Der symbolische Tausch und der Tod‹, p. 12), »die Kraft der Tautologie, die die Anmaßung des Systems zur vollkommenen Kugelgestalt vorantreibt«, bravo! Vorerst nur zur bovistigen Birne pflatsch. Doch was nicht ist, kann ja noch wichsen. Eine

»Winner-Type« (Zeugwart Karger) wie KOHL, der kennt
da kein »Pardon« (Hans A. Nikel). Foppenfoppen. »Die
Perfektibilität des Menschen« (Oberjustizrat Hammel) im
Verein mit seiner reinfetzenden Intelligibilität geht mit sei-
ner — wes gaukelt da die Gurke? — Interdependenz klar
Hand in Hand. Denn es gehört zu Kohls Happy View, daß
bei ihm sich — hotzenplotz und zwickel! — ein »gutes Sein
durchaus mit einem sehr guten Wesen verbündelt« (Karl
Rahner). In einer »Zeit, in der die Frauen ihre ausgelaberten
Titten bis auf die Knie hängen lassen« (Anna Krause-Poth),
in einer solchenen Zeit hat die Entität des Kohloiden ihre
Speckzeit. Schamen muß ma si in Grund und Pfoten. Kohls
Hürn, zusammengesetzt, ja sich konstituierend aus 12,5 bis
12,8 Billionen Einzelzellen, — Kohls Hürn ist quoque seine
Ehre. Zwar Ohnmachtsprotuberanzen und Gemeinheitsprä-
ponderanzen wie Ratten und Mäuslein in jenem Althürn
herumtigern; auch sanft umfasert Hanf Kohls Leibweib.
Doch winkend bläst der Hund: Das Hürn — üpf! — ist
gesund. Dies Hürn ist seine Message. Mit ihm, ihr Herrn,
wurde Kohl — hört die Fritzlarer Nonne bald zu gaggeln
auf? — so »nach und nach« (Kandidat Bembel) auch der
Straps- retour: der »Statthalter der Sprache seit Arno
Schmidts Tod, den er noch gut gekannt hat« (Doktor Ham-
mer-Nickel).

Das Marsauge aber, das einst Strauß gar trotzte — es birgt
die Fulminanz. Fulminanz — Exuberanz. Nebst Redundanz
zum Geistertanz. »Josef« und »Michael«, rülpst ›Bild‹ am
15. 6. 1985, heiße Kohl mit weiteren Vornamen. Aha. Nacht
wölbt sich übers laute Land. Jedoch es geht schon noch.
Jedoch es haut schon hin. Die Wolke geußt der Sprache
Wunderhalm. Daß aller Deutschland-Sinn in solchem Kohl-
Sein teleologisch-vernunftgesättigt sich abgipfeln und kul-
minativ-peripetisch zur Erfüllung seiner schnaps gelangen
sollte, mußte gar: Dies zwar wirft ein ebenso klimakteriolo-
gisch-fahles wie spotlightartig-helles Licht sehr seinshaft hin

auf Kulmbach. Und weiterswo nach Amberg. Erst dort
»kommt es zur Ruhe« (Platzwart Ärger). Dem ohngeachtet
gilt: Seid hutsam vor Vertröstung. Vertröstung und Zwei-
züngigkeit.

Noch ein allerletztes — hoppla, beinah hätt' ich's vergessen! — Wort zur Kohlschen »Gnade der späten Geburt«
(Kohl). Sie defiliert seine — Kohl! Kohl! — *posthistoire*. Bzw.
eigentlich wollten die Eltern Kohl Kohl schon 1926 zeugen.
Da hätte er dann noch einrücken müssen. Aber da paßte es
nicht. Es war kein Geld da, es war keine Bettstatt da, es war
praktisch überhaupt nichts da. Genaugenommen fehlte es
auch am guten Willen. Und man kann, wie Üttl sagt, es den
Eltern nicht einmal verdenken.

Erst 1929, im Winter rum, da war es dann soweit.

Ah! Gerettet! Der ›Bild‹-Astrologe Carrall teilt am 25. 6. mit:
»Helmut Kohl bleibt Kanzler. 1987 wird er wieder gewählt.«

Na also! Heureka!

Der frühere franz. Außenminister Jobert hat einmal gesagt: »Gloire, wem Gloar gebührt.« Frei übersetzt: Hekuba,
sprich Gedankenfreiheit, ist heute alles. Kohl, im Wind-
schatten von Straßburg geboren, hat hoppelhupfauf diese
Idee immer hochgehalten, ja meistens auch hühott stark
toleriert. Und er fuhr gut damit. Mit seligstem Behagen
hockt er nun innigst. Weit lacht die Ingelheimer Aue!

»Die Software Kohl« (Syndikus Hurdl) ist heute im Vergleich zur Hardwa—

Einmal erschien übrigens sogar der Leibhaftige beim
jungen Kohl am Bett. Aber Kohl, derlei gewohnt, blockte
ihn voll und locker nichtsdestoschutzlos ab, denn seine
»Abwehrmechanismen« (Anna Freud, ja klar, die muß auch
noch rein) waren — —

Drei dralle Dandn danzden Dango, als der junge Kohl —

Die Entität der Ente ähä: KOHLs — — —

»Meine Herrn, i lern net gern«, gestand einst — was
hoppelt aber? — der reife F. W. Bernstein. An diese Faust-

pfandregel mein Treu hat auch Kohl sich all die — oje! — Jahre über schadlos gehalten — und er fuhr gut selbmit (foppen!): Der gesalbte Kohl war mein Seel ein ebenso a) bitterer wie b) verbitterter wie c) unerbittlicher Denker. Eben typisch: der spätere Staatenlenker. Und Freudenschenker. Und Feindeinschränker. Und Weineinschenker. Und Cognacschwenker. Und Genscherschwängerer. Naja das letztere natürlich weniger, hahaha!

Pragmatiker ist er auch sowohl, hihi.

»Kohl sollt ihr fressen bis ans Ende eurer Tage« (so der voraussichtliche Amtsnachwärter Rau). Im Fernsehen ist kohlmäßig vor allem am Donnerstag immer was los. Freitags weniger. Weil Kohl da meist schon wieder zerschwitzt und froh nach Hause gedüst ist, die Vorräte zu zählen, alte Jugenderinnerungen aufzutischen und vor allem den Hasen zu füttern und genau zu besehen —

— denn siehe, zwar wandte der »Bruder Orang-Utan« (›Zeitmagazin‹, Mai 1985) sich ab, als er Luise Rinsers ansichtig wurde; indessen gilt heute vermehrt: »Angesichts jedes Tieres soll der Mensch erkennen, daß er ein Mensch ist« (Karin Stuß, ›Finale‹).

Doch ah, ich sehe gerade, daß meine knapp bemessene Redezeit zu Ende schwärt, die Frist ist um, das Spiel ja fast schon aus! Ade, lieb Leserlein, gräme Dich nicht, sondern nimm dieses mit und nähre es unterm Herzen:

Kein Zweifel, daß auch unterm Joche Kohl die Evolution im Sinne der »Strategie der Genoveva« (Wrdl) zügig und tödlich voranschweift und erfolgreich weiterfuchtelt, dochdochdoch, sehr flott und top und gradlinig, herrje, weiß man's, wo das alles noch hinausgreift und verkrummelt, ach Gott, höre mein Grabschen gnädig, mein G'müt ist mir verwurrelt, mühselig und beladen bin ich, den Tränen nah schon und nicht zum geringsten auch behämmert sehr, als ging' der Herr durchs stille Feld, so still ist's plötzlich auf der Welt — aber gut, wenn's so ist, wenn das flächen- und kostendeckende Ziel der Weltgeschichte schon Kohl sein muß, dann eben: Kohl. »He is a jolly good fellow«, erkannte neidlos Reagan an, derart noch einmal einlösend, was Konrad Adenauer (cit. nach der hochangesehenen ›Quick‹) seinerzeit erraffte und klar erkannte, als er ihm zum erstenmal — bummsti! — gegen die Hosenbeine geplumpst war: »Der Kohl, dat is' 'ne jute Mann!«

AUSKLANG UND DANKSAGUNG

»Ah! Statt einer über Donizetti hätte Hammer plötzlich die größte Lust gehabt, eine niet- und nagelfeste Biografie über Helmut Kohl zu schreiben! Vor allem über die Jugend des Oggersheimers!« (Eckhard Henscheid, ›Dolce Madonna Bionda‹, Roman, Zürich 1983, p. 298)

Es ist schon so: Nachdem Eckhard Henscheids Romanheld Bernd Hammer zeit eines langen Bergamasker Liebesurlaubs und Wehtran-Sommers es nicht ganz gepackt hat, sondern nur beim Lichtblitz der Idee beließ, habe ich, sein Autor, mich während der Jahre 1983—85 Hammers biografischen Vorhabens angenommen und es realisiert. Dies vor allem auch deshalb, auf daß nicht ein anderer und Unbefugterer es tue.

Habent sua fata libelli. Genauer gesagt war es so, daß mich gegen Ende der Schlußarbeit am Roman, im Morgengrauen des 15. 9, eine halbe Stunde vor dem Erwachen, in jenem etwas unguten Halbschlaf, wie er gewöhnlich im Endstadium strapaziöserer epischer Unternehmungen vorstellig wird und gewohntermaßen im Dauerproduzieren meist nutzloser, zuweilen aber auch brauchbarer Impromptus besteht, die besagte Hammersche Idee befiel. Erwachend beschloß ich, ihr nachzugeben und für den Roman eine kleine Sequenz aus ihr zu bereiten; noch im Ankleiden flog mir die zweite und folgenreichere Idee zu, eben die, für Hammer einzuspringen — und mich nach der Beendigung des Romans dem biografischen Vorhaben tatsächlich und mit aller Inbrunst selbst zu weihen.

Ecco, Treue bis zum Grabe fordert im Roman Bernd Hammer. Va bene, so kam's denn auch.

Die Ausführung der Biografie aber fiel mir — fiel mir rechtzeitig wieder ein — um so leichter, als es auch noch andere, weitergreifende, ja zwingende Gründe gab, mit Kohl mich näher einzulassen; solche, die in geradezu verwirrender Weise einander z. T. buchstäblich die Hand reichten. Schon im Jahr 1972 hatte der spätere Biograf das gleichsam unerklärliche Glück, von Kohl mit Handschlag begrüßt zu werden. Indem dieser, schon Mainzer Ministerpräsident, nämlich in der Heimatstadt des Biografen anläßlich eines Wahlkampfauftritts aus seinem Mercedes steigend, allen neugierigen Umstehenden und Staunenden wahllos in die Hände griff — und so auch kräftig und kernig und schnurstracks in die seines späteren Biografen. Zwar ohne ihm in die Augen zu schauen, aber doch so, als wolle er ihm für das gänzlich vorbewußte literarische Projekt jetzt schon Mut zusprechen.

Die Omina verdichteten sich ins Unüberhörbare, ja Unverschämte, als mich endlich, noch weit vor Beginn der Niederschrift der Biografie, die Zeitschrift ›konkret‹ in einer wahrhaft ahnend telepathischen Rezension der ›Madonna‹ auf ebenso bestätigende wie verpflichtende Weise (wiewohl auch etwas seltsam, denn Kohl wird im ganzen Bergamo-Roman nur drei-, viermal kurz erwähnt) als »Kohls Klassiker« (so der Titel der Besprechung) abfeierte. Da — da gab es natürlich kein Halten mehr.

Zumal Agatha Christie bzw. Hercule Poirot den Casus bald noch einmal besiegelte: »Jeden Tag schreibt irgendein Schwachkopf die Biografie irgendeines Schwachkopfs. Das ist jetzt Mode« (›Der ballspielende Hund‹, p. 60).

Hat die Arbeit der Biografie das eingelöst, was Ahnung mir versprach? Warum, ungeachtet all des oben erwähnten leis spukhaft Ominösen, diese Biografie? Warum all diese Anstrengung?

»Ernste Literatur«, warnt Gombrowicz, »ist nicht dazu da, das Leben zu erleichtern, sondern es zu erschweren« (›Die Tagebücher‹ I, p. 388). Dies zum einen; und es gelte für den Leser wie für den Verfasser. Liegt Hybris vor?

Mitnichten. »Nichts kann die Parodie von dem zerstören, was unzerstörbar ist«, so gab mir im Fortgang der Arbeit kein geringerer als Gustave Flaubert (in der 1. Fassung seiner ›Education sentimentale‹) recht — und H. Kohl selber war es dann, welcher im Frühjahr 1985 der in der Tat radikalen Neuartigkeit des biografischen Unterfangens seinen definitiven Segen erteilte: »Die Einstellung zur Kunst hat sich geändert und ist weiter in Veränderung begriffen« (cit. nach ›stern‹ 17/85).

Mögen seine Büttel, die mir bereits kühl die Schlinge um den Hals zu legen drohen, ihren Kanzler hören!

Eine »profane Erleuchtung« (Walter Benjamin) trat kurz danach zumal hinzu: »Da jetzt alles gedruckt wird, was man unter den Papieren eines verstorbenen Gelehrten findet« (Gleim an Uz, März 1795) — warum sollte da ein noch lebender nicht auch sich entsprechend hervortun und zugreifen, so lange und so gut es geht, und sei's mit einer Arbeit über Kohl? Denn siehe, »l'enfer, c'est les autres«, plaudert zwar Sartre ganz zu Recht ein großes Geheimnis aus, aber andererseits ist es doch so, daß ein Polygraf wie ich für jeden Gegenstand und Stiefel dankbar zu sein hat, und dritterseits scheint es mir nur billig, über eine Zumutung wie den momentanen Kanzler wenigstens ausschweifend schreiben zu dürfen, wenn man den Moppel schon drei Jahre lang klaglos zu ertragen hat. Nein, da scheint mir in einer so bedachten Erleichterungsprosa nicht nur ein tiefes Recht begründet, das Recht auf eine Art köhnlechnerschen Schmerzausgleich; es erwächst darüber hinaus sogar die Pflicht, sich dafür wenigstens ein bißchen zu revanchieren — derart die politische Kultur des Vaterlandes zu mehren bzw. so gerade noch in der Balance zu halten. Werweiß springt aus solcher Einsicht eines Tages sogar ein fortschrittlicher Kunstbegriff, eine neue ästhetische Kategorie noch jenseits der Adornoschen, ja Nabokovschen hervor — aber apropos, bzw. was ganz anderes: Ja, gesteh ich's nur, dann muß ich dies gestehen, daß mir über der langen Arbeit dieser »fröhliche Weinberg« recht liebsam und nah geworden ist. Doch, richtig ans Herz gewachsen ist er, der Kohl-Wackel, mir inzwischen, der (um ein letztes Mal Kohls G. Mahler zu zitieren) »lieben Erde allüberall« allerliebster Sohn; doch-doch, wir hatten viel Spaß miteinander, ich an ihm vor allem, aber, wie Wolfram Knorr am 16. 5. 85 in der Zürcher ›Weltwoche‹ bestätigt: »Kohl hat inzwischen auch Spaß an uns.«

Hybris gleichwohl? Ach was. »Worüber soll man noch lachen, wenn alles gleich lächerlich ist?« (G. Flaubert, a. a. O.).

Eben. Einer muß halt dran glauben.

»Der Köhlerglaube der Objektivität« (Wollschläger): besonders im Falle Kohl wäre er für den Biografen ein ebenso kindischer wie fataler. Ausgespart z. B. habe ich in meinem Werk ein ursprünglich geplantes Kapitel über Kohls Erst-kommunion; seine sich schon zur Schulzeit abzeichnende Freude an Negern samt der Freude daran, die Neger in den Schwitzkasten zu nehmen, sie in die Knie zu zwingen und endlich niederzuwerfen (Kohls sog. Negerwürfigkeit); sowie eine wissenschaftlich exakte Analyse von Kohls Gestalt. Das Kindchenschema der populären Gestaltpsycho-logie z. B., demzufolge uns heute Kohls birnenbovistrund-licher Kopf so behagt und als staatssymbolisches Sicherheits-emblem einleuchtet, ja immer wieder bis an den Rand der tränenreichen Rührung treibt: Der junge Kohl selber de-montierte und entschleierte es partiell als Rudiment von Voraufklärung, ja als wissenschaftlichen Aberglauben. Nicht tunlich wäre es, solange der Fachwissenschaft keine zuver-lässigeren Erkenntnisstandards vorliegen, diese Forschungs-disziplin weiter und über Gebühr zu strapazieren; ebenso wie es ein gravierendes Mißverständnis wäre, Kohls zuwei-len orkanartig aufbrüllenden Mißmut als »typisch slawisch« leichtfertig zu interpretieren; zumal sich meist schon in der planen Unterhaltung herausstellt, daß dieser, wenn schon, ebensogut slowenischen Ursprungs sein könnte; ja auch wirklich ist.

Im übrigen führte Kohl, auch und gerade darüber, ein (was wenige wissen) geheimes Tagebuch, das seit kurzem in meinem Besitze ist. Es sei indessen einer späteren Veröffentlichung vorbehalten.

Schmeichle ich mir zuviel, wenn ich zum Ausklang hoffe, meine Sache insgesamt nicht schlecht gemacht zu haben? Nämlich die Person und Sache Kohl einleuchtender, als sie noch vor Jahresfrist war? So sag ich denn mir selber großen Dank. Der freilich müßte ein Hexenmeister sein, der es in einer dezidiert kritischen Kohl-Biografie sowohl Kohl und seinem Anhang als auch der nach gehöriger Einsicht dürstenden Öffentlichkeit gleichermaßen vollkommen recht hätte machen können. Am Ende meiner »Näherungsversuche« (Drewitz) und »Suchbewegungen« (Ortheil) im Sinne der »Spurensicherung« (Dr. Härtling) angelangt, bitte ich um Nachsicht da, wo ich schwach war, wo ich »im Sinne oberster Biografistik« (Herbert H. Kümmel) etwan gefehlt habe. Ich hoffe gleichwohl und inständig, vom Publico gütig und verständig aufgenommen worden zu sein, und sage, eh ich's verschwitze, hier auch nochmals Dank meinen Herren biografischen Vorgängern Wiedemeyer, Hofmann, Rosenthal sowie Wobser, Peng und Strong. Meine besondere Dankesschuld aber treffe hier meinen verehrten Freund und Kollegen Ror Wolf, der mir in mancher kritischen, krisengeschüttelten Stunde mit Rat und Tat und aufpeitschenden Ermunterungsworten zur Seite sprang und so verhinderte, daß ich den Einflüsterungen jener wohlbekannten und sehr innerlichen Stimmen nachgeben mochte, die da laut, ja oft gellend nach der einsichtigen Beendigung meiner biografischen Anstrengungen schrien — und zwar dergestalt, ich möge doch den ganzen Schamott mit Schmackes aus dem Fenster schmettern — und überhaupt weißgott nichts gar zu Gutes hinsichtlich dieser schriftlichen Beendigung erahnen ließen. Den Wolf zu umarmen, rät L. Rinser — und recht hat sie aufs neue. Denn Ror Wolf, wahrhaft selbstlos, stieß und blies die gaukelnd warnenden Stimmen mit seiner eigenen samtenen, weichen und doch so vokalisch-virilen Telefonstimme barsch zur Seite und gab ihnen den Laufpaß; Wolf munterte und mahnte, mahnte und ermutigte — und siehe, das Werk schwoll an und schwoll und schwoll, wie Kohl als solcher schwoll und schwoll (vor allem im April wurde es wirklich prekär für ihn und seinen Biografen, man dachte schon, er platze bald; aber dann ging er ja zum Abspecken nach Österreich) und schwoll und schwollte schwallend — und auf einmal, hast du nicht gesehen, ist das Werk auch fertig — und das Buch schon wieder aus. Ex und hopp.

Farewell, Kohl, lebe gesund, werde glücklich und harre noch eine Zeitlang aus! Was aber bleibt? Das Eingedenken. Jenes nämlich, das kein anderer als Clemens Brentano wahrhaft symbolisch, ja parabolisch-enigmatisch in jenen »Eingang« zurückmünden heißt, welcher das Gedicht betitelt, auf Grund wessen aber, maßen Kohl derlei eh nicht mehr versteht, sollte er uns auch bis hierher brillenreibend und mitunter beifallnickend gefolgt sein, wie unser traun aller Frühlingsschrei des Knechtes aus der Tiefe nachzitternd noch als freundlich wohlwollend geschlungenes Licht das Wiegenlied der Spinnerin uns anweht, indes die Flöte wieder klaget und Ton und Sinn in Eines schmelzet, derweil die Zauberworte lauten:

> *Was reif in diesen Zeilen steht,*
> *Was lächelnd winkt und sinnend fleht,*
> *Das soll kein Kind betrüben;*
> *Die Einfalt hat es ausgesät,*
> *Die Schwermut hat hindurch geweht,*
> *Die Sehnsucht hat's getrieben.*

Und ist das Feld einst abgemäht,
Die Armut durch die Stoppeln geht,
Sucht Ähren, die geblieben;
Sucht Lieb', die für sie untergeht,
Sucht Lieb', die mit ihr aufersteht,
Sucht Lieb', die sie kann lieben.
Und hat sie einsam und verschmäht,
Die Nacht durch, dankend im Gebet,
Die Körner ausgerieben,
Liest sie, als früh der Hahn gekräht,
Was Lieb' erhielt, was Leid verweht,
Ans Feldkreuz angeschrieben:
»O Stern und Blume, Geist und Kleid,
Lieb', Leid und Zeit und Ewigkeit!«

Eckhard Henscheid

geboren am 14. September 1941 in Amberg,
studierte Germanistik und Publizistik in München,
war Redakteur in Regensburg,
lebt als Schriftsteller alternierend in Amberg und Frankfurt a. M.,
ist freier Mitarbeiter verschiedener Zeitungen und Zeitschriften
wie ›Rheinischer Merkur‹, ›FAZ-Magazin‹, ›Zeit-Magazin‹,
›Weltwoche‹, ›Merkur‹, ›Titanic‹, ›Der Rabe‹ u. a.

Sein Werk
im Haffmans Verlag Zürich

Roßmann, Roßmann ...
Drei Kafka-Geschichten. 1982

**Wie Max Horkheimer einmal
sogar Adorno hereinlegte**
Anekdoten über Fußball,
Kritische Theorie, Hegel und Schach.
Mit Zeichnungen von F. W. Bernstein.
Haffmans' Helfende Hand-Bibliothek. 1983

Dolce Madonna Bionda
Roman. 1983

**Literarischer Traum- und
Wunschkalender auf das Jahr 1985**
Mit Zeichnungen von F. W. Bernstein.
Haffmans' Freie Flugblätter Nr. o.
1984 *Vergriffen*

Frau Killermann greift ein
Erzählungen und Bagatellen.
1985

*»Ein Virtuose, ein Meister der Tonfälle
unserer Alltagssprache, nach dessen
Büchern man süchtig werden kann.«*
(Die Zeit, Hamburg)

»Weltliteratur.«
(Pflasterstrand, Frankfurt)